Trauma en dissociatie

De la Rie
Snip-van Wageningen

Trauma en dissociatie

bohn stafleu van loghum

Houten 2022

De la Rie
ARQ Centrum '45
Diemen, Nederland

Snip-van Wageningen
I-Psy en PsyQ
Zaandam, Nederland

ISBN 978-90-368-2710-2 ISBN 978-90-368-2711-9 (eBook)
https://doi.org/10.1007/978-90-368-2711-9

NUR 870
Basisontwerp omslag: Studio Bassa, Culemborg
Automatische opmaak: Scientific Publishing Services (P) Ltd., Chennai, India
Tekeningen: Hester van de Grift, Arnhem

Bohn Stafleu van Loghum
Walmolen 1
Postbus 246
3990 GA Houten

www.bsl.nl

Inhoud

Introductie

Samenvatting
In dit hoofdstuk vertellen we wat de aanleiding is voor het schrijven van dit praktijkboek, wie we zijn en wat je van het praktijkboek kunt verwachten. Je krijgt een indruk van welke uitspraken van cliënten kunnen wijzen op dissociatie en maakt kennis met een aantal van onze cliënten: Janneke, Pieter, Mahmoud en Grace.

De la Rie en Snip-van Wageningen, *Trauma en dissociatie*,
https://doi.org/10.1007/978-90-368-2711-9_1

1.1 Inleiding

"Daar is onze psycholoog in opleiding, zij is de nieuwe behandelaar van Mary", roept mijn collega. Bedoelt ze mij? Een vrouw ligt op de grond en is niet aanspreekbaar. Ik loop naar haar toe en weet even niet wat ik moet doen. Ik besluit naast haar te gaan zitten op de grond. "Mary, wil je me aankijken? Ik heet Simone. Ik ben je nieuwe behandelaar. Ik wil graag met je praten. Het is vandaag 4 januari 2006. Je bent in Nederland, in de behandelinstelling. Mary, hoor je mij?" Mary reageert aanvankelijk niet. Wat nu? Ik heb niet eerder te maken gehad met cliënten die het contact met het hier en nu volledig kwijt waren. Ik twijfel, maar zie maar één mogelijkheid: contact maken. Ik herhaal een aantal keren wat ik eerder heb gezegd. Ik blijf dicht bij haar, maar raak haar niet aan. Geen idee wat dat kan oproepen, dus ik doe dat maar niet. Ik zie dat ze reageert. "Kijk om je heen Mary, dan zie je weer waar je bent. We zijn in Nederland. Het is hier veilig." Mary knikt. "Ik kan mijn benen niet bewegen." Ze kijkt me angstig aan. "Ja dat kun je wel, probeer maar te bewegen."

Na verloop van tijd lukt het Mary om te gaan zitten. "Dag Mary. Goed dat je er weer bent. Ik ben je nieuwe behandelaar. Zullen we samen naar mijn kamer gaan om verder kennis te maken?"

Traumagerelateerde dissociatie komt regelmatig voor. Zowel beginnende als ervaren therapeuten maken dit mee in de behandeling van cliënten met psychotrauma('s) in de voorgeschiedenis. Wanneer een therapeut geconfronteerd wordt met traumagerelateerde dissociatie kan het veel vragen oproepen. De therapeut kan zich er zorgen over maken en twijfelen hoe je er het beste mee om kunt gaan.

In dit praktijkboek over traumagerelateerde dissociatie willen we therapeuten handvatten bieden om dissociatie beter te herkennen, te begrijpen en te behandelen, met name de therapeuten die een behandeling willen bieden gericht op traumaverwerking aan cliënten die lijden onder de gevolgen van de traumatische ervaringen die ze hebben meegemaakt. Ze hebben bijvoorbeeld last van herbelevingen of nachtmerries waarin wat ze hebben meegemaakt hen steeds opnieuw overvalt, en ervaren ook dissociatie. Het boek gaat vooral over traumabehandeling met dissociatieve verschijnselen, en niet over de behandeling van dissociatieve stoornissen in algemene zin, noch over de behandeling van persoonlijkheidsproblematiek. We beschrijven dit vooral beknopt.

We gaan ervan uit dat de traumabehandeling niet alleen het verminderen van klachten of symptomen beoogt, maar eveneens het verbeteren van het functioneren, waarbij een betekenisvol leven in contact met anderen mogelijk wordt of verbeterd wordt. Het boek is geschreven vanuit een integratieve invalshoek, en niet vanuit één specifiek referentiekader of specifieke methodiek. We gaan bovendien uit van een mensbeeld waarin mensen zich ontwikkelen en leren in relatie tot, soms ook door of met een ander. Mensen zijn autonoom, maar staan altijd in relatie tot anderen in hun omgeving. De basis van de behandeling is de therapeutische relatie (Herman, 2010).

In het boek komen de volgende onderwerpen aan bod: Theorie (deel 1), Diagnostiek & Indicatiestelling (deel 2) en Behandeling (deel 3).

In deel 1 komt de theoretische achtergrond van dissociatie aan bod. Er wordt uiteengezet wat dissociatie is. Dissociatie is in de loop van de geschiedenis op verschillende manieren geïnterpreteerd. We bespreken de meest voorkomende dissociatieve verschijnselen. We staan stil bij dissociatie als reactie op stressoren, en de gevoeligheid om te gaan dissociëren tijdens en na traumatische ervaringen.

We besteden aandacht aan het vaststellen van trauma en stressgerelateerde stoornissen, met dissociatie en dissociatieve stoornissen aan de hand van de meest belangrijke classificatiesystemen, hoe vaak het voorkomt en wat de risicofactoren zijn. Aan de hand van casuïstiek wordt het onderscheid tussen de verschillende stoornissen verder uitgelegd.

Deel 2 behandelt de diagnostiek van traumagerelateerde dissociatie, wederom aan de hand van casuïstiek. We staan stil bij het leren kennen van de cliënt op basis van inventarisatie van klachten, interviews, en het maken van een inschatting van iemands draagkracht.

Vervolgens worden de meest gebruikte en aanbevolen (semi-)gestructureerde interviews en zelfrapportage-vragenlijsten op een rij gezet, om een gedegen classificatie te kunnen verrichten en trauma, dissociatie en andere klachten van elkaar te kunnen onderscheiden. Het biedt een overzicht van veelgebruikte instrumenten, maar is zeker niet uitputtend.

Na de diagnostiek volgt de indicatiestelling passend bij de casuïstiek, waarbij we uitgaan van de actuele (wetenschappelijke en klinische) kennis die daarover beschikbaar is.

Deel 3 gaat over de behandeling van traumagerelateerde dissociatie. Eerst staan we stil bij het belang van de therapeutische relatie en worden barrières binnen en buiten een behandeling besproken, evenals precaire onderwerpen als schaamte, schuld en stigma. Daarna komt de voorbereiding op de behandeling aan bod, waaronder psycho-educatie over de klachten, omgang met de klachten en behandeling. De behandeling van trauma en dissociatie wordt aan de hand van de casuïstiek toegelicht, waarbij de verschillende traumabehandelingen aan bod komen.

Wij besluiten deel 3 van dit praktijkboek met een hoofdstuk gewijd aan zelfzorg. Zelfzorg van therapeuten is niet altijd een vanzelfsprekend agendapunt, maar van groot belang om goed om te kunnen gaan met de uitdagingen die het werken met ernstig getraumatiseerde cliënten met zich meebrengt. In dit praktijkboek bieden we hiertoe een aantal handvatten. Aan het einde van het boek vind je een leeswijzer met een samenvatting van veel gebruikte woorden en begrippen.

Over de auteurs

Simone de la Rie

Simone de la Rie is klinisch psycholoog/psychotherapeut en P-opleider gedragswetenschappen bij ARQ Centrum '45 en psychotraumatherapeut van de NtVP. Zij werkt sinds 2006 bij ARQ Centrum '45 en heeft ervaring met diagnostiek en behandeling van psychotrauma, en traumatische rouw. Zij is senior onderzoeker en research track coördinator van het onderzoek naar Migratie en Psychotrauma. Haar aandachtsgebied is diagnostiek en behandeling van psychotrauma en de gevolgen van gedwongen migratie bij vluchtelingen en asielzoekers. Zij is tevens docent en trainer van de ARQ Academy en supervisor NVP en VGCt.

Elise Snip-van Wageningen

Elise Snip-van Wageningen is GZ-psycholoog, psychotraumatherapeut van de NtVP en Manager Zorg bij de Parnassia Groep. Ze heeft een passie voor werken met mensen met verschillende culturele achtergronden en voor het behandelen van psychotrauma en traumatische rouw. Zo begon zij haar loopbaan bij ARQ Nationaal Psychotrauma Centrum, ARQ Centrum '45 (2007–2018). Daar kwam zij in aanraking met diverse vormen van dissociatie en heeft zij zich toegelegd op het behandelen van cliënten met (ernstige) vormen van traumagerelateerde dissociatie. Bij Parnassia, I-Psy en PsyQ, zet zij dit werk voort (2019–heden). Daarnaast is zij trainer voor de ARQ Academy, binnen de Parnassia Groep en op diverse congressen van beroepsverenigingen.

1.2 Voorbeelden van traumagerelateerde dissociatie

Om je een idee te geven waar we het in dit praktijkboek over gaan hebben, alvast een impressie van voorbeelden van traumagerelateerde dissociatie. We zullen in het boek de verschillen verder uitleggen. Dit praktijkboek zal naast een stapsgewijze uitleg veelal ook bestaan uit uitgewerkte casusvoorbeelden die de opgedane kennis en de overgang naar de dagelijkse klinische praktijk zal vergemakkelijken.

Cliënt-voorbeelden flashback/dissociatieve reactie:

"Ineens schoot ik onder tafel, ik dacht dat er een bom afging."

"Toen hij mij aanraakte (op mijn schouder), voelde ik mij plotseling weer die jongen van tien jaar."

"Een kind dat gilt, brengt mij onmiddellijk weer terug naar die tijd."

"Dat (...) doet mij toen weer beleven."

Cliënt-voorbeelden depersonalisatie:

"Ik herken mezelf niet meer (in de spiegel)."

"Mijn stem herken ik niet."

"Ik voel niets als ik mijn lichaam aanraak."

"Ik hoor mezelf praten alsof het iemand anders is."

Cliënt-voorbeelden derealisatie:

"Het lijkt alsof ik in een droomwereld leef."

"Ik herken mijn woonomgeving dan niet meer."

"Het is alsof ik op die momenten niet meedoe met het leven."

"Ik voel me vaak een buitenstaander in mijn gezin, het is dan alsof er een onoverbrugbare afstand is."

Cliënt-voorbeelden dissociatieve amnesie:

"Ik kan mij de verkrachtingen niet meer herinneren, ik weet wel dat het gebeurd is maar niet hoe."

"Wat er tussen het luchtalarm en de volgende dag is gebeurd, weet ik niet."

"Tussen het moment dat ik uit mijn cel werd gehaald en weer werd teruggebracht, herinner ik mij niets meer."

"Het is dat hij (mijn collega) alles nog weet, ik weet niets meer."

Cliënt-voorbeelden dissociatieve identiteitsstoornis:

"Meestal ben ik grote Hawa, in de nachten kleine Hawa."

"Ik weet niet wie ik ben, ik verander vaak (in alles)."

"Ik hoor soms van anderen wat ik gedaan heb, terwijl ik er niets meer van weet."

"Anderen noemen mij wel een kameleon, ik kan alle kanten opgaan zonder dat ik het zelf in de gaten heb."

1.3 De verschillende gezichten van dissociatie

In alle hoofdstukken worden voorbeelden gegeven ter illustratie. We maken in dit boek ook kennis met vier cliënten die we stap voor stap zullen volgen van diagnostiek tot behandeling.

We willen benadrukken dat alle casuïstiek in het boek volledig geanonimiseerd is. We hebben onze praktijkervaring in dit werkveld omgezet in realistische beschrijvingen van casuïstiek, rechtstreeks ontleend aan de praktijk. We hebben de casuïstiek omschreven zoals die zich ook in jouw therapiekamer zou kunnen voordoen. De personen in de casuïstiek zijn echter geen herkenbare personen. De namen van personen, persoonlijke kenmerken, gezinssamenstelling, plaatsen zijn fictief, maar wel zo dicht mogelijk bij de waarheid beschreven. Het gaat om de volgende cliënten:

1.3.1 Janneke

Janneke is een gescheiden vrouw van 43 jaar. Ze is jaren geleden bij haar man weggegaan, omdat hij haar mishandelde. Haar nachtmerries gaan niet alleen over deze traumatische ervaringen, maar ook over haar ervaringen in haar jeugd. Janneke was een verlegen, angstig kind en is het huis jong ontvlucht om op zichzelf te gaan wonen. Ze werd secretaresse en volgde in de avonduren een opleiding. Op haar eerste werk ontmoette ze haar partner. Ze werd snel zwanger en heeft haar opleiding niet afgemaakt. Ze was vooral thuis om voor haar dochter te zorgen en altijd erg op zichzelf. Nadat de mishandelingen van haar man toenamen, is ze met haar dochter weggegaan. Ze heeft wel gewerkt in die periode, als haar dochter naar school ging, maar kan zich veel niet meer herinneren. Ze vermeed zo veel mogelijk andere mensen, was altijd angstig dat ze haar werk niet goed deed of dat haar en haar dochter iets zou overkomen. Ze is jarenlang met haar dochter alleen geweest, totdat haar dochter onlangs op kamers is gaan wonen. Ze maakt zich zorgen of dochter het wel redt en niet net zo'n man treft als zij. Ze piekert veel. Ze is soms zo in gedachten dat de tijd voorbij is gevlogen. Ze kan soms uren lopen dwalen en is tijd kwijt. Ze kan zich niet meer goed concentreren op haar werk en heeft zich ziekgemeld. Ze is vaak somber, angstig en heeft nachtmerries.

1.3.2 Pieter

Een brandweerman in hart en nieren, dat is Pieter (59 jaar) sinds hij als jonge knaap bij de vrijwillige brandweer ging. Inmiddels werkt hij er al veertig jaar in vaste dienst. Een jaar geleden was Pieter met zijn beste vriend en collega Klaas actief bij een grote brand. Er was veel materieel uitgerukt, er heerste chaos en uiteindelijk stortte een deel van het gebouw in. Een man kwam daarbij om het leven. Beide brandweermannen raakten gewond, Pieter lichtgewond en Klaas brak onder andere zijn knie waardoor hij nu noodgedwongen zijn werk bij de brandweer heeft moeten stoppen.

De onduidelijkheid en machteloosheid bij de melding, het levensgevaar waarin Pieter was, het instortende gebouw, de dood van de man, en het letsel van Klaas; het zijn ervaringen die Pieter niet meer van zijn netvlies af krijgt. Pieter vierde onlangs in kleine kring zijn veertigjarig jubileum bij de brandweer en voelde zich nadien uitgeput. Het afgelopen jaar is bij vlagen een waas voor hem geweest en kenmerkt zich door nachtmerries, prikkelbaarheid en momenten waarop hij zichzelf niet meer herkent. Zijn vrouw, zijn volwassen zoons en kleinkind hebben hem zien veranderen en wensen dat Pieter weer de oude wordt en herstelt.

1.3.3 Mahmoud

Mahmoud is een 45-jarige alleenstaande man uit Iran. Hij is zijn land ontvlucht nadat hij vrijkwam uit de gevangenis, waar hij twee jaar vast zat. Hij was gearresteerd tijdens een demonstratie en werd verdacht van politieke activiteiten. Hij is in de twee jaar in de gevangenis herhaaldelijk gemarteld. Hij komt uit een gegoede familie in Iran. Mahmoud maakte als kind de bombardementen mee van de acht jaar durende oorlog tussen Iran en Irak. Het was een angstige tijd. Zijn vader was vaak afwezig. Als hij er wel was, was hij prikkelbaar en snel boos. Mahmoud kreeg vaak klappen. Als jongeman studeerde hij in Teheran aan de universiteit. Hij is daar in gesprek met studiegenoten geïnteresseerd geraakt in politiek en maakte zich sterk voor meer vrijheid tot hij werd gearresteerd. Na zijn vrijlating vluchtte hij naar Nederland, leerde de taal en heeft gewerkt. Dat lukt de laatste tijd niet meer zo. Hij voelt zich in Nederland voortdurend angstig, wantrouwend, slaapt slecht en heeft herbelevingen. Hij weet soms niet meer waar hij is en het voelt soms of hij nog in Iran is, niet veilig in Nederland. Hij neemt het zichzelf kwalijk dat hij zich heeft ingelaten met politiek, en vertrouwt niemand meer. Hij durft niet op straat, uit angst voor bombardementen, voor geweld of opnieuw een arrestatie. Hij vermijdt zo veel mogelijk contact met anderen.

1.3.4 Grace

Grace is een 26-jarige vrouw uit West-Afrika. Zij is het tweede kind uit het huwelijk van haar ouders (met een drie jaar oudere broer), haar moeder overleed toen zij vier jaar was en haar vader hertrouwde toen zij zes jaar was. In haar jeugd werd zij emotioneel verwaarloosd en fysiek mishandeld door haar stiefmoeder. Zij werd als tiener uitgehuwelijkt en door haar veel oudere echtgenoot mishandeld. Zij liep bij hem weg en trok naar de hoofdstad op zoek naar werk. Zij ontmoette een man John die haar een baan beloofde in Europa. Zij mocht voor haar reisgeld 'lenen' en dit terugbetalen nadat ze gestart was met werken. Er werden voodoorituelen uitgevoerd. Hierna reisde ze op haar achttiende met de man naar Nederland en door hem werd zij gedwongen tot prostitutie. Ze heeft veel traumatische ervaringen meegemaakt tot het moment dat zij met behulp van een vaste klant kon ontsnappen. Ze zocht bescherming bij de politie, waarna ze terechtkwam in een opvanglocatie. Ze is voortdurend angstig dat de mensenhandelaars haar weten te achterhalen. Ze schreeuwt in haar slaap, dwaalt door de gangen van de opvanglocatie en weet soms niet meer waar ze is.

Literatuur

Herman, J. (2010). *Trauma en herstel. De gevolgen van geweld - van mishandeling thuis tot politiek geweld.* Wereldbibilotheek.

Theorie

Inhoud

Wat is dissociatie?

Samenvatting

Dissociatie kenmerkt zich door een ontkoppeling of onderbreking van functies zoals bewustzijn, geheugen, zelfbeleving, maar ook zintuigelijke waarneming, beweging en lichaamsbeleving. Dissociatie wordt gezien als een reactie op een dreiging waaruit men niet kan ontsnappen, in het vijfde of zesde stadium van de verdedigingscasade. Niet iedereen dissocieert in reactie op een trauma. De gevoeligheid om te dissociëren hangt onder meer af van aanleg en de ervaringen tijdens de ontwikkeling. Naarmate iemand opgroeit in een onveilige omgeving en meer trauma's heeft meegemaakt, neemt de kans op gevoeligheid voor dissociatie toe. Dissociatie omvat onder meer het vergeten van delen van een ervaring of tijd kwijtraken, je buiten jezelf of de wereld voelen staan, jezelf beleven als gefragmenteerd, of een deel van je lichaam niet meer voelen. In andere culturen kan men dissociatie opvatten als een trance of toeschrijven aan bezetenheid door geesten. Dissociatie kan optreden tijdens een traumatische ervaring, maar ook daarna. Als iemand gevoelig is voor dissociatie kunnen zich tijdens een traumabehandeling ook dissociatieve reacties voordoen en het is daarom belangrijk om ze te herkennen en te behandelen

De la Rie en Snip-van Wageningen, *Trauma en dissociatie*,
https://doi.org/10.1007/978-90-368-2711-9_2

2.1 Inleiding

In de negentiende eeuw is dissociatie voor het eerst uitvoerig beschreven door Pierre Janet (1859–1947). Hij observeerde hoe onder invloed van heftige emoties, delen van de beleving van de persoonlijkheid konden worden 'afgesplitst'. In de loop van de tijd is er veel onderzoek gedaan naar dissociatie en inmiddels is er een duidelijke omschrijving van wat onder dissociatie wordt verstaan. In dit hoofdstuk wordt beschreven hoe de inzichten over dissociatie zich hebben ontwikkeld, welke vormen van dissociatie er worden beschreven, welke functie dissociatie heeft, op welke momenten dissociatie kan optreden en hoe dit naar voren komt in een behandeling.

2.2 Wat is dissociatie

De geschiedenis van het fenomeen dissociatie gaat terug naar het werk van artsen werkzaam in het domein van psychiatrie en neurologie van de negentiende eeuw. Al voor Janet zijn er pogingen gedaan om dissociatieve verschijnselen te omschrijven (Bob, 2003). Een eerste poging om een veranderde bewustzijnstoestand te definiëren, die lijkt op wat wij nu kennen als dissociatie, wordt toegeschreven aan Moreau du Tours die in 1845 de term dissolution of ontbinding introduceerde in een werk over onderzoek naar het effect van het gebruik van drugs. Hughlings Jackson, een arts met belangstelling voor epilepsie, beschreef in de negentiende eeuw een bewustzijnstoestand met raakvlakken met dissociatie als een droomtoestand. Het omvat ervaringen van déjà-vu (ervaring alsof je iets al eerder hebt gezien) of déjà-vecu (ervaring alsof je iets al eerder hebt beleefd) en daarbij gevoelens van vervreemding of onwerkelijkheid (Vignal et al., 2006). Anderen, zoals Desoir, spraken van co-bewustzijn, alsof er twee bewustzijnstoestanden naast elkaar bestonden (Bob, 2003).

Uiteindelijk is het Janet geweest die, geïnspireerd door Charcot, een verhandeling heeft geschreven over psychologisch automatisme, wat verwijst naar symptomen die wij nu dissociatie noemen. Janet werd geconfronteerd met vrouwen met psychische klachten die 'wegraakten' of flauwvielen, wat in zijn tijd hysterie werd genoemd. Janet observeerde een fobie voor de innerlijke wereld. Hij zag dit als een verstoring van de psychische eenheid van de betreffende vrouw, bij wie onder invloed van heftige emoties, functies van de persoonlijkheid werden 'afgesplitst'. Deze verstoring is op te vatten als dissociatie.

In de loop van de geschiedenis is de belangstelling voor dissociatie wisselend geweest en er is veel discussie geweest over wat dissociatie nu precies is en wat er wel en niet bij hoort. Er zijn in de literatuur verschillende vormen van dissociatie beschreven, die qua aard en ernst uiteenlopen. Er is vooral veel aandacht geweest voor de ernstigste vorm van dissociatie, wat nu de Dissociatieve Identiteitsstoornis (DIS) heet. Er is lange tijd verondersteld dat het ontkoppelen of afsplitsen van functies van de persoonlijkheid, in reactie op ernstige traumatische ervaringen, tot het ontwikkelen van meerdere persoonlijkheden kon leiden die los van elkaar een eigen bestaan hebben en handelen vanuit een eigen ik-perspectief. Daarbij hebben deze persoonlijkheden, of persoonlijkheidsdelen, geen weet van elkaar. Dit wordt structurele dissociatie genoemd (Steele et al., 2017). In reactie op deze interpretatie van de gefragmenteerde identiteitsbeleving die sommige ernstig getraumatiseerde cliënten hadden, zochten andere onderzoekers naar een alternatieve verklaring. Het sociocognitieve verklaringsmodel zag deze gefragmenteerde identiteitsbeleving als gevolg van de invloed van media of zelfs therapeuten, waarbij vooral mensen die gevoelig waren voor suggesties of fantasie dissociatieve klachten lieten zien (Lilienfeld et al., 1999). Andere onderzoekers wezen op uitlokkende factoren voor dissociatieve symptomen, zoals slaapdeprivatie (Van der Kloet et al., 2012).

Het traumamodel van de structurele dissociatie en het sociocognitieve verklaringsmodel stonden lange tijd lijnrecht tegenover elkaar en het verschil in opvatting leidt soms nog tot discussie. Naarmate er meer neurobiologisch en psychologisch onderzoek is gedaan naar dissociatieve verschijnselen is er wel meer bekend geworden over dissociatie en inmiddels is het goed omschreven.

De omschrijving dissociatieve verschijnselen zoals we die nu kennen, omvat uiteenlopende fenomenen, zowel in uitingsvorm als in aard en ernst, maar er is een duidelijke overeenkomst. Als iemand dissocieert, is er sprake van een ontkoppeling of onderbreking van functies zoals bewustzijn, geheugen, het zelfgevoel of van de zintuigelijke waarneming, beweging en lichaamsbeleving. Deze ontkoppeling is het gemeenschappelijke mechanisme bij alle verschillende vormen van dissociatie. Er kan een ontkoppeling optreden van mentale functies, ook wel psychoforme dissociatie genoemd van de beleving van het zelf en de omgeving, maar ook een ontkoppeling van fysieke functies waarbij bijvoorbeeld iemands zintuigelijke waarneming of motoriek verstoord is, dit laatste wordt somatoforme dissociatie genoemd (Nijenhuis, 1994).

Er is een continuüm van niet-pathologische dissociatie tot aan de ernstigste vormen van dissociatie die samengaan met identiteitsfragmentatie. Iemand ervaart het zelf dan niet als eenheid, of ervaart geen samenhang tussen verschillende kanten in zichzelf met enige continuïteit, maar alsof het zelf uit fragmenten bestaat, als ontkoppelde 'self states'. Als het gaat om deze gefragmenteerde identiteitsbeleving laat experimenteel onderzoek zien dat deze vormen van dissociatie inderdaad samenhangen met een subjectief ervaren fragmentatie van de persoonlijkheid, maar dat deze delen objectief gezien niet volledig van elkaar zijn gescheiden (Marsh et al., 2018, 2021).

2.3 Dissociatieve verschijnselen

2.3.1 Psychoforme dissociatie

"Ik kan me niet herinneren hoe ik in Zwolle gekomen ben. Ik was nooit in Zwolle geweest. Ik weet alleen nog dat ik wegging van huis, om boodschappen te doen. Ik zag onderweg auto's rijden. Ik zag een man. Die jas. Ik dacht even dat het mijn ex was. Ik ben sneller gaan lopen. Vanaf dat moment weet ik niets meer. Ik ben gaan dwalen, begrijp ik nu. Ik kan het niet anders noemen. Ik weet daarna gewoon niets meer. Ik hoorde mijn telefoon plotseling en keek om me heen. Er waren twee uur verstreken en ik liep in een stad waar ik nog niet eerder geweest ben. Ik durf niet meer alleen weg. Mijn dochter zegt dat ik, als ik dan toch ergens naartoe moet, altijd mijn telefoon moet meenemen, voor het geval ik ga dwalen." Janneke wrijft in haar handen als ze dit vertelt en kijkt vertwijfeld voor zich uit.

Er is een breed spectrum aan dissociatieve verschijnselen, waarin er in meer of mindere mate sprake is van een ontkoppeling of onderbreken van mentale functies. Er zijn alledaagse ervaringen die de meeste mensen wel zullen herkennen. Zo maak je vast weleens mee dat je op de fiets zit en je ineens realiseert dat je al de helft van de route hebt afgelegd, zonder dat je je dat heel bewust bent geweest. Je fietste op de automatische piloot. Ook als je wegdroomt en je je ineens realiseert dat er veel tijd is verstreken, kun je dat opvatten als een vorm van dissociatie. Of je hebt een ervaring die je even terugvoert naar het verleden, je ruikt bijvoorbeeld de geur van kruiden en denkt weer aan de ovenschotel van je grootmoeder, en bent weer even terug in de tijd voordat je beseft dat deze geur op dat moment uit de keuken van het restaurant op de hoek komt. Het zijn normale fenomenen, niet-pathologische momenten van dissociatie.

Dissociatieve verschijnselen die in dit boek worden beschreven, treden doorgaans op onder (hoge) stress of in reactie op een trauma en hangen samen met een hoge lijdensdruk en disfunctioneren. Hoe iemand kan dissociëren in reactie op een trauma wordt in ▶ par. 2.4 beschreven. Niet iedereen ervaart dissociatie onder stress, en niet iedereen die daar gevoelig voor is, ervaart dezelfde dissociatieve verschijnselen. In het verhaal van Janneke valt op dat ze het contact met het hier en nu kwijt is, nadat ze een man heeft gezien. Ze gaat dwalen en vindt zichzelf weer terug als zij – naar later blijkt bij herhaling – door haar dochter is gebeld. Ze heeft geen herinnering meer van de twee uur dat ze gelopen heeft. Ze vertelt later dat ze regelmatig tijd kwijt is en zich delen van de dag niet kan herinneren. In de huidige opvattingen over dissociatie, zou een gat in de herinnering geduid kunnen worden als dissociatieve amnesie. Als iemand tijd kwijt is, en zich hele dagdelen of gebeurtenissen niet kan herinneren, is er sprake van dissociatieve amnesie. Er kunnen dan uren voorbij zijn gegaan, en het besef van tijd is verdwenen. Als iemand heel lang gaat dwalen zonder besef van tijd en plaats en bewustzijn van zichzelf heet dit ook wel een dissociatieve fugue, een dissociatieve vlucht.

Maar dissociatie kent ook andere gedaanten. Zo kan iemand zich los voelen staan van zichzelf, of het gevoel hebben naar zichzelf te kijken vanaf een afstand, zichzelf bijvoorbeeld horen praten, maar dat als buiten zichzelf ervaren. Dit wordt omschreven als depersonalisatie. Als iemand de omgeving als onecht beleeft, als een waas of een droom en iemand voelt zich los staan van de omgeving spreekt men van derealisatie. Dissociatie kan ook dusdanig ernstig zijn dat er sprake is van een gefragmenteerde beleving van de identiteit. Iemand herinnert zich niet wat hij gedaan heeft, gezegd heeft, waar hij geweest is en wat er is gebeurd en kan zichzelf heel anders presenteren dan gewoonlijk. Het kan beangstigend zijn als iemand dan van een belangrijke ander hoort wat er in die periode is gebeurd, zonder dat iemand zich dat herinnert.

2.3.2 Somatoforme dissociatie

"Ik herinner me dat ik linksaf ben geslagen. Ik heb gerend, gerend voor mijn leven. Maar ik zie ze komen. Ze halen me in. Ik red het niet. Nee, ik red het niet." Grace kijkt haar therapeut plotseling verschrikt aan: "Mijn benen. Ik voel mijn benen niet meer. Ik kan niet meer lopen."

Dissociatieve verschijnselen kunnen zich fysiek uiten. Iemand kan een verstoring ervaren van de lichaamsbeleving, een arm of een been niet meer voelen, of een verstoring in de motoriek. Dit wordt dan somatoforme dissociatie genoemd (Nijenhuis & Van der Hart, 1999). Zo kan het voorkomen dat iemand tijdelijk niet meer kan lopen of bewegen. Iemand is als het ware verlamd. Hoe dit kan gebeuren, komt aan bod in ▶ par. 2.4. Het kan zeer beangstigend zijn voor iemand die dit meemaakt. In de casus van Grace, zoekt zij steun bij haar therapeut. Als ze denkt aan haar traumatische ervaringen, kan het voor haar betekenen dat ze niet meer kan lopen. Het maakt haar angstig voor haar herinneringen, die ze toch al liever vermeed. De lichamelijke klachten of zelfs uitval komen vaker voor en worden niet altijd opgemerkt als dissociatie. De conversiestoornis, waarbij iemand fysieke symptomen heeft waar geen medische verklaring voor is, vertoont veel gelijkenis met een dissociatieve stoornis. Het kan daarbij voorkomen dat iemand dan bijvoorbeeld niet meer kan zien of gedurende een bepaalde tijd niet meer kan lopen. Anderen kunnen pseudo-epileptische aanvallen hebben, zonder de daarbij behorende karakteristieke breinactiviteit. Differentiaaldiagnostiek is dan belangrijk om goed onderscheid te kunnen maken. In ▶ H. 4, ▶ par. 4.8 lees je hier meer over.

2.3.3 Ernst van dissociatieve verschijnselen

Er zijn verschillende gradaties van ernst en de invloed van dissociatie op iemands leven hangt ook samen met hoe iemand dissociatie interpreteert. Als je het angstaanjagend vindt om geen contact te voelen met je lichaam, kun je de angst ontwikkelen voor het optreden van dissociatie en kun je veel situaties gaan vermijden waarin dat het geval kan zijn. Het kan angst geven voor verlies van controle als je de tijd kwijt bent. Als je iemand vraagt wat hij een uur geleden gedaan heeft, en iemand kan zich dat echt niet herinneren, ontstaan er soms twijfels over het geheugen, iemand kan zelfs bang zijn dement te worden, terwijl neuropsychologisch onderzoek geen afwijkingen laat zien.

Als dissociatie ernstige vormen aanneemt, kan het worden geclassificeerd als een psychiatrische stoornis. Er zijn twee belangrijke classificatiesystemen voor psychiatrische stoornissen: Diagnostic and Statistical Manual of Mental Disorders, 5th edition (DSM-5, APA, 2013) en de International Classification of Diseases 11th Revision (ICD-11, WHO, 2018), waarin de laatste wetenschappelijke inzichten over psychopathologie zijn vertaald naar de indeling van psychiatrische ziektebeelden. Dissociatieve symptomen komen voor bij een posttraumatische stressstoornis (PTSS), maar ook bij veel andere psychiatrische stoornissen (Lyssenko et al., 2018). De trauma- en stressgerelateerde stoornissen en de dissociatieve stoornissen worden in ▶ H. 3 uitvoerig beschreven.

2.4 Dissociatie als reactie op acute stress

Dissociatie wordt doorgaans beschouwd als een reactie op acute stress. In de volgende paragrafen wordt deze reactie op stress beschreven, en ook hoe de gevoeligheid om onder stress te dissociëren kan ontstaan.

2.4.1 Het stresssysteem en de verdedigingscascade

Als er een acuut dreigend gevaar is, wordt het stresssysteem geactiveerd. Lang et al. (2000) heeft laten zien dat bij dreigend gevaar de reactie op stress bij zowel dieren als mensen op een vergelijkbare wijze verloopt en het stresssysteem een evolutionaire basis heeft. De wijze van reageren op acute dreiging wordt de verdedigingscascade genoemd. Er worden daarbij zes stadia onderscheiden: Freeze- Flight- Fight- Fright- Flag- Faint, ofwel verstarren, vluchten, vechten, bevriezen, verslappen en flauwvallen (Schauer & Elbert, 2010).

Als er een plotselinge of acute dreiging is, volgt eerst een zeer kort moment waarin iemand stopt, kijkt en luistert. Dit wordt aangeduid als freeze oftewel verstarren. Er is dan sprake van aandachtige beweginloosheid (attentive immobility) of een oriënteringsreactie (orienting response). Iemand staat als het ware op scherp, is waakzaam en probeert het gevaar in te schatten.

In het tweede en derde stadium zal iemand vluchten als hij de kans krijgt of vechten als dat nodig is: flight or fight. Iemand is heel snel in verhoogde staat van paraatheid en gaat over tot handelen waar mogelijk. De lichamelijke reactie is een activering van het sympathische zenuwstelsel. Deze alarmreactie leidt ertoe dat hartslag, bloeddruk, ademhaling en spierspanning verhoogd zijn.

Als de vlucht-of-vechtreactie niet afdoende is om de dreiging af te wenden, iemand kan niet weg en het gevaar is heel groot, nemen de spanning en angst verder toe. De lichamelijke reacties uiten zich als hartkloppingen, paniek en spanning, maar ook duizeligheid of licht voelen in je hoofd, en misselijkheid. Soms treedt dan al een verdoofd of onwerkelijk gevoel op. Iemand raakt vervolgens letterlijk verstijfd van angst, en functies kunnen dan wel uitdoven of verminderen: numbing for fear. Dit vierde stadium noemt

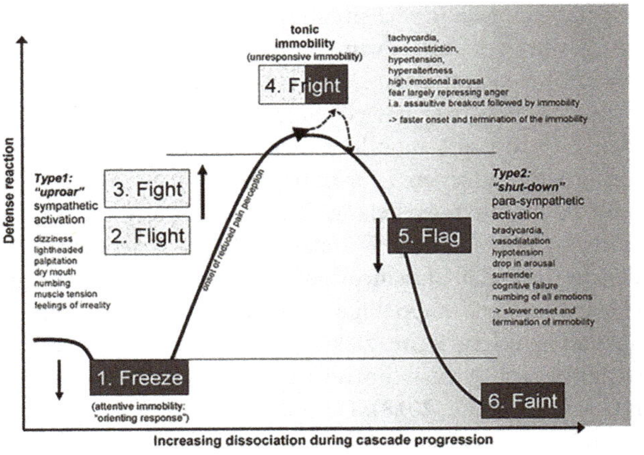

Figuur 2.1 Schematische illustratie van de Defense Cascade bestaande uit een reeks van zes beschermingsreacties voor gevaar. De pijl omhoog symboliseert de sympathische activatie of arousal (witte gebied). Deze arousal bereikt een maximum en wordt gevolgd door een dissociatieve shut down (grijze gebied). (Afkomstig uit Schauer & Elbert, 2010)

men fright oftewel verstijven. Iemand is dan bewegingloos, wat ook wel tonische bewegingloosheid (tonic immobility) of non-responsieve bewegingloosheid (unresponsive immobility) wordt genoemd, waarbij iemand wel heel angstig, alert en in hoge staat van arousal is.

Er kunnen dissociatieve ervaringen optreden als reactie op de dreiging waaruit iemand niet kan ontsnappen, omschreven als het vijfde en zesde stadium van de verdedigingscascade. Deze stadia noemt men 'flag' waarbij sprake is van verslappende immobiliteit (flaccid immobility), en vervolgens van 'faint', waarbij iemand zelfs kan flauwvallen. Een dissociatieve reactie is een overlevingsmechanisme, het is een onbewuste automatische manier om niet te voelen tijdens het trauma, en los te komen van de pijnlijke situatie waarin iemand zich bevindt. Zo ontstaat er een ontkoppeling van niet te verdragen emotionele of lichamelijke pijn. De lichamelijke reactie is activering van het parasympatische zenuwstelsel, waarbij de bloedvaten zich verwijden en de bloeddruk juist daalt. Iemand schakelt als het ware uit, en in het zesde stadium verliest iemand het bewustzijn.

Deze verdedigingscascade (fig. 2.1) laat zien hoe mensen kunnen reageren op een extreme stressor of trauma en illustreert de functie van dissociatie als een verdedigingsmechanisme. Als iemand hier gevoelig voor is, kan dit zelfs bij een extreme en overweldigende stressvolle ervaring leiden tot een complete 'shut down' (Schauer & Elbert, 2010).

2.4.2 De gevoeligheid voor dissociatie als reactie op stress

Als er dreigend gevaar is, reageert niet iedereen met een dissociatieve reactie en niet iedereen zal als hij terugdenkt aan een traumatische ervaring (opnieuw) dissociëren. De gevoeligheid om onder hoge stress te gaan dissociëren verschilt tussen mensen en ontstaat in een samenspel van aanleg en omgevingsfactoren gedurende de ontwikkeling van een kind. De ontwikkeling van het brein en de psyche kunnen niet los van elkaar gezien worden. We vatten samen wat er tot nu toe bekend is.

De ontwikkeling van het brein

In een grote overzichtsstudie naar neurobiologisch onderzoek bij mensen met pathologische dissociatie wordt geconcludeerd dat er functionele en structurele 'biomarkers' gevonden worden in de hersenen die mensen met pathologische dissociatie onderscheiden van mensen zonder pathologische dissociatie (Roydeva & Reinders, 2021). Een biomarker is een biologisch kenmerk dat een maat is voor een normaal of pathologisch biologisch proces of een maat is voor een reactie op een interventie. Er zijn dus aantoonbare biologische kenmerken die verschillen in het brein van mensen die gevoelig zijn voor dissociatie en mensen die dat niet zijn. Er wordt onderzoek gedaan naar hoe dergelijke verschillen kunnen ontstaan en in welke mate aanleg dan wel omgevingsfactoren een rol spelen in de verschillen die er worden gevonden.

We weten dat aanleg belangrijk is, maar ook dat het brein zich vanaf de geboorte tot de volwassenheid ontwikkelt. Het brein ontwikkelt zich zo dat iemand voorbereid is op het hanteren van stress en gevaar. Het is tenslotte belangrijk voor de overleving om te leren welke situaties gevaarlijk zijn, wat je dan kunt doen. We noemen de hersengebieden die hierbij betrokken zijn het stresssysteem. De hersengebieden die van belang zijn voor ons stresssysteem en onze innerlijke processen sturen, zijn onder meer de hersenstam, het limbisch systeem en de neocortex (Vermetten & Kruger, 2012; Wallin, 2020).

De hersenstam is evolutionair het oudst, en stuurt automatische processen aan, zoals hartslag en ademhaling. Het limbisch systeem, ook wel het emotionele brein genoemd, omvat onder meer de hypothalamus, de amygdala en de hippocampus. De hypothalamus zorgt ervoor dat belangrijke hormonen worden aangemaakt. Als er in acute reactie op stress (nor)adrenaline wordt aangemaakt, betrokken bij de vecht-of-vluchtreactie, zorgt de hypothalamus ervoor, via de zogeheten HPA-as (hypofyse en bijnieren), dat het stresshormoon cortisol wordt aangemaakt. Cortisol draagt bij aan het reguleren van de stressreactie. De amygdala is het deel van het limbische systeem dat het gevaar signaleert en dan snel reageert, het stuurt de emoties aan, en is het geheugen van het gevoel. De hippocampus is de zetel van het (autobiografisch) geheugen en bouwt onze herinneringen, en dan vooral de feitelijke contextuele informatie van onze ervaringen. Het remt ook de snelle reactie van de amygdala. De cortex is het gedeelte van het brein dat bewuste, hogere denkprocessen aanstuurt; het denkende brein. Het zorgt ervoor dat je kunt blijven nadenken over wat je moet doen als je in een moeilijke situatie terechtkomt. In ◘ fig. 2.2 zie je een doorsnede van de hersenen met de hersengebieden gemarkeerd.

De verschillende hersengebieden werken onder normale omstandigheden samen om de innerlijke processen te sturen (Wallin, 2020). Zo werken de amygdala en hippocampus nauw samen en worden ervaringen met een emotionele lading, de belangrijkere ervaringen, sterker onthouden dan neutrale ervaringen. Als ervaringen te gevaarlijk of te bedreigend zijn, zoals bij traumatische ervaringen, wordt dit echter anders opgeslagen. In een gevaarlijke of dreigende situatie zijn er namelijk twee routes in reactie op de dreiging. Le Doux (1996) beschreef de korte snelle route, waarbij een signaal van dreigend gevaar via de hypothalamus naar de amygdala gaat en ervoor zorgt dat iemand direct kan reageren, en de lange route, waarbij het signaal eerst via de cortex naar de hypothalamus gaat. Als ervaringen te bedreigend of te traumatisch zijn moet iemand direct reageren op gevaar, via de korte route. De amygdala is dan actief, terwijl de hippocampus

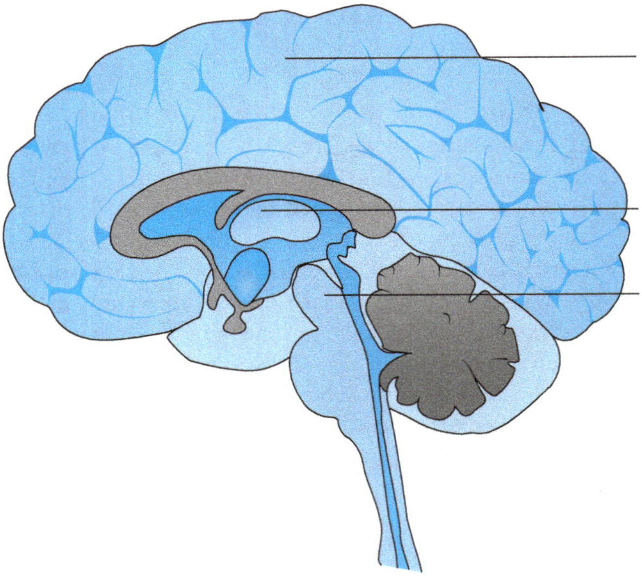

Figuur 2.2 Het limbisch systeem

onder hoge stress dat juist minder is. Beide geheugensystemen lopen dan niet in de pas. Na een dergelijke traumatische ervaring kan de herinnering, in het bijzonder de emoties en zintuigelijke gewaarwordingen, iemand op latere momenten onverwacht overvallen en als overweldigend worden ervaren, zonder dat diegene zich de context van die ervaring goed herinnert.

In de eerste levensjaren, als het brein nog in ontwikkeling is, is een veilige omgeving extra belangrijk om te kunnen leren en zich te ontwikkelen. Dit is van invloed op hoe goed verschillende hersengebieden samenwerken en de stresshormonen, alsmede de emoties, reguleren. Zo hangt de hoeveelheid van het stresshormoon dat in je brein wordt aangemaakt en de reactiviteit op stress, mede af van de invloeden van de omgeving. Als een moeder bijvoorbeeld erg angstig is tijdens de zwangerschap, kan het kind al een hogere cortisolspiegel hebben. Het kind is dan sneller angstig (Vermetten & Kruger, 2012; Yehuda & Bierer, 2007). De vroege kindertijd is een kwetsbare periode in de ontwikkeling van stressresponsiviteit van het brein en de mate waarin iemand een buffer opbouwt om met stress om te kunnen gaan (Agorastos et al., 2019). Als er sprake is van trauma's op jonge leeftijd heeft dat dus invloed op de ontwikkeling van het brein van het kind en de mate waarin het kind stress kan hanteren. Een veilige hechtingsrelatie bevordert de integratie van de verschillende functies in de hersenen (Wallin, 2020).

De psyche

Een veilige hechtingsrelatie is dus een belangrijke voorwaarde voor een gezonde ontwikkeling voor het kind (Wallin, 2020). Van jongs af aan groeit en ontwikkelt een kind zich in relatie tot degene die het kind verzorgt en het kind heeft een veilige omgeving nodig die groei mogelijk maakt. Er zijn in elke levensfase nieuwe fysieke, psychologische en sociale taken waarin een kind leert over zichzelf, anderen en de wereld om zich heen

(Gilmore & Meersand, 2014). Deze ontwikkelingstaken kunnen als stressvol worden ervaren en worden door een kind gedurende de ontwikkeling gehanteerd met behulp van bij de levensfase passende afweermechanismen. Een afweermechanisme is een verdedigingsmechanisme, niet bewust, in reactie op externe of interne stressoren. Het kind ontwikkelt verschillende reacties op stress of afweermechanismen en ook op volwassen leeftijd heeft iemand deze tot zijn beschikking. Dissociatie kan in dit verband worden beschouwd als zo'n afweermechanisme. Het wordt opgevat als primitieve afweer, dat wil zeggen, passend bij een vroege leeftijdsfase (Kernberg, 1984).

Als een kind opgroeit in een onveilige omgeving en de ontwikkeling wordt bedreigd doordat het kind traumatische ervaringen meemaakt, heeft dat zowel invloed op de ontwikkeling van het brein als van de psyche. In een onveilige omgeving kan het kind niet leren zichzelf te reguleren. Het kind heeft dan beperkte mogelijkheden om te leren van de ouders als deze zelf niet goed functioneren en geen veiligheid kunnen bieden. Het kind ontwikkelt minder het vermogen om woorden te geven aan gevoelens en de eigen gevoelens en die van een ander goed te kunnen 'lezen', ook wel mentaliseren genoemd (Bateman & Fonagy, 2016). Het kind zal dan ook minder in staat zijn emoties te kunnen verdragen, of hanteren. Het kind heeft daarmee ook minder de gelegenheid om 'rijpere' afweermechanismen te ontwikkelen. Het zal weinig buffer kunnen opbouwen, of leren met stress om te gaan en kan zo een gevoeligheid tot dissociatie houden. Onveilige hechting en beperkt mentaliserend vermogen blijkt van invloed op de relatie tussen trauma en psychische klachten. (Huang et al., 2020).

De invloed van stressoren tijdens de vroege ontwikkeling is goed onderzocht. Het blijkt dat er meer dissociatieve klachten voorkomen bij mensen die als kind trauma's hebben meegemaakt (Hagenaars et al, 2011). Waar men zich in het verleden afvroeg of vooral mensen die geneigd zijn tot fantaseren het meest gevoelig zijn voor dissociatie, blijkt dat de relatie tussen het meemaken van trauma's en dissociatie sterk is, en niet zozeer de relatie met de geneigdheid tot fantaseren (Dimitrova et al., 2020; Vermetten & Spiegel, 2014).

Een belangrijke vraag is of de leeftijd van het meemaken van trauma's van invloed is op de ernst van de (gevoeligheid voor) dissociatieve klachten. Het ligt voor de hand om met de kennis over de ontwikkeling te veronderstellen dat naarmate de traumatisering vroeger in het leven plaatsvindt, de invloed op de ontwikkeling groter is, zowel van het brein als de psyche, en daarmee op de gevoeligheid voor dissociatie en de ernst van de dissociatie, in ieder geval als er geen corrigerende ervaringen plaatsvinden. Er is slechts een beperkt aantal studies bekend waarin dit grondig is onderzocht. Een recente studie van Schalinski et al. (2016) laat zien dat het aantal trauma's in de jeugd, maar ook de leeftijd waarop iemand deze ervaringen meemaakt, verband houdt met de ontwikkeling van ernstige klachten. De invloed van fysieke en emotionele verwaarlozing op het ontwikkelen van dissociatieve klachten was voor deze groep het sterkst als dit plaatsvond in de kleutertijd of de vroege adolescentie.

De gevoeligheid voor dissociatie bij oplopende stress is het sterkst als sprake is van trauma in de kindertijd, maar ook bij verwaarlozing en chronische stress in de jeugd. Een recent overzicht laat zien dat ernstige problemen in de hechting de gevoeligheid voor dissociatie kunnen vergroten. (Guerin-Marion et al., 2020). Ernstige hechtingsproblemen wijzen op chronische stress en verwaarlozing en hangen samen met een onveilige opvoedingssituatie die de ontwikkeling belemmert, ook zonder gemarkeerde ervaringen van mishandelingen of misbruik.

Persoonlijkheidsorganisatie

Een overzichtelijke manier om de ontwikkeling van de psyche samen te vatten is het construct 'persoonlijkheidsorganisatie'. Het samenspel van aanleg en (leer)ervaringen, zoals het al dan niet meemaken van verwaarlozing of trauma, vormen de bouwstenen van de persoonlijkheid(sorganisatie), wat een neerslag is van de ontwikkeling van iemands persoonlijkheid en de karakteristieke manier van reageren op interne en externe stressoren. Iemands stevigheid hangt af van aanleg en stressoren in de jeugd. De gevoeligheid om te gaan dissociëren kun je als therapeut beter plaatsen als je meer zicht hebt op hoe iemands persoonlijkheidsorganisatie is gevormd. Volgens de structurele diagnostiek van Kernberg, wiens werk vaak als leidraad wordt gebruikt om iemands persoonlijkheidsontwikkeling en kwetsbaarheden te begrijpen, zijn de meest kenmerkende functies van de persoonlijkheidsorganisatie de identiteitsintegratie, de afweermechanismen en de realiteitstoetsing (Kernberg, 1984).

Identiteitsintegratie verwijst naar de mate waarin je goed weet wie je bent en wat je wilt ten opzichte van anderen met een eigen persoonlijkheid, en je zowel de goede als slechte kanten van jezelf en anderen accepteert.

Afweermechanismen zijn je verdedigingsmechanismen tegen externe en interne stress, of anders gezegd: manieren waarmee je jezelf onbewust (automatisch) beschermt tegen het ervaren van angst of stress. Deze kunnen adaptief zijn en je helpen of juist maladaptief en disfunctioneel. Zo zal het goed helpen als je grapjes maakt, het is relativerend en neemt de spanning weg, ook in moeilijke tijden (humor). Het helpt vaak niet als je vooral anderen de schuld geeft van datgene wat misloopt (externaliseren) en een ander afkraakt als je boos bent (devalueren). Het lijkt dan wel dat iets niet jouw schuld is, maar het lost niets op en verslechtert het contact met de anderen juist. Een voorbeeld van een rijp, adaptief afweermechanisme is de zojuist genoemde humor. Voorbeelden van onrijpe, neurotische afweermechanismen zijn verdringen (wat aanvoelt als vergeten), bijvoorbeeld van iets waar je je over schaamt, rationaliseren en intellectualiseren (dan hoef je er niets bij te voelen). Voorbeelden van primitieve afweermechanismen zijn: splitsen in alleen maar goed, of alleen in-en-in slecht, afwisselend iemand idealiseren en verguizen, projecteren: wat je zegt ben je zelf.

Realiteitstoetsing is de mate waarin je je waarneming in overeenstemming kunt houden met de werkelijkheid om je heen en of je begrijpt dat je innerlijke beleving en buitenwereld verschillend zijn, en jij een eigen persoon bent, afgescheiden ten opzichte van iemand anders.

Kernberg beschrijft drie belangrijke persoonlijkheidsorganisaties van minder naar meer kwetsbaar: de neurotische, borderline en psychotische persoonlijkheidsorganisatie. Hoe sterker je gevoel over jezelf is, of beter: hoe meer samenhang en continuïteit je ervaart in relatie tot jezelf, hoe adaptiever je afweermechanismen zijn en hoe duidelijker je de werkelijkheid om je heen waarneemt, en hoe steviger je draagkracht is. Dit past het beste bij een neurotische persoonlijkheidsorganisatie. Je kunt dan tegen een stootje en zult minder snel psychische klachten krijgen dan iemand die bijvoorbeeld veel twijfelt over zichzelf of minder adaptieve afweermechanismen tot zijn beschikking heeft. Naarmate iemands draagkracht minder sterk is ontwikkeld, zoals bij een borderline of psychotische organisatie, zal iemand sneller uit evenwicht raken en terugvallen op afweermechanismen zoals dissociatie.

Complex trauma

Na het meemaken van een traumatische gebeurtenis ontwikkelt niet iedereen psychische klachten. Een overzichtsstudie laat zien dat het meemaken van meerdere traumatische ervaringen in de jeugd verband heeft met later ontstane gezondheidsproblemen (Hughes et al., 2017). De relatie tussen trauma-load of traumabelasting en het ontwikkelen van psychische klachten wordt het 'building block'-effect genoemd (Neuner et al., 2004). Behalve het aantal ervaringen, is het type trauma ook van invloed op het ontwikkelen van klachten, waarbij interpersoonlijk geweld het hoogste risico geeft (Kessler et al., 2017).

Van de mensen die psychische klachten ontwikkelen, is er een deel dat gevoelig is voor dissociatie. In een epidemiologische studie van de Wereldgezondheidsorganisatie kwam naar voren dat na het meemaken van vier of meer ernstige trauma's mensen een veel ernstiger en complexer klachtenbeeld lieten zien, waaronder ook dissociatieve klachten vallen (Karam et al., 2014). Als sprake is van complex trauma, dat wil zeggen ernstige, herhaalde, en cumulatieve trauma's, met in het bijzonder interpersoonlijk geweld, kun je nog zo weerbaar zijn, uiteindelijk raken de meeste mensen uit evenwicht, kunnen ze ernstige klachten ontwikkelen en terugvallen op maladaptieve of vroege afweermechanismen, zoals dissociatie.

Kortom: niet iedereen zal in een gevaarlijke situatie, als het alarmsysteem wordt geactiveerd, in het vijfde of zesde stadium van de verdedigingscascade terechtkomen, of na het trauma dissociëren als hij aan het trauma wordt herinnerd. De gevoeligheid om onder stress te dissociëren in welke vorm dan ook is per persoon verschillend en dit hangt samen met iemands hechtingsrelaties, stressoren in de jeugd en persoonlijkheidsontwikkeling, maar ook de mate waarin iemand is blootgesteld aan meerdere trauma's.

Steun-Stress-Kracht-Kwetsbaarheidmodel

Het ontwikkelen van psychische klachten en de ernst van die klachten hangt samen met de balans tussen draagkracht en draaglast (wat je meemaakt aan stressoren). Deze balans wordt inzichtelijk gemaakt door de verhouding tussen steun, stress, kracht en kwetsbaarheid (De Jonghe et al., 1997). Dit Steun-Stress-Kracht-Kwetsbaarheid (SSKK)-model kan de therapeut helpen om de behandeling niet alleen te richten op het verminderen van de klachten, maar ook op het verbeteren van het functioneren en het versterken van de veerkracht. De persoonsfactoren betreffen enerzijds eigen kracht, interne bronnen of sterke kanten en anderzijds de kwetsbaarheden, gevoeligheid voor dissociatie bijvoorbeeld. De omgevingsfactoren betreffen de steun uit de omgeving, de externe bronnen en anderzijds de stressoren.

2.5 Cultuur en dissociatie

Er zijn veel studies gedaan naar het voorkomen van dissociatieve verschijnselen in verschillende culturen (Kruger, 2020). Zowel de biologische of evolutionaire benadering als de psychologische benadering van dissociatie zien dissociatie als verdedigingsmechanisme tegen stress. De opvattingen over wat dissociatie is, kunnen echter tussen culturen verschillen. Er zijn in culturen uiteenlopende opvattingen over dissociatieve verschijnselen, met eigen culturele verklaringsmodellen of 'idioms of distress', zoals beschreven door Somer (2006). Er zijn culturele of religieuze groepen die met ritme of muziek een bewustzijnstoestand proberen op te wekken die lijkt op dissociatie. Iemand kan in trance raken en zo het contact met het hier en nu verliezen. Dit wordt dan niet gezien als pathologisch, maar juist als een ervaring die iemand dichter bij God brengt. Psychologen en antropologen beschrijven verschillende vormen van bewustzijnstoestanden die lijken op dissociatie en die wel als pathologisch worden beschouwd. Bekend is amok maken, wat in Indonesië en Maleisië voorkomt, waarbij iemand in blinde razernij anderen aanvalt, zonder te weten wat hij doet. Een ander beschreven beeld is 'latah' in Zuidoost-Azië. Latah is een psychische toestand waarin men sterk schrikt en willoos anderen imiteert, alsof iemand er niet helemaal bij is. In het uiterste noorden kennen de Inuit 'pibloktoq', een bewustzijnstoestand waarin iemand buiten zichzelf is, daarnaar handelt en zich daar later niets van kan herinneren. In Latijns-Amerika wordt 'susto' beschreven, een toestand waarbij de ziel losraakt van het lichaam. Deze voorbeelden zijn cultuurgebonden syndromen, dat wil zeggen dat de symptomen in een bepaalde culturele context samen voorkomen en worden beschouwd als een aparte aandoening. Het gaat hierbij om het ervaren van bewustzijnstoestanden van de persoon zelf. Het is echter ook zo dat in sommige culturen dissociatie wordt opgevat als bezetenheid. Het wordt dan gezien alsof een geest bezit heeft genomen van het lichaam, en iemand dus niet zelf als persoon handelt zonder zich daar iets van te herinneren, maar dat een ander, een geest, handelt via de bezeten persoon. Iemand kan door rituelen van bezetenheid bevrijd worden. In Oeganda is er een verklaringsmodel van dissociatieve verschijnselen dat daarvan uitgaat (Van Duijl, 2014). Zo kan iemand bezeten worden door een geest van een voorouder, een geest met een boodschap of een halfgod. Mensen van wie wordt gezegd dat zij bezeten zijn, blijken meer dissociatieve klachten te hebben, evenals meer traumatische ervaringen, maar de relatie met traumatische ervaringen wordt niet door de getroffenen zelf gelegd (Van Duijl et al., 2010). Niet alleen in Afrikaanse landen, maar ook bijvoorbeeld in Latijns-Amerika (Brazilië) zijn er gemeenschappen die dissociatieve verschijnselen toeschrijven aan bezetenheid. Er wordt niet altijd een samenhang met traumatische ervaringen verondersteld als iemand uitgaat van bezetenheid of een bovennatuurlijke invloed als verklaring voor dissociatieve klachten.

2.5.1 Omgaan met culturele verklaringen van dissociatie

In de DSM-5 is de categorie dissociatieve stoornissen zodanig beschreven dat er ook toestandsbeelden in kunnen voorkomen, zoals trance of bezetenheid. Bij een intake, diagnostisch onderzoek of behandeling is het belangrijk om rekening te houden met culturele verklaringen voor dissociatieve verschijnselen om in de behandeling aan te sluiten bij de cliënt. Vanwege de culturele verschillen die er soms zijn, en de uiteenlopende verklaringsmodellen die mensen kunnen hebben over psychische klachten, is het Cultural Formulation Interview (CFI) ontwikkeld (Lewis-Fernandez et al., 2014). In dit interview vraag je naar iemands opvattingen ten aanzien van de klachten die hij heeft, en welke interpretatie iemand heeft van zijn klachten, maar ook naar de wijze waarop deze klachten worden benaderd of behandeld en welke verwachtingen er zijn van de hulpverlening in Nederland. In ▸ H. 4 bespreken we hoe het CFI gebruikt kan worden tijdens een diagnostisch onderzoek.

2.6 Dissociatie tijdens het trauma

"Ik werd weer naar diezelfde ruimte gebracht." Mahmoud trekt zijn schouders recht, alsof hij zich schrap zet. "Ze sloegen me eerst, meerdere malen met hard metaal. Ik was geblinddoekt en wist niet van welke kant ze kwamen. Ik kreeg een klap en wankelde. Ik voelde hoe ze me vastpakten en me sloegen, het ging maar door. Eerst schreeuwde ik heel hard. Ik probeerde de pijn te ontwijken, maar dat kon ik niet. Ik weet niet wanneer, maar ik voelde niets meer, ik hoorde niets meer. Het ging door. Toen wist ik niets meer."

Dissociatie kan zich voordoen onder hevige stress, als het gevaar overweldigend is, zoals wordt beschreven in ► par. 2.3. Tijdens een dergelijke traumatische ervaring kan iemand zich 'uitschakelen'. Dat is niet een bewuste keuze. In het geval van Mahmoud was hij zich er niet van bewust dat hij gevoelig was voor dissociatie. Pas bij zeer extreme stress bleek hij zich als het ware uit te schakelen. Het overkomt iemand, zo lijkt het. Dissociatie tijdens het trauma wordt ook wel peri-traumatische dissociatie genoemd. Het is ook wel opgevat als vermijding, een manier om je af te sluiten van indringende aspecten van de ervaring. Dit suggereert dat iemand dit bewust kan inzetten, en doorgaans is dat niet het geval. Het is een automatisch overlevingsmechanisme, een stadium van de verdedigingscascade. Hoewel vroegere onderzoeken deze reactie tijdens het trauma als voorspellend zagen voor het ontwikkelen van een PTSS, is dat in latere onderzoeken lang niet altijd bevestigd (Marx & Sloan, 2005). Een studie van Briere et al. (2005) liet zien dat het niet zozeer de dissociatie tijdens het trauma was, die de PTSS voorspelde, maar eerder de aanhoudende dissociatie na het trauma.

2.7 Dissociatie na het trauma

"Ik durf de straat niet op. Iedere keer als ik een agent zie, denk ik dat ze mij zullen arresteren. Ik weet dat dit in Nederland niet zo snel gebeurt, maar toch voel ik weer die angst." Mahmoud kijkt naar de grond. "Ik kan er ook niet tegen als ik sirenes hoor. Dan weet ik echt even niet meer waar ik ben."

Als iemand gevoelig is voor dissociatie kan het zo zijn dat hij niet alleen tijdens het trauma dissocieert, maar ook daarna. Als er iets is wat doet denken aan de traumatische ervaring of de stressor, wat ook wel een trigger wordt genoemd, kan iemand opnieuw een dissociatieve reactie laten zien. Neurobiologisch onderzoek laat zien dat zo'n 70 % van de mensen met chronische posttraumatische stressstoornis in reactie op herinneringen aan trauma reageert met hyperarousal of ondermoduleren van de emoties. Een minderheid reageert met hypoarousal of overmodulatie van de emoties, dat wil zeggen dissociatieve verschijnselen (Lanius et al., 2010). Een trigger kan iets zijn wat iemand ziet, hoort, ruikt of voelt wat hem terugbrengt in de tijd, waarna dissociatie optreedt. In het geval van Mahmoud zijn dat het uniform van de politieagent en de sirene. Ze vormen een trigger voor een herbeleving en hij kan dan even het contact met het hier en nu verliezen. Dissociatie kan ook zodanig ernstig zijn dat dit leidt tot een volledige shut down, waarbij iemand het contact met het hier en nu volledig kwijtraakt (Schauer & Elbert, 2010). Dit kan ertoe leiden dat iemand situaties gaat vermijden, uit angst voor dissociatie of uit schaamte, omdat iemand niet meer terug kan halen wat er is gebeurd en niet weet wat hij gedaan heeft.

2.8 Dissociatieve reacties tijdens een traumabehandeling: het Tolerantievenster

2

Traumabehandeling kenmerkt zich doorgaans door blootstelling aan de ervaringen die iemand heeft meegemaakt, zoals tijdens de verschillende varianten van exposure. Het gaat er dan om de traumatische ervaring opnieuw door te maken en te beleven, niet door terug te gaan in de tijd, zoals bij een herbeleving, maar juist *in het heden*. Iemand ervaart gevoelens die door de traumatische herinneringen worden opgeroepen, terwijl hij zich ervan bewust is dat hij bij de therapeut in de behandelkamer is. Zo'n behandeling activeert het trauma-/angstnetwerk en daarmee ook de verdedigingsmechanismen van de cliënt zoals dat was ten tijde van de traumatische gebeurtenis. Het kan dus gebeuren dat iemand tijdens de traumabehandeling dissocieert, en reageert zoals tijdens het trauma of het contact met het hier en nu verliest. Gedurende de traumabehandeling wijst dit erop dat de spanning te zeer oploopt en dat iemand de emoties die worden opgeroepen niet kan verdragen. Op dat moment is iemand niet meer ontvankelijk voor de therapie. De mate waarin iemand zijn negatieve emoties kan verdragen of tolereren is van invloed op de individuele grenzen of bandbreedte van het Tolerantievenster. Het is voor iedereen nodig om een gezonde mate van spanning te ervaren of informatie te verwerken om te kunnen functioneren. Er is een optimaal niveau van spanning. Dit wordt wel de Window of Tolerance (WoT) of het Tolerantievenster genoemd (Corrigan et al., 2011; Siegel, 1999). Er is een bepaalde bandbreedte van dit optimale spanningsniveau. Binnen die bandbreedte kunnen emoties wel intens zijn, maar kunnen worden verdragen en je kunt blijven nadenken met je denkende brein (de cortex) over hoe je de situatie kunt interpreteren en wat je kunt doen aan de situatie. Als je overweldigd wordt door emoties, ook wel hyperarousal, is het limbisch systeem overactief, en is sprake van ondermodulatie. Bij hypoarousal, wat gebeurt bij dissociatie, is er juist sprake van overmodulatie (Lanius et al., 2010). Is bij een hypoarousal de spanning dus te laag, bij hyperarousal is de spanning juist te hoog en raakt iemand verkrampt. We zeggen dat iemand buiten het Tolerantievenster raakt als iemand zijn spanning niet goed kan reguleren en zich in de hypoarousalzone of hyperarousalzone bevindt. Het is dan te moeilijk om alle ervaringen, en de daarbij behorende gevoelens en gedachten te verwerken (zie fig. 2.3). De problemen die kunnen ontstaan, kunnen verband houden met hoe groot de bandbreedte is. Als iemand zeer weinig emoties kan verdragen, raakt iemand al veel eerder buiten zijn 'Window'. Het vergroten van de bandbreedte kan dan een aandachtspunt zijn van de behandeling. Het kan ook zo zijn dat iemand grote fluctuaties ervaart in emoties, met hoge pieken en diepe dalen, waardoor iemand in een hypo- of hyperarousalzone terechtkomt. Dit kan samenhangen met de emotieregulatievaardigheden, maar ook met actuele omstandigheden. Als iemand zich in een situatie bevindt waarbij er veel actuele stress is, zal de spanning voortdurend oplopen. Het is van groot belang dat therapeuten dissociatieve reacties tijdens een traumabehandeling kunnen herkennen, signaleren en behandelen om de behandeling te kunnen laten slagen.

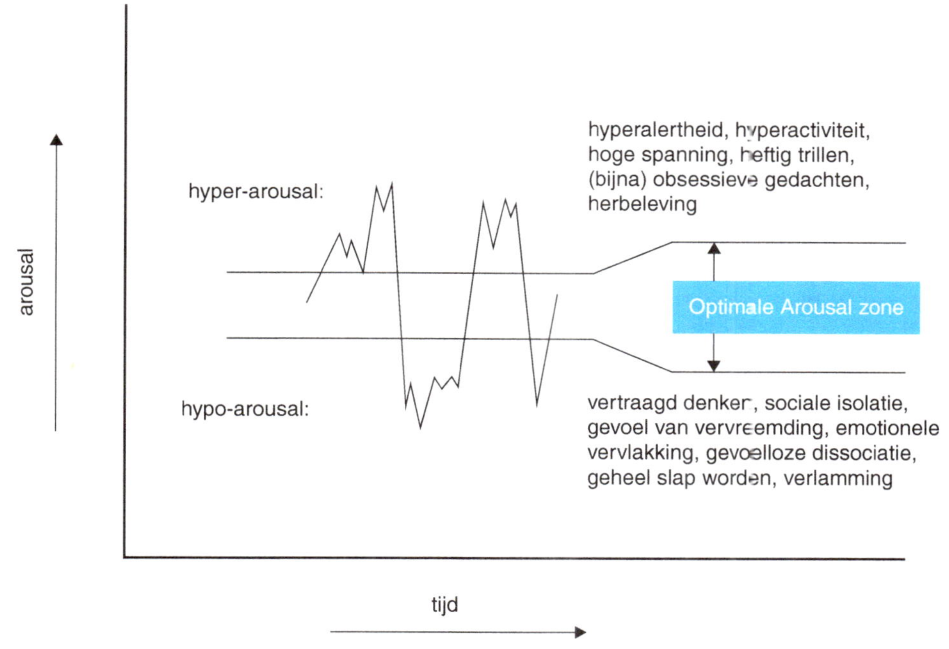

Figuur 2.3 Het Tolerantievenster. (Afkomstig uit Ogden et al., 2006, pag. 27, 32)

Literatuur

Agorastos, A., Pervanidou, P., Chrousos, G. P., & Baker, D. G. (2019). Developmental trajectories of early life stress and trauma: A narrative review on neurobiological aspects beyond stress system dysregulation. *Frontiers Psychiatry, 10*, 118.

American Psychiatric Association (APA) (2013). *Diagnostic and statistical manual of mental disorders* (5th ed.). DSM-5.

Bateman, A., & Fonagy, P. (2016). *Mentalization-based treatment for personality disorders: A practical guide*. Oxford University Press.

Bob, P. (2003). Dissociation and neuroscience: History and new perspectives. *International Journal of Neuroscience, 113*, 903–914.

Briere, J., Scott, C., & Weathers, W. (2005). Peritraumatic and persistent dissociation in the presumed etiology of PTSD. *American Journal of Psychiatry, 162*, 2295–2301.

Corrigan, F. M., Fisher, J. J., & Nutt, D. J. (2011). Autonomic dysregulation and the Window of Tolerance model of the effects of complex emotional trauma. *Journal of Psychopharmacology 0*(00),1–9.

De Jonghe, F., Dekker, J., & Goris, C. (1997). *Steun, stress, kracht en kwetsbaarheid in de psychiatrie*. Van Gorcum.

Dimitrova, L., Fernando, V., Vissia, E. M., Nijenhuis, E. R. S., Draijer, N., & Reinders, A. A. T. S. (2020). Sleep, trauma, fantasy and cognition in dissociative identity disorder, post-traumatic stress disorder and healthy controls: A replication and extension study. *European Journal of Psychotraumatology, 11*(1), 1705599.

Gilmore, K., & Meersand, P. (2014). *Normal child and adolescent development, a psychodynamic primer*. American psychiatric publishing.

Guerin-Marion, C., Sezlik, S., & Bureau, J. F. (2020). Developmental and attachment-based perspectives on dissociation: Beyond the effects of maltreatment. *European Journal of Psychotraumatology, 11*(1), 1802908.

Hagenaars, M. A., Fisch, I. & Van Minnen, A. (2011). The effect of trauma onset and frequency on PTSD associated symptoms. *Journal of Affective Disorders, 132*, 192–199.

Huang, Y. L., Fonagy, P., Feigenbaumb, J., Montaguec, P. R., & Noltec, T. (2020). Multidirectional pathways between attachment, mentalizing, and posttraumatic stress symptomatology in the context of childhood trauma. *Psychopathology, 53*, 48–58.

Hughes, K., Bellis, M. A., Hardcastle, K. A., Sethi, D., Butchart, A., Mikton, C., Jones, L., & Dunne, M. P. (2017). The effect of multiple adverse childhood experiences on health: A systematic review and meta-analysis. *Lancet Public Health, 2*(8), 356–366.

Karam, E. G., Friedman, M. J., Hill, E. D., Kessler, R. C., McLaughlin, K. A., Petukhova, M., Sampson, L., Shahly, V., Angermeyer, M. C., Bromet, E. J., De Girolamo, G., De Graaf, R., Demyttenaere, K., Ferry, F., Florescu, S. E., Haro, J. M., He, Y., Karam, A. N., Kawakami, N., … Koenen, K. C. (2014). Cumulative traumas and risk thresholds: 12-month PTSD in the World Mental Health (WMH) Surveys. *Depression and Anxiety, 31*(2), 130–142.

Kernberg, O. (1984). *Severe personality disorders; psychotherapeutic strategies*. Yale University Press.

Kessler, R. C., Aguilar-Gaxiola, S., Alonso, J., Benjet, C., Bromet, E. J., Cardoso, G., Degenhardt, L., De Girolamo, G., Dinolova, R. V., Ferry, F., Florescu, S., Gureje, O., Haro, J. M., Huang, Y., Karam, E. G., Kawakami, N., Lee, S., Lepine, J. P., Levinson, D., … Koenen, K. C. (2017). Trauma and PTSD in the WHO World Mental Health Surveys. *European Journal of Psychotraumatology, 8*(5), 1353383.

Kruger, C. (2020). Culture, trauma and dissociation: A broadening perspective for our field. *Journal of Trauma and Dissociation, 21*(1), 1–13.

Lang, P. J., Davis, M., & Ohman, A. (2000). Fear and anxiety: Animal models and human cognitive psychophysiology. *Journal of Affective Disorders, 61*(3), 137–159.

Lanius, R., Vermetten, E., Loewenstein, R. J., Brand, B., Schmahl, C., Bremner, D., & Spiegel, D. (2010). Emotion modulation in PTSD: Clinical and Neurobiological Evidence for a dissociative subtype. *America Journal of Psychiatry*. June; *167*(6), 640–647. ▶ https://doi.org/10.1176/appi.ajp.2009.09081168.

Le Doux, J. (1996). *The emotional brain, the mysterious underpinnings of emotional life*. A Touchstone Book.

Lewis-Fernandez, R., Aggarwal, N. K., Baarnhielm, S., Rohlof, H., Kirmayer, L. J., Weiss, M. G., Jadhav, S., Hinton, L., Alarcon, R. D., Bhugra, D., Groen, S., Van Dijk, R., Qureshi, A., Collazos, F., Roussaeu, C., Caballero, L., Ramos, M., & Lu, F. (2014). Culture and psychiatric evaluation: Operationalizing cultural formulation for DSM-5. *Psychiatry, 77*(2), 130–154.

Lilienfeld, S. O., Lynn, S. J., Kirsch, I., Chaves, J. F., Sarbin, T. R., Ganaway, G. K., & Powel, R. A. (1999). Dissociative identity disorder and the sociocognitive model: Recalling the lessons of the past. *Psychological Bulletin, 125*(5), 507–523.

Lyssenko, L., Schmahl, C., Bockhacker, L., Vonderlin, R., Bohus, M., & Kleindienst, N. (2018). Dissociation in psychiatric disorders: A meta-analysis of studies using the dissociative experiences scale. *The American Journal of Psychiatry, 175*(1), 37–46.

Marsh, R. J., Dorahy, M. J., Verschuere, B., Butler, C., Middleton, W., & Huntjens, R. J. C. (2018). Transfer of episodic self-referential memory across amnesic identities in dissociative identity disorder using the autobiographical implicit association test. *Journal of Abnormal Psychology, 127*(8), 751–757.

Marsh, R. J., Dorahy, M. J., Butler, C., Middleton, W., De Jong, P. J., Kemp, S., et al. (2021). Inter-identity amnesia for neutral episodic self-referential and autobiographical memory in dissociative identity disorder: An assessment of recall and recognition. *PLoS ONE, 16*(2), 1–25.

Marx, B. P., & Sloan, D. M. (2005). Peritraumatic dissociation and experiential avoidance as predictors of posttraumatic stress symptomatology. *Behaviour Research and Therapy, 34*(5), 569–583.

Neuner, F., Schauer, M., Karunakara, U., Klaschik, C., Robert, C., & Elbert, T. (2004). Psychological trauma and evidence for enhanced vulnerability for posttraumatic stress disorder through previous trauma among West Nile refugees. *Bio Med Central Psychiatry, 4*, 34–41.

Nijenhuis, E. R. S. (1994). *Dissociatieve stoornissen en psychotrauma*. Bohn Stafleu Van Loghum.

Nijenhuis, E. R. S., & Van der Hart, O. (1999). Forgetting and reexperiencing trauma: From anesthesia to pain. In J. Goodwin & R. Attias (Eds.), *Splintered reflections: Images of the body in trauma* (pp. 39–65).

Ogden, P., Minton, K., & Pain, C. (2006). *Trauma and the body; a sensorimotor approach to psychotherapy*. Norton.

Roydeva, M. I., & Reinders, A. A. T. S. (2021). Biomarkers of pathological dissociation; a systematic review. *Neuroscience and Biobehavioral Reviews, 123*, 120–202.

Schalinski, I., Teicher, M. H., Nischk, D., Hinderer, E., Müller, O., & Rockstroh, B. (2016). Type and timing of adverse childhood experiences differentially affect severity of PTSD, dissociative and depressive symptoms in adult inpatients. *Bio Med Central Psychiatry, 16*, 295.

Schauer, M., & Elbert, T. (2010). Dissociation following traumatic stress. Etiology and treatment. *Zeitschrift Für Psychologie, 218*(2), 109–127.

Siegel, D. (1999). *The developing mind*. Guilford.

Somer, E. (2006). Culture bound dissociation: A comparative analysis. *Psychiatric Clinics of North-America, 29*, 213–226. Elsevier Saunders.

Steele, K., Boon, S. & Van der Hart, O. (2017). *Treating trauma related dissociation. An integrative approach*. Uitgeverij Mens!

Van der Kloet, D., Merkelbach, H., Giesbrecht, T., & Lyn, S. J. (2012). Fragmented sleep, fragmented mind. The role of sleep in dissociative disorders. *Perspectives on Psychological Science, 7*(2),159–175.

Van Duijl, E. M. (2014). *Spirits, devils and trauma. Dissociation in Uganda*. UvA.

Van Duijl, M., Nijenhuis, E. R. S., Komproe, I. H., & Gernaat, H. (2010). Dissociative symptoms and reported trauma among patients with spirit possession and matched healthy controls in Uganda. *Culture Medicine and Psychiatry, 34*(2), 380–400.

Vermetten, E., & Kruger, H. (2012). Neuronale systemen bij stress: Preklinische en genetische studies. In E. Vermetten, R. Kleber, & O. van der Hart (Red.), *Handboek posttraumatische stressstoornissen*. Uitgeverij de Tijdstroom.

Vermetten, E., & Spiegel, D. (2014). Trauma and dissociation: Implications for borderline personality disorder. *Current Psychiatry Reports, 16*(2), 434.

Vignal, J. P., Maillard, L., McGonigal, A., & Chauvel, P. (2006). The dreamy state: Hallucinations of autobiographic memory evoked by temporal lobe stimulationsand seizures. *Brain, 130*(1), 88–99.

Wallin, D. J. (2020). *Gehechtheid in psychotherapie*. Uitgeverij Nieuwezijds.

World Health Organization (2018). *International classification of diseases for mortality and morbidity statistics* (11th Revision). Bron: ▶ https://icd.who.int/browse11/l-m/en.

Yehuda, R., & Bierer, L. M. (2007). Transgenerational transmission of cortisol and PTSD risk. *Progress in Brain Research, 167*, 121–135.

Vaststellen van dissociatie

Samenvatting
In het classificatiesysteem van de DSM-5 worden de verschillende vormen van traumagerelateerde dissociatie beschreven. De ICD-11 omvat ook de diagnose complexe PTSS. Deze kennis bevordert het onderscheid tussen de diverse verschijningsvormen en classificatiemogelijkheden. Aan de hand van casuïstiek wordt geïllustreerd hoe je in de klinische praktijk dissociatie kunt vaststellen. Ten slotte worden de risicofactoren van PTSS en traumagerelateerde dissociatie besproken.

De la Rie en Snip-van Wageningen, *Trauma en dissociatie*,
https://doi.org/10.1007/978-90-368-2711-9_3

3.1 Inleiding

De verschillende vormen van dissociatie kunnen worden vastgesteld aan de hand van de twee belangrijkste classificatiesystemen die in Nederland worden gebruikt: de Diagnostic and Statistical Manual of Mental Disorders, 5th edition (DSM-5, APA, 2013) en de International Classification of Diseases 11th Revision (ICD-11, WHO, 2018).

Dissociatie wordt vaak als verzamelnaam gebruikt en het is niet altijd meteen duidelijk wat er bedoeld wordt als je in een rapport leest dat een cliënt dissocieert. Het is belangrijk om na te gaan hoe dissociatie tot uiting komt bij de desbetreffende cliënt. In dit hoofdstuk worden de symptomen en bijbehorende classificaties beschreven, en ook hoe vaak het voorkomt en bij wie. Maar naast de classificaties is het goed om te weten dat dissociatie als symptoom veel voorkomt bij verschillende psychiatrische stoornissen. We staan daarom ook stil bij de laatste ontwikkelingen in de literatuur waar de samenhang tussen symptoomclusters wordt onderzocht. In ▶ H. 4 bespreken we hoe je in de praktijk in gesprek met je cliënt de aard en ernst van de dissociatieve klachten in kaart kunt brengen, om met de andere informatie de bijbehorende diagnose te stellen, waarna een goede behandelindicatie kan worden gegeven. In ► H. 5 wordt vervolgens beschreven hoe je met de gegevens die je hebt verzameld tot een advies voor behandeling kunt komen.

3.2 Classificaties van dissociatie

Er zijn wereldwijd twee classificatiesystemen voor psychiatrische stoornissen: de Diagnostic and Statistical Manual of Mental Disorders, 5th edition (DSM-5, APA, 2013) en de International Classification of Diseases 11th Revision (ICD-11, WHO, 2018). We gaan van beide systemen na welke classificaties er zijn, welk onderscheid er tussen beide systemen gemaakt kan worden en hoe deze gebruikt kunnen worden om psychische klachten van trauma en dissociatie te begrijpen.

3.2.1 DSM-5

In Nederland wordt de DSM-5 als classificatiesysteem gebruikt. Voor het volledige classificatieoverzicht verwijzen we naar de boeken over de DSM-5 of DSM-5 Online. In dit hoofdstuk komen de stoornissen aan bod, met dissociatie.

Posttraumatische stressstoornis

De posttraumatische stressstoornis (PTSS) is een psychische aandoening die kan ontstaan na het meemaken van een schokkende, levensbedreigende, traumatische ervaring. Cliënten met PTSS ervaren langdurig psychische gevolgen van deze ervaring(en) en PTSS heeft grote gevolgen voor het dagelijks functioneren.

Niet iedereen ontwikkelt PTSS na een psychotrauma. Als er sprake is van een psychotrauma in de voorgeschiedenis is het wel belangrijk om na te gaan of iemand voldoet aan de criteria van PTSS. De posttraumatische stressstoornis is onderdeel van de Trauma en Stressorgerelateerde Stoornissen in de DSM-5. Zie de opbouw van de stoornis in onderstaand kader met de criteria van PTSS.

PTSS 309.81

onderdelen PTSS	bestaat uit	beslisboom
A-criterium	blootstelling aan psychotrauma	noodzakelijk
B-criterium	intrusies	1 symp aanwezig
C-criterium	vermijding	1 symp aanwezig
D-criterium	negatieve verandering in emoties en cognities	2 symp aanwezig
E-criterium	arousal en reactiviteit	2 symp aanwezig
F-criterium	duur > 1 maand	noodzakelijk
G-criterium	lijdensdruk of disfunctioneren	noodzakelijk
H-criterium	niet door middel of somatische stoornis	noodzakelijk
Specificatie subtype	depersonalisatie of derealisatie	optioneel

De dissociatieve verschijnselen zijn opgenomen in de diagnose van het dissociatieve subtype. Daar gaat het specifiek om depersonalisatie en derealisatie. Andere symptomen van PTSS die samenhangen met dissociatie vindt men in het B-criterium en het D-criterium.

B-criterium

Het B-criterium van PTSS betreft intrusieve symptomen. In een herbeleving of flashback (criterium B3 van het B-criterium) heeft iemand het gevoel of handelt iemand alsof het psychotrauma opnieuw plaatsvindt. Het kan zowel om een interne beleving gaan als om gedrag dat extern waarneembaar is. Wanneer het gaat om een combinatie (intern en extern), en iemand verliest het contact met het hier en nu (sterk verminderd of volledig gebrek aan realiteitsbesef) is er sprake van een dissociatieve reactie. Het is belangrijk om de frequentie, intensiteit en duur na te gaan. De intensiteit kan variëren van verminderd realiteitsbesef maar nog wel een beperkt besef van realiteit, tot een volledig gebrek aan realiteitsbesef. De duur kan variëren van enkele seconden tot maximaal een uur of langer. Dit wordt hier geïllustreerd in het onderstaande voorbeeld.

Ben vertelt zijn therapeut dat hij de afgelopen week van slag is geraakt door iets wat hem overkwam toen hij naar de supermarkt ging om boodschappen te doen. In eerste instantie omschrijft hij hoe angstig hij was op dat moment, en hoe verdrietig hij zich had gevoeld naderhand. De therapeut vraagt wat er precies is gebeurd en Ben herinnert zich nog een harde knal. Het eerste dat hij zich daarna herinnert, is dat hij in een hoek verscholen zat, trillend als een rietje. Hij begon de omgeving 'te scannen', net zoals hij als militair had gedaan. Pas toen hij een moeder en dochter ontspannen zag lachen, realiseerde hij zich dat hij in Nederland was. Hij realiseerde zich dat er geen gevaar was, en stond op. Hij trilde nog steeds, stond verstijfd op zijn plek en zag hoe bouwvakkers zwaar materiaal in een container gooiden, wat veel lawaai maakte. Dit had hem teruggebracht in de tijd, bij een incident van een uitzending, twee jaar geleden. Hij besefte dat hij last had van een herbeleving, in dit geval een dissociatieve reactie waarbij hij een aantal minuten het contact met het hier en nu kwijt was.

D-criterium

In het D-criterium staan symptomen die passen bij negatieve veranderingen in cognities en stemming. Het D1-criterium betreft amnesie (D1). Dit is het onvermogen om zich (een belangrijk deel van) het psychotrauma (A-criterium) te herinneren, niet te verwarren met symptomen van het C-criterium waarbij iemand (bewust) probeert te voorkomen om gevoelens of gedachten samenhangend met het psychotrauma te ervaren. De dissociatieve amnesie heeft met het psychotrauma (het A-criterium) zelf te maken, niet met de gevolgen ervan.

Dit blijkt bijvoorbeeld als een cliënt weet wanneer het psychotrauma begon en weet hoe het eindigde, maar het middenstuk niet meer uit het geheugen kan terughalen. Als er sprake is van dissociatieve amnesie is er een gefragmenteerde herinnering, waarbij sommige aspecten van de herinnering wel en andere niet kunnen worden opgehaald (retrieval). Houd er rekening mee dat de cliënt dissociatie mogelijk niet altijd als zodanig herkent of benoemt. Sommige cliënten vertellen dat zij bewusteloos waren ten tijde van het psychotrauma, en het is belangrijk om na te gaan wat de oorzaak was van deze bewusteloosheid. Was er sprake van bewusteloosheid met een lichamelijke oorzaak, zoals een ongeval of klap op het hoofd, of was de ervaring zo overweldigend dat iemand flauwviel, en was er mogelijk sprake van dissociatie tijdens het psychotrauma? In het volgende voorbeeld kun je lezen hoe je dit kunt bespreken.

T: Je zegt dat je een heel nare ervaring hebt meegemaakt, kun je in het kort vertellen wat er precies is gebeurd?
C: Ja, ik weet nog precies dat ik boodschappen ging doen, het was een mooie zonnige dag en ik kreeg het idee een recept van mijn oma te maken.
T: En toen?
C: Toen ben ik de deur uitgestapt, met alleen een briefje van twintig op zak, ik had mijn telefoon niet eens bij mij, terwijl ik deze normaal nooit vergeet. Ik liep de normale route naar de winkel en toen (…). Het volgende moment werd ik op mijn schouder getikt, dat bleek later een agent in burger te zijn.
T: Wat was er gebeurd voordat de agent je op de schouder tikte?
C: De man die ik passeerde is geliquideerd. Een schamp van een kogelschot zat in mijn leren jasje. Hij is dood. Ik zag hem liggen op straat met een laken over zich heen (…). (de cliënt huilt)
T: Wat vreselijk. Kun je mij vertellen wat je hebt meegekregen van de liquidatie?
C: Dat is het vreemde, ik heb van de agenten gehoord hoe het gegaan is, maar zelf kan ik het mij niet herinneren, ik bedoel dat ik er geen herinneringen aan heb.
T: Wat is het laatste dat je je herinnert voor de liquidatie?
C: Dat ik op straat liep, op de stoep. Ik zag een man die mij tegemoet kwam. Hij had een donkere jas aan en liep gebogen. Daarna niets.
T: Wat is het eerste dat je je weer kunt herinneren?
C: De tik op mijn schouder, het gezicht van de agent. Ik zag toen de scheur in mijn jasje.

Het zesde symptoom van het D-criterium betreft gevoelens van onthechting of vervreemding van anderen (D6). Het meemaken van psychotrauma kan een gevoelsmatige afstand veroorzaken tussen jou en de anderen (vaak degenen die niet het psychotrauma hebben doorgemaakt). Het gevoel los te staan van anderen, is op te vatten als dissociatie.

Als dit criterium aanwezig is, kun je vervolgens nagaan in welke mate deze gevoelens er zijn en of belangrijke anderen zoals een partner, kinderen of een goede vriend of vriendin uitzondering zijn. Door de frequentie en intensiteit vast te stellen kun je nagaan in welke mate hier sprake van is. Belangrijk om te weten is dat dit symptoom nadrukkelijk gaat over de relatie met anderen en geen betrekking heeft op de wereld in het algemeen (zoals bij derealisatie) of op het zelf (zoals bij depersonalisatie).

Dissociatieve subtype van PTSS

Bij het vaststellen van de diagnose van PTSS is er tevens de mogelijkheid om bij de PTSS het subtype van dissociatie te specificeren.

In de periode van de DSM-IV en ICD-10 is er vanuit de klinische praktijk veel wetenschappelijk onderzoek verricht naar posttraumatische stressstoornis en de behandeling van cliënten met PTSS. Vanuit de heterogeniteit van deze doelgroep is uit meerdere onderzoeken gebleken dat 15–30 % van de mensen met PTSS ook last heeft van een vorm van dissociatie en dat van alle verschijningsvormen van dissociatie, depersonalisatie en derealisatie het meest voorkomen in combinatie met PTSS (Lanius et al., 2012). Dit heeft geleid tot de mogelijkheid in de DSM-5 om het subtype met dissociatieve symptomen vast te stellen.

Het subtype bestaat uit twee criteria, waarvan aan één criterium moet worden voldaan om het subtype vast te stellen. Elk criterium bestaat uit respectievelijk één symptoom van derealisatie of depersonalisatie. Bijvoorbeeld:

> *T: Pieter, is het weleens voorgekomen dat je het gevoel had alsof je je buiten jezelf bevond (pauze), alsof je van buitenaf naar jezelf keek?*
> *C: Dat denk ik wel [...]. Ik zie mezelf dan dingen doen, of hoor mezelf praten. Ik betrap mezelf er vaak op dat ik dingen doe of zeg die helemaal niet bij mij passen.*
> *T: Kun je daar wat meer over vertellen?*
> *C: Toen ik onlangs de wasmachine van mijn zoon repareerde gebeurde er iets wat eigenlijk helemaal niet bij mij paste. Ik weet nog dat ik een onderdeel miste, nadacht en het volgende moment was ik de zoldertrap afgerend (...). Mijn schoondochter en kleinzoon schrokken zich kapot, vertelden ze later. Ik ben ze in een vlaag van verstandsverbijstering alles gaan vertellen over de gevaren van een wasmachine op zolder, ik weet nog dat ik op een bepaald punt mezelf zag staan en hoorde praten, alsof ik van een afstand naar mezelf keek en dacht: Pieter, waar ben je mee bezig? Ik leek wel een commandant.*

Ten slotte is er PTSS met als subtype uitgestelde expressie. Dit is PTSS die langer dan zes maanden na de traumatische gebeurtenis tot uiting komt. Voorheen heette dit PTSS met verlaat begin, maar uit onderzoek is gebleken dat de symptomen vaak al wel in de eerste zes maanden voorkomen, maar dat het soms pas later dan zes maanden na de gebeurtenis is dat de symptomen voldoen aan de volledige diagnose (Andrews et al., 2007).

Dissociatieve stoornissen

Binnen de DSM-5 staan dissociatieve stoornissen in een apart hoofdstuk genoemd. Er zijn in de DSM-5 vijf stoornissen: de dissociatieve identiteitsstoornis, dissociatieve amnesie, depersonalisatie-/derealisatiestoornis, andere gespecificeerde dissociatieve stoornis of de ongespecificeerde dissociatieve stoornis. In de volgende subparagrafen lees je meer over deze stoornissen.

Dissociatieve identiteitsstoornis

Op het brede spectrum van dissociatieve stoornissen en dissociatieve verschijnselen, wordt deze stoornis vaak als de ernstigste vorm van dissociatie gezien. Voorheen werd dit ook wel een meervoudige persoonlijkheidsstoornis of multipele persoonlijkheidsstoornis genoemd. Deze stoornis kan naast de aanwezigheid van andere stoornissen (buiten de andere dissociatieve stoornissen) vastgesteld worden. Het gaat bij de dissociatieve identiteitsstoornis (DIS) in de kern om identiteitsfragmentatie. Iemand heeft de subjectieve ervaring dat het zelf geen eenheid is, maar bestaat uit fragmenten, 'self states' waarbij iemand zich niet bewust is van de verschillende kanten in zichzelf.

Dissociatie spreekt tot de verbeelding, in het bijzonder de ernstigste vormen van dissociatie, zoals DIS. Kunstenaars en filmmakers hebben geprobeerd dit te begrijpen en verwerkt in beelden en verhalen. De bekendste film is Sibyl, waarvan in 2019 een remake is gemaakt. Een ogenschijnlijk goed functionerende vrouw komt in behandeling waarin gaandeweg duidelijk wordt dat zij meerdere persoonlijkheidsdelen ervaart, die ontstaan zijn na ernstige trauma's in de jeugd. Het verhaal ontrolt zich als een puzzel, waarbij haar levensgeschiedenis steeds duidelijker wordt. Maar er zijn meer films waarin dissociatie wordt verbeeld. Het gaat meestal om films waarin iemands goede en slechte kanten in verschillende persoonlijkheden gestalte krijgen. Zo is er het bekende en vaak verfilmde verhaal dat dateert uit 1920: Dr Jekyll and Mr Hyde. Dr Jekyll, een gerespecteerd arts in Londen, onderzoekt het goed en kwaad. Jekyll experimenteert in zijn laboratorium, waarna zijn alter ego en duistere kant, Mr Hyde naar voren komt. Hij heeft deze steeds minder onder controle. Aanvankelijk weet de lezer of kijker niet dat het om dezelfde persoon gaat die meerdere persoonlijkheden heeft, een goede, aangepaste kant en een duistere, slechte kant. Meer voorbeelden van dergelijke films zijn beschreven door Sampson (2020).

De criteria van de dissociatieve identiteitsstoornis zijn de laatste jaren iets aangepast. Er is binnen het symptoom van *fragmentatie van de identiteit* (criterium A) ruimte voor de rapportage door anderen. Tevens richt het symptoom *amnesie* (criterium B) zich niet alleen op traumatische herinneringen, maar ook op alledaagse herinneringen. Dit in tegenstelling tot het symptoom dissociatieve amnesie van PTSS, daarin gaat het juist voornamelijk om amnesie van de traumatische herinnering. Het volledige criteriaoverzicht van DIS is na te lezen in het volgende kader.

CRITERIA DIS (300.14)

A. Verstoring van de identiteit, gekenmerkt door twee of meer afzonderlijke persoonlijkheidstoestanden. De verstoring in identiteit houdt een duidelijke discontinuïteit in van het gevoel van eigenwaarde en het gevoel van leeftijd, vergezeld door afwisselingen in invloed, gedrag, bewustzijn, geheugen, waarneming, cognitie en/of zintuiglijk functioneren. Deze symptomen kunnen worden waargenomen door anderen of door de persoon zelf.
B. Terugkerende hiaten in het herinneren van dagelijkse gebeurtenissen, belangrijke persoonlijke informatie en/of traumatiserende gebeurtenissen die niet passen bij het gewone vergeten.
C. De symptomen veroorzaken een klinisch significante lijdensdruk of beperkingen in het sociale of beroepsmatige functioneren, of in het functioneren op andere belangrijke terreinen.
D. De stoornis is geen normaal onderdeel van de in grote lijnen geaccepteerde culturele of religieuze praktijk.
E. De symptomen zijn niet te wijten aan fysiologische effecten van een verslaving of een andere medische aandoening.

Het A-criterium aangaande de verstoring van de identiteit, kan zoals gezegd door de cliënt zelf of door anderen zo ervaren worden. Uit onderzoek blijkt dat deze verstoring van de identiteit subjectief is. Hoewel er amnesie werd vastgesteld tussen de identiteiten en deze identiteiten zich niet bewust waren van elkaars bestaan, werd dit niet ondersteund door diverse geheugentesten in de zin dat er geen volledig van elkaar afgescheiden identiteiten konden worden vastgesteld (Marsh et al., 2021).

Om DIS te kunnen vaststellen is uitgebreide diagnostiek noodzakelijk. Dit kan worden geïllustreerd aan de hand van de volgende casus.

Casus

Magnolia is een overlever met een moeilijke levensloop. Na een opeenstapeling van negatieve levenservaringen als kind, hoopte zij op een beter leven toen zij een landgenoot ontmoette die werkzaam was in het buitenland en haar gouden bergen beloofde. Ze zou in Europa een beter leven tegemoet gaan. Ze mocht geld lenen voor de reis, wat ze later kon terugbetalen als ze eenmaal aan het werk was. Haar nieuwe vriend was zeer behulpzaam en Magnolia vertrouwde hem blindelings en bovendien, een betere optie had zij niet. Ze werd naar Nederland gesmokkeld alwaar zij niet de beloofde baan kreeg maar in de gedwongen prostitutie wederom slachtoffer was van allerlei traumatische ervaringen. Zij wist na jaren te ontsnappen en belandde in een opvanghuis. Hulpverleners daar kunnen haar niet peilen, ze is niet in staat vriendschappen aan te gaan met medebewoners en zij laat sterke schommelingen zien in haar functioneren.

In de eerste gesprekken is duidelijk dat zij zeer getraumatiseerd is, zich overdag en 's nachts zeer onveilig voelt en dat haar emotieregulatie zeer beperkt is. Gaandeweg de dagbehandeling met een stabilisatiefase waarin verbale en non-verbale behandeling aangeboden wordt bestaande uit psycho-educatie, worden steeds meer opvallendheden geobserveerd. Magnolia wisselt vaak van groot naar klein in gedrag en functioneren, verdwaalt soms onderweg naar de instelling, kan zich de behandelaren de ene keer wel en de andere keer niet herinneren en heeft wisselende voorkeuren (kleding, activiteiten, oefeningen, voorkeuren voeding).

Naar aanleiding van deze observaties, zowel op de opvanglocatie als in de behandelinstelling, wordt uitgebreid diagnostisch onderzoek gedaan en blijkt dat zij, naast PTSS-klachten, voldoet aan de criteria van DIS. Zij ervaart een sterke fragmentatie van haar identiteit, weet vaak niet wie ze is en is stukken tijd kwijt. Ze schaamt zich als ze dan van anderen hoort wat ze heeft gezegd of gedaan, terwijl zij dat zichzelf niet bewust is. Ze vermijdt daarom het liefst contact met medebewoners. Vanwege het vertrouwen dat ze inmiddels ervaart in de instelling en in behandelaren, lukt het haar om meer openheid te geven. Ze voelt soms een innerlijke strijd. Ze geeft zichzelf verschillende namen. Sarah is vaak boos, maar ook uitdagend. Ze draagt graag rode strakke kleding en houdt van gezelligheid. Maggie is klein, verdrietig, zit in een hoekje en kan niet praten. Het lucht haar op om dit te kunnen vertellen en te gaan begrijpen wat er met haar aan de hand is.

Dissociatieve amnesie

Een andere dissociatieve stoornis is de dissociatieve amnesie. Deze stoornis is niet te verwarren met dissociatieve amnesie als symptoom van PTSS, dit zijn de criteria van dissociatieve amnesie als aparte stoornis oftewel symptoomcluster. In het kader worden de criteria beschreven.

CRITERIA Dissociatieve amnesie (300.12/300.13)

A. Een onvermogen om zich belangrijke autobiografische informatie meestal van traumatische of stressvolle aard, te herinneren die niet past bij het gewone vergeten.
B. De symptomen veroorzaken klinisch significante lijdensdruk of beperkingen in het sociale of beroepsmatige functioneren, of in het functioneren op andere belangrijke terreinen.
C. De stoornis is niet toe te schrijven aan fysiologische effecten van een stof of een neurologische of andere medische aandoening.
D. De stoornis is niet beter te verklaren door dissociatieve identiteitsstoornis, posttraumatische stressstoornis, acute stressstoornis, somatoforme stoornis, of grote of milde neurocognitieve stoornis.

Zoals we eerder schreven kan het zo zijn dat een getraumatiseerde cliënt niet voldoet aan de criteria van een PTSS. Zo kan het bijvoorbeeld zijn dat er wel sprake is van een disfunctioneren en een doorgemaakt psychotrauma, maar dat er geen intrusies, veranderingen in emoties, gedachten of gedrag zijn zoals beschreven in de criteria van PTSS. Ter verduidelijking van de stoornis dissociatieve amnesie volgt een casusvoorbeeld.

Casus

Albert (55) is vastgelopen als hoofdagent bij de politie en meldt zich aan voor een intake. In de anamnese vertelt hij dat zijn collega Rob met wie hij hetzelfde incident meemaakte, zich nog alles kan herinneren van het incident en in alle overleggen die ze hebben altijd het woord voert. Albert heeft tegen Rob gezegd dat hij dat prettig vindt en zelf niet zo'n prater is, maar de waarheid is dat Albert zich nauwelijks nog iets kan herinneren van het ingrijpende incident. Hij moet zich tegenover allerlei partijen verantwoorden over het incident, maar zou niet weten hoe hij dit zonder Rob zou moeten doen.

Hij vertelt dat hij nieuwe gebeurtenissen moeilijk kan onthouden. Na enige aarzeling vertelt hij dat hij veel stress voelt als er een beroep op hem wordt gedaan. Hij vergeet dan vaak wat er aan hem is gevraagd. De dagen vliegen voorbij en hij kan zich vaak niet herinneren wat hij gedaan heeft. Een neurologische aandoening is door onderzoek uitgesloten. Uit het diagnostisch onderzoek komt naar voren dat de klachten die Albert momenteel ervaart, passen bij de diagnose van dissociatieve amnesie.

Als laatste nog een toevoeging. Een 'dissociatieve fugue' is een vorm van dissociatieve amnesie die bestaat uit ogenschijnlijk doelgericht reizen of verward dwalen dat samenhangt met amnesie voor de identiteit of voor andere belangrijke autobiografische informatie. Voorheen was dit verschijnsel een aparte stoornis, nu is het een specificatie van dissociatieve amnesie, maar wel met aparte code 300.13. Je specificeert hiermee de dissociatieve amnesiestoornis wanneer iemand tijdens een aanval van dissociatieve amnesie onverwachts van huis of van werkplek vertrekt of verward ronddwaalt.

Depersonalisatie-/derealisatiestoornis

Derealisatie en depersonalisatie, kunnen deel uitmaken van het subtype van PTSS, maar zijn ook als symptoomcluster apart als een stoornis te diagnosticeren. Als er geen sprake van is PTSS maar wel sprake is van ofwel depersonalisatie of derealisatie of allebei, dan kan deze stoornis vastgesteld worden, zie de volledige criteria hieronder.

CRITERIA Depersonalisatie-/derealisatiestoornis (300.6)

A. De aanwezigheid van aanhoudende of terugkerende ervaringen van depersonalisatie, derealisatie, of allebei:
   1. Depersonalisatie: ervaringen van onwerkelijkheid of onthechting, of van het een buitenstaander zijn met twijfel over gedachten, gevoelens, sensaties, lichaam of acties.
   2. Derealisatie: ervaringen van onwerkelijkheid of onthechting met betrekking tot de omgeving.

B. Tijdens de ervaringen van depersonalisatie of derealisatie blijft de realiteitstoetsing intact.

C. De symptomen veroorzaken klinisch significante lijdensdruk of beperkingen in het sociale of beroepsmatige functioneren, of in het functioneren op andere belangrijke terreinen.

D. De stoornis is niet toe te schrijven aan fysiologische effecten van een stof, of aan een neurologische of andere medische aandoening.

E. De stoornis is niet beter te verklaren door een andere psychische stoornis, zoals schizofrenie, paniekstoornis, depressieve stoornis, acute stressstoornis, posttraumatische stressstoornis, of een andere dissociatieve stoornis.

Het gaat om geïsoleerde ervaringen van depersonalisatie of derealisatie die kunnen worden geclassificeerd als deze stoornis. Zoals in criterium E te lezen is, is deze stoornis niet samen met een PTSS of met een andere dissociatieve stoornis vast te stellen. Bij depersonalisatie heeft iemand bijvoorbeeld het gevoel dat hij van een afstand naar zichzelf kijkt of zichzelf hoort praten. Een fenomeen dat verband houdt met depersonalisatie is beschreven door Van der Heide en Merckelbach (2016). Zij noemen het spiegelteken, waarbij je jezelf niet in een spiegel herkent. Het spiegelbeeld wordt niet als eigen ervaren, de waargenomen reflectie lijkt weliswaar sterk op het eigen gezicht, maar is toch veranderd en voelt aan als wezensvreemd, alsof een dubbelganger terugstaart vanuit de spiegel. Bij derealisatie voelt iemand zich vreemd, in een bubbel, los van de wereld of ervaart iemand de wereld als een droom.

Andere gespecificeerde dissociatieve stoornis (300.15) of Ongespecificeerde dissociatieve stoornis (300.15)

Naast de dissociatieve identiteitsstoornis (DIS), dissociatieve amnesiestoornis en depersonalisatie-/derealisatiestoornis, is er ook nog de mogelijkheid tot het classificeren van een andere gespecificeerde of ongespecificeerde dissociatieve stoornis. Deze categorie is van toepassing op klinische beelden waarbij diverse symptomen die kenmerkend zijn voor een dissociatieve stoornis significante lijdensdruk of beperkingen veroorzaken in het sociale of beroepsmatige functioneren of in het functioneren op andere belangrijke terreinen, maar die niet volledig voldoen aan de criteria van een van de stoornissen in de categorie dissociatieve stoornissen.

Zo kunnen de dissociatieve verschijnselen 'meer' zijn dan PTSS maar 'te weinig' voor de hiervoor beschreven DIS, dissociatieve amnesie of depersonalisatie-/derealisatiestoornis. Er kan ook een dissociatieve stoornis zijn, los van PTSS of DIS.

Bijvoorbeeld als er sprake is van:

- syndromen van gemengde dissociatieve symptomen;
- identiteitsverstoring door langdurige en intense gedwongen gedachtebeïnvloeding;
- acute dissociatieve reacties op stressvolle gebeurtenissen;
- dissociatieve trance.

Casus

Hakan (35) is de oorlog in zijn geboorteland ontvlucht en heeft de afgelopen drie jaar in Nederland geprobeerd zijn leven zo goed mogelijk op te bouwen. Hij heeft de taal geleerd, een sociaal netwerk opgebouwd en heeft sinds een half jaar een vaste baan. Twee maanden geleden merkte Hakan dat zijn functioneren verslechterde. Na een gesprek met een bevriende landgenoot over de huidige situatie in zijn geboorteland bleef hij verward achter. Hakan had zijn vriend verteld dat hij, voordat de narigheid in zijn land begon, het land al had verlaten, dit vertelde hij ook steevast aan zijn nieuwe collega's. Maar de vriend stelde hem vragen. Hakan was toch drie jaar geleden naar Nederland gekomen en de oorlog was toch vijf jaar geleden begonnen? Zijn vriend beweerde dat Hakan hem vervolgens over een aantal nare oorlogservaringen had verteld. Zijn vriend merkte dat Hakan er niet meer bij was. Het volgende moment schudde de vriend Hakan 'wakker'. Hakan vroeg hem waar ze waren, welke dag het was en wat er was gebeurd. Hakan kon zich niets meer herinneren van het gesprek. Hakan voelde wel hoeveel pijn zijn hele lichaam deed, net zoveel pijn als die ene dag in de gevangenis.

Dit voorbeeld van Hakan illustreert dat het doormaken van traumatische ervaringen niet altijd direct hoeft te leiden tot een PTSS, maar dat dissociatie deze ervaringen als het ware uit het bewustzijn houdt, en ze ontkoppelt van de dagelijkse realiteit. Het vermijden om stil te staan bij de ervaringen kan doorbroken worden door een keerpunt, zoals in dit geval de vriend en landgenoot die doorvroeg, alsof er een brug werd overgestoken die voorheen afgesloten was of alsof er een route werd bewandeld die voorheen nooit gekozen werd door Hakan. Waar hij nu vooral dissociatieve klachten heeft, kunnen zijn klachten veranderen, naarmate Hakan zich meer bewust wordt van de ervaringen die hij heeft meegemaakt. Als de dissociatieve klachten aanhouden, kan er ook sprake zijn van een andere gespecificeerde dissociatieve stoornis.

3

3.2.2 ICD-11

Ook al gebruiken we in Nederland de DSM-5, het is toch raadzaam om ook de ICD-11 na te slaan en de ontwikkelingen daarvan te volgen. De ICD-11 is net als de DSM-5 een classificatiesysteem van gezondheidsproblemen. De DSM-5 is in beheer van de American Psychiatric Association (APA) en de ICD-11 is in beheer van de World Health Organisation (WHO). Het classificatiesysteem van de ICD-11 verschilt in een aantal opzichten van dat van de DSM-5, zeker wat betreft PTSS, traumagerelateerde dissociatie en dissociatieve stoornissen.

(Complexe) PTSS

PTSS valt in de ICD-11 onder stoornissen 'specifiek geassocieerd met stress' en omvat minder criteria in vergelijking met de DSM-5. Blootstelling aan het psychotrauma, herbelevingen, vermijding en hypervigilantie horen bij de diagnose en er moet sprake zijn van een disfunctioneren. In tegenstelling tot de DSM-5, is er geen dissociatief subtype te diagnosticeren in de ICD-11. Een groot verschil tussen de DSM-5 en ICD-11 zit hem in de mogelijkheid van het classificeren van een complexe PTSS, wat alleen mogelijk is in de ICD-11.

Complexe PTSS is niet hetzelfde als complex trauma. Binnen de diagnostiek en behandeling van traumagerelateerde stoornissen leidt dit nogal eens tot verwarring. Complex trauma verwijst naar de aard en de ernst van het trauma zelf en niet naar de gevolgen van trauma. Complex trauma omvat meervoudig trauma met een herhaald, langdurig en vaak interpersoonlijk karakter, zoals herhaalde en langdurige blootstelling aan martelingen, slavernij, genocide, huiselijk geweld en vroegkinderlijk misbruik of mishandeling. De gevolgen van complex trauma kunnen worden omschreven aan de hand van de classificatiesystemen zoals DSM-5 en ICD-11, zoals PTSS of complexe PTSS. In de ICD-11 is de diagnose complexe PTSS opgenomen die naast de kerncriteria van PTSS een aantal andere kenmerken omvat die het gevolg kunnen zijn van blootstelling aan complex trauma. De belangrijkste kenmerken van complexe PTSS zijn problemen in de emotieregulatie, een verminderd zelfbeeld, interpersoonlijke problemen en hechting, maar ook schaamte en schuldgevoelens.

Complexe PTSS

Criteria van PTSS
- Psychotrauma, veelal complex trauma
- Herbelevingen
- Vermijding
- Hypervigilantie

En criteria in de volgende domeinen:
- Emotieregulatie: problemen in de emotieregulatie, onder meer dissociatie
- Verstoord zelfbeeld met overtuigingen van waardeloosheid, gevoelens van schaamte en schuld
- Interpersoonlijke problemen zoals moeite in relaties en hechting
- Disfunctioneren: aanwezige symptomen geven een verstoring in het persoonlijke, familiaire, sociale, werkgerelateerd functioneren

Complexe PTSS onderscheidt zich van borderline persoonlijkheidsproblematiek, hoewel er veel overlap is. Zo hebben beide stoornissen als criteria problemen in het zelfbeeld, interpersoonlijke relaties en emotieregulatie. Er zijn wel verschillen tussen complexe PTSS en borderline persoonlijkheidsstoornis. Zo is het zelfbeeld van iemand met complexe PTSS negatief, vermijdt hij contact met anderen en is hij snel uit evenwicht, terwijl bij iemand met een borderline persoonlijkheidsstoornis het zelfbeeld instabiel is, de interpersoonlijke problemen gepaard gaan met pieken en dalen en in de emotieregulatieproblemen veel meer impulsiviteit naar voren komt (Hyland et al., 2019; Maercker, 2021). Bij complexe PTSS hangt dissociatie samen met de mate waarin iemand interpersoonlijke problemen ervaart (Dorahy et al., 2013, 2015). We zien dat vluchtelingen die doorgaans aan veel trauma's zijn blootgesteld en daarnaast ook nog gebukt gaan onder de postmigratiestressoren, een lager mentaal welbevinden hebben en een deel voldoet aan de criteria van de diagnose complexe PTSS (Li et al., 2016, Nickerson, et al, 2016).

Casus

Mahmoud heeft klachten zoals herbelevingen en waakzaamheid en hij vermijdt zo veel mogelijk alles wat aan zijn ervaringen doet denken. Hij voldoet aan de criteria van PTSS. Mahmoud vertelt dat hij niet meer dezelfde persoon is nadat hij in de gevangenis gezeten heeft. Hij kan niet praten over wat hij in de gevangenis heeft meegemaakt, hij verliest dan snel het contact met het hier en nu. Hij heeft een uitgesproken negatief zelfbeeld. Hij had niet zo stom moeten zijn om zich met politiek in te laten. Zijn vader had hem nog zo gewaarschuwd. Hoe had hij zo onnozel kunnen zijn. Hij voelt zich verraden door zijn vrienden. Hij vertrouwt niemand meer, en gaat alle contacten uit de weg. Hij voelt zich vervreemd van zichzelf en anderen. Hij heeft het gevoel dat de daders, de gevangenisbewaarders elk moment voor hem kunnen staan. Soms denkt hij ook dat het echt zo is. Hoewel hij aanvankelijk probeerde een bestaan in Nederland op te bouwen, is hij voortdurend angstig. Hij verwacht dat er elk moment opnieuw iets kan gebeuren waardoor zijn wereld in elkaar stort. Hij is bang dat er een moment komt dat hij zichzelf niet meer in de hand heeft, hoewel dat nooit is voorgekomen.
Naast de PTSS-klachten, zoals herbelevingen, hypervigilantie en vermijding, zijn er andere kenmerkende klachten en problemen. Zo heeft hij een negatief zelfbeeld, met schaamtegevoelens en zelfverwijt, interpersoonlijke problemen waarbij hij angstig en vermijdend is en contact uit de weg gaat en emotieregulatieproblemen, waarbij hij snel uit evenwicht is. Zijn klachten en problemen zijn van dusdanige aard en ernst dat hij niet meer kan functioneren. Hoewel we in Nederland de DSM-5 als classificatiesysteem aanhouden, zien we in deze casus kenmerken die passen bij de diagnose complexe PTSS, volgens de ICD-11-criteria.

Dissociatieve stoornissen

In de ICD-11 zijn meer dissociatieve stoornissen opgenomen: overeenkomstige stoornissen zoals in de DSM-5 en daarnaast een aantal andere stoornissen.

Dissociatieve neurologische symptoomstoornis (6B60)

Deze stoornis kenmerkt zich door dissociatie van de motorische, sensorische of cognitieve functies welke niet toe te schrijven zijn aan een neurologische ziekte, psychische stoornis, gedragsstoornis of andere medische conditie. Tevens kan deze stoornis niet gediagnosticeerd worden als er sprake is van een andere dissociatieve stoornis, als er sprake is van middelengebruik met mogelijke bijwerkingen op het zenuwstelsel of bijvoorbeeld in combinatie met een slaap-waakstoornis. Je zou deze stoornis dus als een restcategorie kunnen zien als vele andere verklaringen uitgesloten zijn en er toch sprake is van een onvrijwillige discontinuïteit in een normaal gesproken geïntegreerd motorisch, sensorisch en cognitief functioneren.

▪ Dissociatieve amnesie (6B61)

De dissociatieve amnesiestoornis in de ICD-11 kent geen verschillen met de stoornis beschreven in de DSM-5. Bij beide is er sprake van een beperking in het ophalen van belangrijke autobiografische herinneringen, vaak traumatische herinneringen. Uiteraard is bij amnesie geen sprake van normale vergeetachtigheid en is de beperking ook niet te verklaren door een andere stoornis of middelengebruik. De beperking in het ophalen van belangrijke herinneringen geeft daarnaast een disfunctioneren, wil er sprake zijn van een dissociatieve amnesiestoornis.

▪ Trance-stoornis (6B62)

Een trance-stoornis is in de ICD-11 uitgebreid omschreven. Het is een stoornis waarin sprake is van trance-toestanden waarbij het zelf als het ware is opgesplitst en iemand zich na een trance-toestand niet bewust is van wat hij gedurende de trance heeft beleefd of waarbij sprake is van een vernauwing in het zelfbewustzijn gedurende de trance-toestand. Herhaalde klanken of herhaalde bewegingen kunnen deze vernauwing veroorzaken of in stand houden. Om aan de criteria van deze stoornis te voldoen is het nodig een toestand van enkele dagen te hebben beleefd of herhaaldelijk trance-toestanden te hebben meegemaakt. Belangrijk aandachtspunt is dat de toestand op onvrijwillige basis moet zijn ontstaan. Wanneer trance-toestanden onderdeel zijn van een collectieve culturele samenkomst of religieuze samenkomst waaraan men vrijwillig deelneemt, dan kan dit niet als stoornis gediagnosticeerd worden. Deze stoornis heeft een overlap met de Andere gespecificeerde dissociatieve stoornis (300.15) zoals beschreven in de DSM-5, waarbij sprake kan zijn van een dissociatieve trance. In een dissociatieve trance kunnen diverse symptomen voorkomen die kenmerkend zijn voor een dissociatieve stoornis en significante lijdensdruk of beperkingen veroorzaken in het sociale of beroepsmatige functioneren of in het functioneren op andere belangrijke terreinen, maar die niet volledig voldoen aan de criteria van een van de stoornissen in de categorie dissociatieve stoornissen van de DSM-5.

▪ Possession trance-stoornis (6B63)

Possession is het Engelse woord voor een staat van bezetenheid. Bezetenheid komt niet terug in de DSM-5 als een aparte stoornis. De possession trance-stoornis bestaat uit trance-toestanden waarbij iemand ervaart alsof hij door een externe identiteit is overgenomen en geen controle ervaart over het eigen gedrag.

In ▶ H. 2 is beschreven hoe in verschillende culturen dissociatieve verschijnselen kunnen worden opgevat en hoe trance en bezetenheid veelvoorkomende idioms of distress zijn in niet-westerse culturen (Van Duijl, 2014). In de ICD-11 is er de mogelijkheid om de trance- en possession trance-stoornis te classificeren. Er is enige literatuur over de trance-stoornis en de possession trance-stoornis. Zo beschreven During et al. (2011) 28 onderzoeken naar de trance- en bezetenheidstoornis en stelden vast dat deze stoornis evenveel bij mannen als bij vrouwen wordt gezien, en dat de bezetenheid vaker vastgesteld is dan de trance-stoornis. Er is wel de veronderstelling dat deze stoornissen in westerse landen vaak niet als zodanig herkend worden en klachten anders geïnterpreteerd worden. Bhaysar et al. (2016) laten zien dat het noodzakelijk is om de cross-culturele validiteit in ogenschouw te nemen in de manier waarop klachten en symptomen worden geïnterpreteerd en geclassificeerd.

▪ Dissociatieve identiteitsstoornis (6B64)

De dissociatieve identiteitsstoornis beschreven in de ICD-11 is vergelijkbaar met de stoornis zoals deze beschreven is in de DSM-5. Er zijn twee of meer dissociatieve identiteiten, elk met eigen kenmerken, vaak gepaard gaande met dissociatieve amnesie.

▪ Gedeeltelijke dissociatieve identiteitsstoornis (6B65)

Deze stoornis wordt alleen in de ICD-11 omschreven, waarbij de symptomen zich kenmerken door een dominante identiteit die in beperkte mate verstoord wordt door niet-dominante identiteiten. Deze verstoringen lijken op dissociatieve intrusies waarbij de identiteitsbeleving verstoord is en zij veroorzaken een disfunctioneren.

▪ Depersonalisatie-/derealisatiestoornis (6B66)

De depersonalisatie-/derealisatiestoornis bestaat in beide classificatiesystemen uit dezelfde criteria. Zie ▶ par. Depersonalisatie-/derealisatiestoornis voor de criteria.

▪ Secundair dissociatief syndroom (6E65)

Een secundair dissociatief syndroom komt niet voor in de DSM-5 en deze diagnose zal vaker in de medische gezondheidszorg gesteld worden dan in de geestelijke gezondheidszorg. Wanneer er dissociatieve symptomen zijn die toegeschreven kunnen worden aan een medische conditie anders dan een psychische stoornis dan kan deze diagnose gesteld worden.

▪ Anders gespecificeerde dissociatieve stoornis (6B6Y)/Ongespecificeerde dissociatieve stoornis (6B6Z)

Deze stoornissen zijn vergelijkbaar met die uit DSM 5. Zie ▶ par. Andere gespecificeerde dissociatieve stoornis (300.15) of Ongespecificeerde dissociatieve stoornis (300.15) voor de criteria en een casusbeschrijving.

Dit overzicht van de dissociatieve stoornissen in zowel de DSM-5 als ICD-11 toont dat er vele uitingen zijn van dissociatieve fenomenen en hoe je deze kunt classificeren.

Dimensies van dissociatie

Om inzichtelijk te maken wat het verschil is in classificatie van de verschillende gradaties van depersonalisatie en derealisatie als concept stellen we de volgende dimensie voor:

Dimensie depersonalisatie
PTSS-criteria D6 gevoelens van onthechting of vervreemding van anderen → Depersonalisatie uit specificatie dissociatieve subtype → Depersonalisatiestoornis → Dissociatieve identiteitsstoornis

Dimensie derealisatie
PTSS-criteria B3 dissociatieve reactie → Derealisatie uit specificatie dissociatieve subtype → Derealisatiestoornis

1. "Ik ervaar in alle opzichten een goed contact met mijn omgeving en mezelf." →
2. Voorbeelden van derealisatie uit het normale leven: "Ik zag op de begrafenis iedereen om mij heen, maar het voelde onecht", of "Ik wist dat ik in het ziekenhuis was was, maar alles was mistig en grijs om mij heen." Voorbeelden van depersonalisatie van het normale leven: "Ik heb geen idee wat ik in die woedeaanval gezegd heb", of "Ik keek in de spiegel en herkende mezelf niet meer." →
3. Dissociatieve reactie (B3) of Gevoelens van onthechting of vervreemding van anderen (D6) van PTSS →
4. Subtype van PTSS depersonalisatie of derealisatie of allebei →
5. Derealisatie/depersonalisatiestoornis →
6. DIS, grote langdurige (dagen, weken) verstoring in realiteitsbesef en identiteitsbesef

3.3 Prevalentie

In deze paragraaf beschrijven we hoe vaak PTSS en dissociatieve stoornissen voorkomen.

3.3.1 PTSS

De prevalentie hangt samen met blootstelling aan psychotrauma, culturele verschillen, doelgroepverschillen. Zo hebben sommige groepen meer kans een psychotrauma mee te maken dan anderen (veteranen, politieagenten of andere hoogrisicogroepen, maar ook mensen woonachtig in een conflictgebied). In het algemeen kan gesteld worden dat PTSS vaker voorkomt bij vrouwen dan mannen en dat vrouwen een langer durende periode met PTSS doormaken. In de groepen die meer blootgesteld worden aan traumatische ervaringen (zoals een minderheidsgroep in een conflictgebied) zijn deze sekseverschillen niet of nauwelijks aanwezig.

In de GGZ-standaarden staan diverse prevalentiegegevens. In het algemeen treedt PTSS na een schokkende gebeurtenis vaker op wanneer er een agressor betrokken is (interpersoonlijk geweld in plaats van bijvoorbeeld natuurgeweld) of bij aanhoudende en langdurige gebeurtenissen en bij gebeurtenissen die sociaal beladen zijn. Tussen de 52 % en 81 % van de Nederlanders maakt ooit in het leven een schokkende gebeurtenis mee (Vries & Olff, 2009). Naar schatting heeft 7,4 % van de Nederlandse bevolking ooit in zijn leven een PTSS gehad (8,8 % van de vrouwen en 4,3 % van de mannen). Een grootschalig overzicht van onderzoeken onder zevenduizend vluchtelingen woonachtig in westerse opvanglanden liet zien dat de prevalentie van PTSS ongeveer 9 % was. Wanneer ook onderzoeksgegevens werden meegenomen van vluchtelingen en asielzoekers in niet-westerse landen, was de prevalentie van PTSS 13 % tot 25 % (Neria et al., 2008).

PTSS ontstaat niet altijd direct na het trauma. Iemand kan symptomen ervaren, maar niet voldoen aan de diagnose, terwijl dat een aantal jaar na het trauma wel het geval kan zijn. Er is dan sprake van PTSS met verlaat begin, c.q. met uitgestelde expressie. In 2012 werd door Smid et al. een longitudinale studie gepubliceerd naar PTSS met verlaat begin, gemeten bij de slachtoffers van de vuurwerkramp in Enschede in het jaar 2000. Hierbij werden de slachtoffers vier jaar lang met drie meetmomenten gemonitord. Daaruit bleek dat 17,3 % voldeed aan de criteria van PTSS, waarvan er bij 3,8 % sprake was van een PTSS met verlaat begin.

3.3.2 Dissociatieve subtype

De afgelopen jaren zijn er diverse onderzoeken gedaan die nagaan hoe vaak het subtype van PTSS voorkomt. De geschatte prevalentie van het dissociatieve subtype varieert van 12–30 % (Wolf et al., 2017; Wolf et al, 2012).

3.3.3 Dissociatieve stoornissen

Er is weinig onderzoek gedaan naar het voorkomen van andere verschijningsvormen van dissociatie, in de subcategorie dissociatieve stoornissen. Uit de zorgstandaard *Dissociatieve stoornissen 2020* blijkt dat dissociatieve stoornissen vaker bij vrouwen dan bij mannen worden gediagnosticeerd, maar dat dissociatieve symptomen in de bevolking evenveel voorkomen bij mannen als vrouwen. In de bevolking heeft ongeveer 1–3 % DIS (vrouwen meer dan mannen) en 1–2 % een depersonsalisatie-/derealisatiestoornis (even vaak bij mannen als vrouwen). In de klinische populatie wordt de diagnose naar schatting bij 5 % tot 16 % vastgesteld (Foote et al., 2006; Ross et al., 2002).

Schattingen van de prevalentie van dissociatieve stoornissen lopen zeer uiteen, waarbij de cijfers bij psychiatrische cliënten variëren van 5 % tot 29 % (Foote et al., 2006; Friedl et al., 2000). In Europees onderzoek worden lagere cijfers gevonden dan in studies in de Verenigde Staten. Zo vonden Friedl en Draijer (2000) in Nederland een prevalentie van 8 % onder opgenomen cliënten; 2 % van de opgenomen cliënten had een DIS.

3

Prevalentie Nederland

PTSS	7,4 %
PTSS met subtype	12–30 % van mensen met PTSS
dissociatieve identiteitsstoornis	1–3 %
dissociatieve amnesie	< 1 %
depersonalisatie-/derealisatiestoornis	< 1 %
andere gespecificeerde dissociatieve stoornis of ongespecificeerde dissociatieve stoornis	< 1 %

3.3.4 Dissociatieve symptomen bij andere psychiatrische stoornissen

Foote et al. (2006) stelden vast dat dissociatieve stoornissen veel voorkomen bij mensen die in behandeling waren voor een psychiatrische stoornis. Zo kwam dissociatieve amnesie bij 10 % voor; een andere niet-gespecificeerde dissociatieve stoornis bij 9 %; DIS bij 6 % en de depersonalisatiestoornis bij 5 %. Een meta-analyse van Lyssenko et al. (2018) liet zien dat dissociatieve symptomen vaak voorkomen bij PTSS, borderline persoonlijkheidsstoornis en conversiestoornis, maar ook bij veel andere psychiatrische stoornissen. Het komt meer voor dan je denkt en wordt niet altijd opgemerkt, zoals ook in de zorgstandaard is genoemd.

Aangezien klachten vaak samen voorkomen, wordt er steeds vaker gekeken naar de samenhang tussen klachten, ongeacht diagnostische categorie. Er zijn onderzoeken gedaan naar de samenhang van klachten door netwerkanalyses (Cernis et al., 2021; Cramer et al., 2020; Knefel et al., 2016; McBride et al., 2020), maar de uitkomsten zijn vooralsnog niet eenduidig. Het is opvallend dat depersonalisatie naar voren komt, als centraal in het netwerk en dat het een belangrijk onderscheidend symptoom is (Cramer et al., 2020). Een transdiagnostische visie op klachten en symptomen kan zich ook vertalen naar de behandelaanpak, waarbij de focus zich dan richt op het gemeenschappelijk of onderliggend aspect van de ontstane problematiek in het functioneren.

3.4 Risicofactoren

In deze paragraaf beschrijven we de risicofactoren voor zover deze bekend zijn voor PTSS en dissociatie.

3.4.1 Posttraumatische stressstoornis

In twee grote reviews van Brewin et al. (2000) en Ozer et al. (2003) worden verbanden beschreven tussen bepaalde factoren en de ontwikkeling van PTSS. Belangrijke factoren voorafgaand aan het trauma, de pre-traumatische factoren, zijn psychiatrische (familie)geschiedenis en mishandeling in de kindertijd. Ook socio-demografische variabelen als geslacht, etniciteit, laag inkomen en lager opleidingsniveau, en een externe locus of control worden genoemd. Belangrijke factoren tijdens het trauma, de peritraumatische factoren, zijn de ervaren levensbedreiging en de mate van ernst van blootstelling aan de gebeurtenis maar ook dissociatie tijdens het trauma (Brewin et al., 2000; Ozer et al., 2003). Engelhard et al. (2011) zagen in een onderzoek onder Afghaanse soldaten dat walging en angst gedurende het trauma ook een voorspellende factor zijn bij de ontwikkeling van PTSS. Tot slot zijn factoren na het trauma, de posttraumatische factoren, namelijk ervaren sociale steun na de gebeurtenis en stress gedurende het leven cruciaal voor de ontwikkeling van PTSS (Brewin et al., 2000; Ozer et al., 2003). Onderzoek van Briere et al. (2005) heeft laten zien dat peri-traumatische factoren, dat wat er ten tijde van het trauma gebeurt, weliswaar invloed hebben, maar dat met name de posttraumatische factoren, de aanhoudende dissociatie en/of vermijding na het trauma, een grote voorspeller zijn voor de ontwikkeling van PTSS.

Als het gaat om PTSS met het dissociatieve subtype, worden traumatische ervaringen in de kindertijd beschreven, waarbij seksueel trauma naar voren komt (Wolf et al., 2012), maar dat wordt niet door alle onderzoekers gevonden.

De risicofactoren van PTSS worden ook beschreven in de zorgstandaard voor psychotrauma en stressgerelateerde stoornissen (Brewin et al., 2000; Cougle et al., 2009a, b; Engelhard et al., 2011; Ozer et al., 2003):

Factoren voorafgaand aan de gebeurtenis(sen) – pre-traumatische factoren:
... Eerdere psychische problemen (bijvoorbeeld angst- of stemmingsstoornissen)
... Problematiek binnen het gezin van herkomst (bijvoorbeeld kindermishandeling door verwaarlozing of misbruik, psychische problemen van familieleden)
... Eerdere traumatische ervaringen
... Lage sociaaleconomische status
... Laag opleidingsniveau en IQ
... Van het vrouwelijk geslacht zijn
... Jonge leeftijd
... Behoren tot een etnische minderheid
... (Neuro)biologische predispositionele factoren

Factoren die te maken hebben met de gebeurtenis(sen) zelf – peri-traumatische factoren:
... Aard en ernst van het trauma
... Waargenomen levensbedreiging
... Interpersoonlijk geweld
... Ernst van de verwonding
... Langdurige traumatisering

Factoren die na de gebeurtenis(sen) van invloed kunnen zijn – posttraumatische factoren:

... Geringe mate van sociale steun
... Additionele stressvolle levensomstandigheden
... Perceptie van externe verantwoordelijkheid
... Invloed van de traumatische gebeurtenis op de verschillende domeinen van het eigen leven

(Bron: Zorgstandaard psychotrauma- en stressorgerelateerde stoornissen, GGZ Standaarden 2020)

3.4.2 Risicofactoren dissociatie

In ▶ hoofdstuk 2 is beschreven hoe de gevoeligheid voor dissociatie kan ontstaan. In de zorgstandaard voor dissociatieve stoornissen wordt beschreven dat bij veel dissociatieve stoornissen verwaarlozing en trauma in de voorgeschiedenis, dat wil zeggen in de jeugd, een belangrijke risicofactor is. Zo wordt geschat dat bij 90 % van de cliënten sprake was van trauma's in de kindertijd. Van de DPRS is bekend dat acute stress en angst vaak voorafgaand aan deze stoornis optreden. Een voorgeschiedenis van een angststoornis en emotionele verwaarlozing in de kindertijd zijn andere genoemde risicofactoren (Hunter et al., 2017).

We zien in de literatuur ook studies waaruit blijkt dat voor dissociatieve symptomen, bijvoorbeeld depersonalisatie een aantal uitlokkende factoren aan te wijzen zijn, zoals middelengebruik en slaapdeprivatie.

Middelengebruik, zoals cannabis of ecstasy, als uitlokkende factor voor depersonalisatie of derealisatie wordt beschreven in verschillende studies, zij het bij een klein deel van de cliënten (Litjens et al., 2014; Medford et al., 2003; Simeon et al., 2003, 2009).

Slaapdeprivatie als uitlokkende factor is eveneens beschreven. Op basis van experimentele studies bij een gezonde groep studenten stelden onderzoekers vast dat na slaapdeprivatie er meer dissociatieve symptomen konden worden vastgesteld (Giesbrecht et al., 2007; Van Heugten-van der Kloet et al., 2015). Op basis van deze experimentele studies concludeerden zij dat een labiel slaap-waakritme tot dissociatieve symptomen kan leiden (Van der Kloet et al., 2012). Een samenhang van slaapproblemen met dissociatie wordt ook gevonden in een studie naar PTSS met het dissociatieve subtype, waarbij in het dissociatieve subtype onder meer een hogere score op slaapproblemen gevonden is (Armour et al., 2014).

Opvallend is dat er ook een aparte aan slaap gerelateerde dissociatieve stoornis wordt beschreven met nachtelijke dissociatieve symptomen tussen slapen en waken (Schenck et al., 2021). De beschreven cliënten hebben echter ook een belaste voorgeschiedenis met trauma, en overdag dissociatieve symptomen.

Middelengebruik of slaapdeprivatie heeft dus een samenhang met dissociatieve symptomen, kunnen deze uitlokken of mogelijk verergeren. Dat symptomen samen voorkomen in een cross-sectionele studie betekent niet dat er een oorzakelijk verband is, noch sluit een uitlokkende factor andere oorzakelijke factoren uit in een longitudinale studie. Verder onderzoek is nodig om na te gaan in hoeverre er een directe oorzakelijke relatie is, of dat dissociatie na middelengebruik of slaapdeprivatie vooral voorkomt bij diegenen die gevoelig zijn voor dissociatie.

3.5 Toekomstperspectief

De afgelopen jaren is er steeds meer aandacht gekomen voor dissociatieve verschijnselen. De huidige diagnostische classificatiesystemen bieden de mogelijkheid om de verschillende vormen van dissociatie van elkaar te onderscheiden. De DSM-5 is sinds 2017 van kracht en sindsdien kan de posttraumatische stressstoornis met dissociatieve subtype worden vastgesteld. Inmiddels is uit meerdere onderzoeken gebleken dat dit subtype goed te onderscheiden is van de klassieke PTSS. De ICD-11 is sinds 2018 van kracht en biedt met de diagnose Complexe PTSS de mogelijkheid om beter inzicht te krijgen in traumagerelateerde klachten en persoonlijkheid. Het is echter gebleken dat naast de traumagerelateerde stoornissen en de dissociatieve stoornissen, dissociatieve symptomen bij veel verschillende stoornissen voorkomen en veel stoornissen naast elkaar voorkomen (comorbiditeit).

Er zijn dan ook ontwikkelingen naar een meer dimensionale, en minder categorale indeling van dissociatieve symptomen. Zo is er het model van Frewen en Lanius, waarin dissociatie op vier dimensies van veranderd bewustzijn wordt geplaatst (Frewen & Lanius, 2014). Naarmate iemand meer dissocieert, zie je in de tijdsbeleving verstoringen, zoals bij de herbelevingen bij PTSS, in de gedachten, met niet als eigen ervaren stemmen, in het lichaam en de lichaamsbeleving, met ervaring van depersonalisatie en bij de emoties, die niet ervaren of gevoeld kunnen worden (numbing).

Er komt ook steeds meer onderzoek waarin eveneens op een minder categorische manier naar psychiatrische stoornissen wordt gekeken, maar vooral naar clusters van symptomen. Een manier om dit te onderzoeken is netwerkanalyse, wat nu erg in zwang is. In zo'n analyse worden alle symptomen die zijn vastgesteld bij mensen, apart, dat wil zeggen los van de diagnostische categorie waartoe ze behoren, in het onderzoek ingevoerd. Dan wordt bekeken welke symptomen clusteren, en welke veel of weinig met elkaar te maken hebben. We weten al dat de gevolgen van trauma zich niet tot PTSS-klachten beperken en internationaal wordt er ook meer op symptoomniveau naar de onderlinge samenhang van klachten gekeken. Zo is er de Global Psychotrauma Screen (GPS) ontwikkeld die meerdere symptomen en klachten meet die veel voorkomen na trauma, waaronder dissociatie. In dit grootschalige onderzoek worden ook bekende risico's en beschermende factoren onderzocht in relatie tot de symptomen (Olff et al., 2020). Door deze ontwikkelingen ontstaat de mogelijkheid om in de toekomst dissociatieve verschijnselen op een continuüm te kunnen vaststellen. Dat kan er aan bijdragen dat we dissociatie beter gaan begrijpen in samenhang met iemands persoonlijke ontwikkeling en achtergrond.

3

Literatuur

American Psychiatric Association (APA) (2013). *Diagnostic and statistical manual of mental disorders* (5th ed). DSM-5.

Andrews, B., Brewin, C. R., Philpott, R., & Stewart, L. (2007). Delayed-onset posttraumatic stress disorder: A systematic review of the evidence. *American Journal of Psychiatry,164*(9), 1319–1326.

Armour, C., Karstoft, K. I., & Richardson, J. D. (2014). The Co-occurrence of PTSD and dissociation: Differentiating severe PTSD from dissociative-PTSD. *Social Psychiatry, 49*(8), 297–306.

Bhaysar, V., Ventriglio, A., & Bhugra, D. (2016). Dissociative trance and spirit possession: Challenges for cultures in transition. *Psychiatry and Clinical Neurosciences, 70*(12), 551–559.

Brewin, C. R., Andrews, B., & Valentine, J. D. (2000). Meta-analysis of risk factors for posttraumatic stress disorder in trauma-exposed adults. *Journal of Consulting and Clinical Psychology, 68*(5), 748–766.

Briere, J., Scott, C., & Weathers, F. (2005). Peritraumatic and persistent dissociation in the presumed etiology of PTSD. *American Journal of Psychiatry, 162*, 2295–2301.

Cernis, E., Evans, R., Ehlers, A., & Freeman, D. (2021). Dissociation in relation to other mental health conditions; an exploration using network analysis. *Journal of Psychiatry Research, 136*, 460–467.

Cougle, J. R., Resnick, H., & Kilpatrick, D. G. (2009). A prospective examination of PTSD symptoms as risk factors for subsequent exposure to potentially traumatic events among women. *Journal of Abnormal Psychology, 118*(2), 405–411.

Cougle, J. R., Resnick, H., & Kilpatrick, D. G. (2009). Does prior exposure to interpersonal violence increase risk of PTSD following subsequent exposure? *Behavior Research and Therapy, 47*(12), 1012–1017.

Cramer, A. O. J., Leertouwer, I., Lanius, R., & Frewen, P. (2020). A network approach to studying the associations between posttraumatic stress disorder symptoms and dissociative experiences. *Journal of Traumatic Stress, 33*, 19–28.

De Vries, G.-J., & Olff, M. (2009). The lifetime prevalence of traumatic events and posttraumatic stress disorder in the Netherlands. *Journal of Traumatic Stress, 22*(4), 259–267.

Dorahy, M. J., Corry, M., Shannon, M., Webb, K., McDermott, B., Ryan, M., & Dyer, K. F. (2013). Complex trauma and intimate relationships: The impact of shame, guilt and dissociation. *Journal of Affective Disorders, 147*, 72–79.

Dorahy, M. J., Middleton, W., Seager, L., McGurrin, P., Williams, M., & Chambers, R. (2015). Dissociation, shame, complex PTSD, child maltreatment and intimate relationship self-concept in dissociative disorder, chronic PTSD and mixed psychiatric groups. *Journal of Affective Disorders, 172*, 195–203.

During, E. H., Elahi, F. M., Tajeb, O., Moro, M. R., & Baubet, T. (2011). A critical review of dissociative trance and possession disorders: Etiological, diagnostic, therapeutic, and nosological issues. *Canadian Journal of Psychiatry, 56*(4), 235–242.

Engelhard, I. M., Olatunji, B. O., & De Jong, P. J. (2011). Disgust and the development of posttraumatic stress among soldiers deployed to Afghanistan. *Journal of Anxiety Disorders, 25*(1), 58–63.

Foote, B., Smolin, Y., Kaplan, M., Legatt, M. E., & Lipschitz, D. (2006). Prevalence of dissociative disorders in psychiatric outcliënts. *American Journal of Psychiatry, 163*, 623–629.

Frewen, P. A., & Lanius, R. A. (2014). Trauma-related altered states of consciousness: Exploring the 4-D model. *Journal of Trauma & Dissociation, 15*, 436–456.

Friedl, M. C., & Draijer, N. (2000). Dissociative disorders in Dutch psychiatric inpatients. *American Journal of Psychiatry, 157*, 1012–1013.

Friedl, M. C., Draijer, N., & de Jonge, P. (2000). Prevalence of dissociative disorders in psychiatric inpatients: The impact of study characteristics. *Acta Psychiatrica Scandinavica, 102*, 423–428.

Giesbrecht, T., Smeets, T., Leppink, J., Jelicic, M., & Merckelbach, H. (2007). Acute dissociation after 1 night of sleep loss. *Journal of Abnormal Psychology, 116*(3), 599–606.

Hunter, E. C. M., Charlton, J., & David, A. S. (2017). Depersonalisation and derealisation: Assessment and management. *British Medical Journal, 356*, 745–749.

Hyland, P., Karatzias, T., Shevlin, M., & Cloitre, M. (2019). Examining the discriminant validity of complex posttraumatic stress disorder and borderline personality disorder symptoms: Results from a United Kingdom population sample. *Journal of Traumatic Stress, 32*(6), 855–863.

Knefel, M., Tran, U. S., & Lueger-Schuster, B. (2016). The association of posttraumatic stress disorder, complex posttraumatic stress disorder and borderline personality disorder from a network analysis perspective. *Journal of Anxiety Disorders, 43*, 70–78.

Lanius, R. A., Brand, B., Vermetten, E., Frewen, P. A., & Spiegel, D. (2012). The dissociative subtype of posttraumatic stress disorder: Rationale, clinical and neurobiological evidence, and implications. *Depression and Anxiety, 29*, 701–708.

Li, S. S. Y., Liddell, B. J., & Nickerson, A. (2016). The relationship between post-migration stress and psychological disorders in refugees and asylum seekers. *Current Psychiatry Report, 18*(6), 82.

Litjens, R. P. W., Brunt, T. M., Alderliefste, G. J., & Westerink, R. H. S. (2014). Hallucinogen persisting perception disorder and the serotonergic system: A comprehensive review including new MDMA-related clinical cases. *European Neuropsychopharmacology, 24*, 1309–1323.

Lyssenko, L., Schmahl, C., Bockhacker, L., Vonderlin, R., Bohus, M., & Kleindienst, N. (2018). Dissociation in psychiatric disorders: A meta-analysis of studies using the dissociative experiences scale. *The American Journal of Psychiatry, 175*(1), 37–46.

Maercker, A. (2021). Development of the new CPTSD diagnosis for ICD-11. *Borderline Personality Disorder and Emotional Dysregulation, 8*(1), 7.

Marsh, R. J., Dorahy, M. J., Butles, C., Middleton, W., De Jong, P. J., Kemp, S., & Huntjens, R. (2021). Inter-identity amnesia for neutral episodic self-referential and autobiographical memory in dissociative identity disorder: An assessment of recall and recognition. *PLoS ONE, 2*, 12–16.

McBride, O., Hyland, P., Murphy, J., & Elklit, A. (2020). Network analysis of posttraumatic stress experiences of adults seeking psychological treatment for childhood sexual abuse. *Journal of Traumatic Stress, 33*, 10–18.

Medford, N., Baker, D., Hunter, E., Sierra, M., Lawrence, E., Philips, M. L., & David, A. S. (2003). Chronic depersonalization following illicit drug use: A controlled analysis of 40 cases. *Addiction, 98*(12), 1731–1736.

Nickerson, A., Cloitre, M., Bryant, R. A., Schnyder, U., Morina N., & Schick, M. (2016) The factor structure of complex posttraumatic stress disorderin traumatized refugees, *European Journal of Psychotraumatology, 7*(1), 33253, ▶ https://doi.org/10.3402/ejpt.v7.33253

Neria, Y., Nandi, A., & Galea, S. (2008). Posttraumatic stress disorder following disasters: A systematic review. *Psychological Medicine, 38*(4), 467–480.

Olff, M., Bakker, A., Frewen, P., Aakvaage, H., Ajdukovic, D., Brewerg, D., Elmore Borbonh, D. L., Cloitre, M., Hyland, P., Kassam-Adams, N., Knefel, M., Lanzao, L. A., Lueger-Schuster, B., Nickerson, A., Oes, M., Pfaltz, M. C., Salgadou, C., Seedat, S., Wagner, A., & Schnyder, U. (2020). Screening for consequences of trauma – an update on the global collaboration on traumatic stress. *European Journal of Psychotraumatology, 11*(1), 1752504.

Ozer, E. J., Best, S. R., Lipsey, T. L., & Weiss, D. (2003). Predictors of posttraumatic stress disorder and symptoms in adults: A meta analysis. *Psychological Bulletin, 129*, 52–73.

Sampson (2020). The portrayal of dissociative identity disorder in films. *Elon Journal of Undergraduate Research in Communications, 11*(2).

Schenck, C. H., Bornemann, M. C., Kaplish, N., & Eiser, A. S. (2021). Sleep-related (psychogenic) dissociative disorders as parasomnias associated with a psychiatric disorder Update on reported cases. *Journal of Clinical Sleep Medicine, 17*(4), 803–810.

Simeon, D., Knutelska, M., Nelson, D., & Guralnik, O. (2003). Feeling unreal: A depersonalization disorder update of 117 cases. *Journal of Clinical Psychiatry, 64*(9), 990–997.

Simeon, D., Kozin, D. S., Segal, K., & Lerch, B. (2009). Is depersonalization disorder initiated by illicit drug use any different? A survey of 394 adults. *Journal of Clinical Psychiatry, 70*(10), 1358–1364.

Smid, G.E., Van der Velden, P.G., Gersons, B.P.R., & Kleber, R.J. (2012). Late-onset post-traumatic stress disorder following a disaster: a longitudinal study. *Psychological trauma: theory, research, practice and policy, 4*(3), 312–322.

Van der Heide, D., & Merckelbach, H. (2016). Het spiegelteken: Een ernstig symptoom? Nou, nee. *Tijdschrift Klinische Psychologie, 49*(2), 121–130.

Van der Kloet, D., Merkelbach, H., Giesbrecht, T., & Lyn, S. J. (2012). Fragmented sleep, fragmented mind. The role of sleep in dissociative disorders. *Perspectives on Psychological Sciences 7*(2),159–175.

Van Duijl, E. M. (2014). *Spirits, devils and trauma. Dissociation in Uganda*. UvA.

Van Heugten-van der Kloet, D., Giesbrecht, T., & Merckelbach, H. (2015). Sleep loss increases dissociation and affects memory for emotional stimuli. *Journal of Behavior Therapy and Experimental Psychiatry, 47*, 9–17.

Wolf, E. J., Lunney, C. A., Miller, M. W., Resick, P. A., Friedman, M. J., & Schnurr, P. P. (2012). The dissociative subtype of PTSD: A replication and extension. *Depression and Anxiety, 29*(8), 679–688.

Wolf, E. J., Miller, M. W., Reardon, A. F., Ryabchenko, K. A., Castillo, D. & Freund, R. (2012). A latent class analysis of dissociation and posttraumatic stress disorder. Evidence for a dissociative subtype. *Archives of General Psychiatry 69*(7), 698–705.

Wolf, E. J., Mitchell, K. S., Sadeh, N., Hein, C., Fuhrman, I., Pietrzak, R. H., & Miller, M. W. (2017). The dissociative subtype of PTSD scale: Initial evaluation in a national sample of trauma-exposed veterans. *Assessment, 24*(4), 503–516.

World Health Organization (2018). *International classification of diseases for mortality and morbidity statistics* (11th Revision).

Diagnostiek en indicatiestelling

Inhoud

Diagnostiek

Samenvatting

In dit hoofdstuk wordt diagnostiek van trauma en dissociatie beschreven. Een diagnostisch proces bestaat uit inventarisatie van de klachten, classificatie en een diagnostische formulering of casusconceptualisatie. Na de kennismaking volgt eerst een aantal gesprekken om de klachten in beeld te brengen. Hierna worden vragen gesteld over iemands persoonlijke achtergrond, aan de hand waarvan kan worden vastgesteld hoe snel iemand uit evenwicht raakt op het moment dat de stress oploopt. De factoren die van invloed zijn op het hanteren van spanning worden in kaart gebracht. Zo nodig kan aanvullend onderzoek worden gedaan. Het is voor een goede indicatiestelling dan van belang om gebruik te maken van aanbevolen vragenlijsten en instrumenten.

De la Rie en Snip-van Wageningen, *Trauma en dissociatie*,
https://doi.org/10.1007/978-90-368-2711-9_4

4.1 Inleiding

We hebben in ▶ H. 3 uiteengezet hoe de verschillende vormen van traumagerelateerde en dissociatieve stoornissen kunnen worden geclassificeerd. We beschrijven in dit hoofdstuk hoe je in de praktijk een diagnostisch onderzoek vanaf het eerste gesprek tot aan het adviesgesprek kunt uitvoeren en wat daarbij van belang is.

Als je een eerste diagnostisch gesprek hebt met iemand die mogelijk last heeft van dissociatieve klachten, is het verstandig om voldoende tijd te nemen om dit goed te onderzoeken. Je richt je dan vooral op datgene wat bijdraagt aan een goede indicatiestelling. Het startpunt van een diagnostisch onderzoek is altijd eerst een persoonlijk gesprek waarin je met iemand kennismaakt en contact legt. Je maakt een inventarisatie van de klachten en staat stil bij de classificatie van deze klachten. Je kunt in veel gevallen daarmee volstaan. Als het gaat om complex trauma, is het raadzaam verder onderzoek te doen. Je wilt dan ook een beeld vormen van de achtergrond van de klachten in samenhang met iemands persoonlijke draagkracht. Aanvullend diagnostisch onderzoek kan bijdragen aan een casusconceptualisatie en een goede onderbouwing van je indicatiestelling. Er zijn vragenlijsten en interviews ontwikkeld, waarmee je traumagerelateerde en dissociatieve symptomen gestandaardiseerd kunt vaststellen, alsmede instrumenten die andere belangrijke aspecten in beeld brengen, die van invloed kunnen zijn op het verloop van de traumabehandeling. Al deze gegevens samen dragen bij aan een goede indicatiestelling en voorbereiding op de traumabehandeling.

4.2 Het belang van goede diagnostiek

Goede diagnostiek is belangrijk om meerdere redenen. Je leert de cliënt, zijn klachten in het licht van diens voorgeschiedenis beter begrijpen en kunt dan een goed advies geven over de behandeling. Dat betekent dat je na de diagnostische fase slagvaardig van start kunt met de behandeling. Als je in het begin de tijd neemt voor het diagnostisch proces, vergroot dat de kans op een voorspoedige behandeling. Je komt niet voor verrassingen te staan, de kans op stagnatie door onbekende factoren is geringer en je kunt je cliënt beter volgen in zijn proces en de reacties die hij laat zien, waar je dan vervolgens op kunt reageren. Goede diagnostiek leidt tot een snellere behandeling. Je cliënt leert tegelijkertijd ook zichzelf beter begrijpen, klachten en problemen krijgen een naam en dat kan houvast bieden. De diagnostische fase kan cliënten ook motiveren om de behandeling echt aan te (durven) gaan. Je wilt daarentegen je cliënt niet onnodig belasten met eindeloze vragenlijsten. Het is daarom wenselijk van tevoren goed na te denken over wat echt nodig is om te weten. Dat baseer je op je eerste gesprek en je anamnese. In de volgende paragraaf beschrijven we wat wij vinden dat nodig is om te weten voordat je start met een behandeling.

4.2.1 Diagnostische vragen ten behoeve van de indicatiestelling

Je begint vaak met het in kaart brengen van de klachten om die te kunnen classificeren, zoals trauma- en stressgerelateerde klachten en welke vormen van dissociatie iemand ervaart. Veel behandelingen richten zich op vermindering van klachten en het verbeteren van het functioneren, en er zijn inmiddels veel wetenschappelijk onderbouwde behandelingen voor trauma- en stressgerelateerde stoornissen, ook met dissociatieve klachten. Dissociatieve symptomen hoeven een effectieve traumabehandeling niet in de weg te staan (Hagenaars et al., 2010; Zoet et al., 2018). In veel gevallen is het dan ook voldoende om je diagnostiek hiertoe te beperken en kun je zo snel mogelijk beginnen met je traumabehandeling.

In de eerste gesprekken kan naar voren komen dat het gaat om complex trauma, of er zijn aanwijzingen voor comorbide klachten, een belaste voorgeschiedenis, of iemand heeft eerder een niet-geslaagde behandeling gevolgd. In die gevallen is nadere diagnostiek wenselijk. Een bewezen effectieve traumabehandeling betekent namelijk niet automatisch one size fits all. Iemand heeft bepaalde psychische klachten ontwikkeld die doorgaans niet op zichzelf staan en het beste kunnen worden begrepen door ook te kijken naar de persoon met de klachten. Je wilt de persoon achter de klachten begrijpen. Dat is van belang, niet zozeer om te besluiten of en welke traumabehandeling je aanbiedt, maar vooral met welke aandachtspunten en op welke manier je de bewezen effectieve traumabehandeling het beste kunt aanbieden.

Als het gaat om complex trauma, en meervoudige problemen, vinden wij het belangrijk om te weten welke vroege (hechtings)ervaringen iemand heeft gehad met zijn opvoeders, hoe iemands draagkracht is en of er sprake is van meervoudig, interpersoonlijk of vroeg trauma. Begrip van iemands hechtingsgeschiedenis maakt duidelijk wat belangrijk is om op te letten bij het leggen van de therapeutische relatie. Als iemand onveilig gehecht is, kan hij zich ook in relatie tot de therapeut onveilig voelen, als de hechtingsrepresentaties worden getriggerd. Dit betekent dat iemands gevoelens van onveiligheid niet alleen bij een herinnering aan het trauma worden getriggerd en hij gaat dissociëren, maar dat dit ook in relatie met de therapeut kan plaatsvinden. Een voorbeeld. Stel, een therapeut heeft een lage stem die de cliënte doet denken aan haar mishandelende vader. De cliënte kan zich dan angstig gaan voelen als ze in gesprek is met de therapeut, vanwege haar associatie met haar eerdere ervaringen. Inzicht in de draagkracht leert je in welke mate iemand gevoelig is om te dissociëren en welke interne bronnen iemand heeft om op terug te vallen als de spanning toeneemt, wat tijdens een traumabehandeling gebeurt als iemand in gedachten stilstaat bij de traumatische ervaringen. Het is van belang om te weten of iemand een partner of gezin heeft en hoe het daarmee gaat. Als je daar meer zicht op krijgt, weet je of iemand externe bronnen van steun heeft of niet en of er aandacht nodig is voor gezinsleden.

Voor de indicatiestelling bij complex trauma betekent dit onder meer het volgende: als iemand onveilig gehecht is, zal het karakter van de therapeutische relatie meer steunend zijn, en vergt deze meer aandacht en onderhoud. Naarmate iemands draagkracht beperkter is, iemand een beperkt repertoire aan emotieregulatievaardigheden heeft en er sprake is van trauma's in de jeugd, is er een actievere of soms coachende houding van de therapeut nodig, en is de noodzaak tot duidelijke afspraken over signaleren en interveniëren bij dissociatie groter. Je kunt dan een intensievere of multimodale therapie overwegen. Zo kunnen lichaamsgerichte interventies dan al eerder parallel aan de meer verbale traumabehandeling worden geïndiceerd, zeker als er sprake is van trauma op jonge leeftijd. Wanneer iemand een gezin heeft, is een gezinstaxatie aangewezen of kan een partner worden betrokken in de behandeling, in samenspraak met de cliënt.

4.3 Kennismaking

In het eerste gesprek stel je jezelf voor en vertel je wat het doel is van het gesprek. Je gaat samen bespreken wat er aan de hand is en kondigt aan dat je vragenlijsten of interviews zult afnemen om de klachten en problemen goed in kaart te brengen. De gegevens zullen samen leiden tot een advies voor een behandeling.

Kennismaking met Janneke
T: Vandaag gaan we praten over je klachten en problemen, en bespreken welke behandeling voor jou geschikt kan zijn. Ik zal je vandaag en volgende week vragen stellen en het kan zijn dat ik je vraag om ook een aantal vragenlijsten in te vullen, om een zo compleet mogelijk beeld te krijgen. Met al die gegevens samen kan ik je een advies geven. Heb jij vragen daarover?
C: Duurt het lang?
T: We spreken eerst tweemaal af. Naast onze gesprekken, kun je de vragenlijsten invullen, dat kost wel even tijd. Zie je ertegenop?
C: Ja, ik weet niet wat het allemaal oproept.

T: Het kan soms best even moeilijk zijn. Laat het weten, we kunnen er dan samen over praten en een manier vinden om met de stress en spanning om te gaan. We kunnen ook even een pauze inlassen, en daarna weer verder gaan.

4.3.1 Inventarisatie van klachten en functioneren

Na de kennismaking neem je vervolgens een uitgebreide anamnese af. Je voert daartoe twee of drie gesprekken. In een anamnese vraag je vooral naar de klachten, waarbij je de psychische klachten waar iemand zich voor aanmeldt, uitdrukkelijk uitvraagt. Je vraagt eerst naar de reden van aanmelding en vraagt de cliënt de klachten te beschrijven. Je vraagt naar de frequentie en de intensiteit en de mate waarin het functioneren wordt beïnvloed. Als je voldoende informatie hebt over de klachten waar iemand hulp voor zoekt, vraag je kort de in de geestelijke gezondheidszorg meest voorkomende klachten uit. Het gaat dan bijvoorbeeld om angst, stemmingsproblemen. Als het gaat om dissociatie is het erg belangrijk om stil te staan bij middelengebruik en slaapproblemen. Veelvoorkomende klachten die iemand niet noemt, bespreek je in dit interview beknopt. Je kunt besluiten om op basis van de anamnese dieper in te gaan op een aantal van de genoemde klachten, zodat je tot een goede diagnose komt. Je vraagt de klachten uit in het eerste gesprek en stelt in de volgende gesprekken vragen over de levensloop en functioneren in het dagelijks leven.

Anamnese met Grace
T: Wat is de reden dat je je bij ons hebt aangemeld?
C: Ik hoor van anderen dat ik door de gangen dwaal en schreeuw in mijn slaap. Maar dat herinner ik me niet. Ik weet alleen wel dat ik vaak nachtmerries heb, als ik wakker word, dan weet ik niet meer waar ik ben.
T: Waar gaan je nachtmerries over?
C: Daar wil ik het niet over hebben. Het gaat over wat zij gedaan hebben. Over John.
T: Wat zij gedaan hebben?
C: Ja, ik heb het al vaak moeten vertellen. Aan de politie. De IND (te weten: Immigratie- en Naturalisatie-Dienst). Het is te moeilijk. Kijkt weg, naar beneden.
T: Het roept meteen weer nare herinneringen op. Je hoeft er nu niet heel gedetailleerd over te vertellen. We komen er later nog op terug. Je vertelde dat je van anderen hoort dat je schreeuwt in je slaap en door de gangen dwaalt.
C: Ja, ik weet dat niet. Ik weet ook niet of het klopt. Ik weet wel dat ik soms ergens ben en dan weet ik niet hoe ik daar gekomen ben.
T: Hoe voel je je dan?
C: Bang. Wat gebeurt er met mij? Ik ken mezelf niet meer terug. Ik denk dat het komt door wat zij hebben gedaan.
T: Je hebt nachtmerries, je voelt je bang, je bent soms delen kwijt van wat er gebeurd is of wat je gedaan hebt.

4.3.2 Traumagerelateerde en dissociatieve klachten

In de anamnese vraag je specifiek naar de traumagerelateerde en dissociatieve klachten. Je doet dit aan de hand van de criteria uit de genoemde classificatiesystemen uit ▶ H. 3. Als er op basis van de anamnese en biografie geen aanwijzing is voor complex -vroeg, meervoudig of interpersoonlijk- trauma, een belaste voorgeschiedenis of comorbiditeit kun je volstaan met diagnostiek van deze klachten. Voor een goede diagnostiek en indicatiestelling is het wel zinvol om deze klachten verder aan de hand van gestandaardiseerde vragenlijsten of interviews te onderzoeken. Deze worden beschreven in ► par. 4.5.

4.4 Diagnostiek bij complex trauma

Als het gaat om complex trauma wil je de persoon die zich heeft aangemeld beter leren kennen en nagaan hoe je de klachten kunt begrijpen vanuit iemands voorgeschiedenis. Dat begint met een onderzoek naar zijn hechtingsrepresentaties en draagkracht of zijn persoonlijkheidsorganisatie en -functioneren. Je kunt een aantal gesprekken inplannen om dit op een min of meer gestructureerde wijze uit te vragen.

Ervaren therapeuten beginnen doorgaans met het structureel interview waarmee je naast klachten inzicht krijgt in iemands draagkracht of persoonlijkheidsorganisatie, zoals we beschreven in ► H. 2. In dit interview kun je onder meer een inschatting maken of iemand snel uit evenwicht raakt of gaat dissociëren (Kernberg, 1984). Het afnemen van een structureel interview vergt de nodige training. Als je die niet hebt, zijn er ook vragenlijsten en instrumenten die je kunt afnemen om verschillende domeinen die belangrijk zijn voor hechting, draagkracht en persoonlijkheidsfunctioneren in kaart te brengen. Een selectie van de meest gebruikte vragenlijsten en instrumenten wordt beschreven in ► par. 4.5.

4.4.1 Hechting

De basis voor een gezonde volwassene wordt gelegd in de kindertijd. Er is altijd een samenspel tussen aanleg en omgeving, maar een noodzakelijke voorwaarde voor de ontwikkeling van een kind is een basisgevoel van veiligheid dat iemand alleen kan leren ervaren, en tot iets van zichzelf kan maken in de relatie met de primaire verzorgers.

Dit basale gevoel van veiligheid hangt samen met de hechting aan de ouder of verzorger van het kind en legt het fundament voor het vermogen om betekenisvolle relaties met anderen aan te kunnen gaan later in het leven (Wallin, 2020).

Er zijn verschillende hechtingsstijlen, namelijk veilige hechting, en een aantal onveilige hechtingsstijlen, te weten vermijdende, gepreoccupeerde en gedesorganiseerde hechting. Een veilige hechting betekent dat iemand de ouder ervaren heeft als iemand die er voor je was op het moment dat het nodig was, iemand op wie je als kind kon vertrouwen. Bij vermijdende hechting is dat anders, dan was de ouder niet beschikbaar en is het kind erg gesloten en in zichzelf gekeerd, het is niet gewend om tegenslagen te kunnen bespreken of delen en is (te) zelfstandig. Bij een gepreoccupeerde hechting voelt een kind zich juist erg afhankelijk en vervolgens erg boos. Dit heeft te maken met de onvoorspelbaarheid van de ouder die dan weer wel en dan weer niet beschikbaar was op het moment dat het kind het nodig had (Wallin, 2020). De manier waarop iemand praat over de jeugd, over vader en moeder geeft een indruk van de hechtingsstijl die iemand zich heeft eigen gemaakt. Zo zal een veilig gehecht kind concrete jeugdervaringen kunnen vertellen en zowel goede als slechte kanten van de relatie kunnen benoemen. Iemand die vermijdend gehecht is, kan juist heel idealiserend of met afstand over de ouders praten en weinig herinneringen kunnen noemen. Iemand die angstig-ambivalent of gepreoccupeerd gehecht is, zal met veel emoties over zijn jeugd en ouders vertellen (Westen et al., 2006).

Een veilige hechting draagt bij aan je vaardigheden om te kunnen mentaliseren en je eigen gevoelens en ervaringen woorden te geven. Als je minder goed kunt mentaliseren, ben je ook gevoeliger voor dissociatie (Huang et al., 2020). Het is wenselijk om een inschatting te maken van iemands hechtingsstijl. Zo kun je ook een indruk krijgen of en hoe de cliënt een werkrelatie met de therapeut kan aangaan. Je kunt vragen naar hoe iemand de relatie met zijn ouders heeft ervaren en stilstaan bij zijn jeugdherinneringen en bespreken hoe hij zijn ouders heeft beleefd, en of er bijvoorbeeld in het gezin enige veiligheid of steun was, of er over ervaringen kon worden gepraat of niet. Als je op een gestandaardiseerde manier inzicht wil krijgen in hechtingsrepresentaties, is het Gehechtheids Biografisch Interview (GBI) van Van IJzendoorn et al. (1991) het instrument waarmee je hechting heel goed in kaart kunt brengen. In ▶ par. 4.5 wordt dit instrument, en ook een korte vragenlijst als alternatief beschreven.

4.4.2 Jeugdherinneringen

Je vraagt iemand naar het gezin van herkomst en zijn relaties met ouders en broers en zussen. Je kunt daarmee achterhalen of iemand een goede band heeft ervaren met een belangrijke ouder/verzorger, zich veilig heeft gevoeld, zelfvertrouwen en vertrouwen in anderen heeft kunnen ontwikkelen, en leert of er al vroeg traumatische ervaringen zijn voorgevallen. Je kunt zo ook nagaan of iemand al jong bepaalde vaardigheden heeft geleerd om zichzelf staande te houden in de wereld.

De jeugdherinneringen van Janneke
T: Om je beter te leren kennen en te begrijpen hoe je problemen zich hebben ontwikkeld, wil ik graag met je praten over je jeugd. Kun je vertellen waar je bent geboren en hoe het gezin was waarin je bent opgegroeid?
C: Ik ben geboren in Limburg. Mijn vader was leraar en mijn moeder was huisvrouw. Ik ben de jongste. Ik heb nog drie broers, een broer die twee jaar ouder is, en de oudste twee broers zijn eigenlijk halfbroers, uit een eerder huwelijk van mijn vader. Ze zijn veel ouder. Een broer was al uit huis toen ik werd geboren.
T: Hoe was het thuis?
C: Mijn vader was heel streng. Hij was thuis ook nog steeds aan het onderwijzen. Ik was bang van hem. Ik ging meestal naar mijn kamer als hij thuiskwam. Hij sloeg mij soms. Mijn moeder was vaak depressief. Ze lag hele dagen op bed. Dan vroeg ze of ik wilde koken, en zo. Maar toen was ik al tien jaar of zo.
T: Er werd als jong meisje al veel aan je gevraagd. Kun je meer vertellen over de band met je vader en je moeder?
C: Over mijn vader, nee. Ik ging hem liever uit de weg. Mijn moeder was best lief, maar zij had een zwaar huwelijk. Ze was er gewoon vaak niet voor mij. Dan lag ze op bed te huilen.
T: Dan moet je je wel heel alleen hebben gevoeld. Hoe was je relatie met je broers?
C: Nou, omdat mijn moeder er niet was, was er niemand om mij te beschermen.

De cliënte begint te huilen. Ze vertelt over misbruik van een oudere halfbroer en hoe alleen ze zich heeft gevoeld.

Je merkt in het gesprek met Janneke dat vragen naar jeugdherinneringen ook duidelijk kan maken of er al in de jeugd traumatische ervaringen zijn geweest waar iemand nu nog last van heeft.

4.4.3 Zelfbeeld en beeld van anderen

De relaties met anderen, en de negatieve jeugdervaringen, kunnen iemands beeld van zichzelf en anderen aantasten. Iemand kan aan zichzelf gaan twijfelen of zich een mislukking gaan vinden, en anderen zien als mensen die hem zullen misbruiken of kwaad doen. In het diagnostisch onderzoek is het belangrijk om dit te weten. Je vraagt iemand naar een omschrijving van zijn persoon. Hoe omschrijft iemand zichzelf, hoe omschrijft hij anderen? Je kunt dan ook meteen vragen wat hij verwacht van de behandelaar. Als iemand ernstige trauma's heeft meegemaakt in relatie tot anderen, kan het zijn dat de cliënt jou als behandelaar kan ervaren als iemand die bedreigend is, en het niet goed met je voor heeft. Als iemand geneigd is tot dissociatie, kan het zijn dat wanneer de angstige gedachten over het zelf en anderen worden getriggerd, dit de angst kan laten oplopen, waarna de kans op dissociatie toeneemt.

4.4.4 Emotieregulatie

Je kunt vragen hoe iemand reageert bij tegenslagen. Kan iemand zijn emoties verdragen, en heeft iemand manieren om met negatieve emoties om te gaan? Het is belangrijk om te weten wat de (onbewuste) afweermechanismen en (bewuste) copingvaardigheden zijn van mensen en of het hen lukt om spanning te reguleren.

Een afweermechanisme is een doorgaans onbewuste of automatische, maar karakteristieke manier om met interne en externe stressoren om te gaan, wat meer of minder adaptief of 'rijp' kan zijn. Adaptief is bijvoorbeeld het gebruik van humor, intellectualiseren of verplaatsen. Maladaptief is bijvoorbeeld ontkennen, projecteren oftewel je eigen gedachten en gevoelens aan een ander toeschrijven of het vervormen of verwerpen van de realiteit. Het is van belang, niet alleen welke afweermechanismen iemand laat zien, maar ook of iemand een breed repertoire in de omgang met stressoren heeft ontwikkeld of niet. De afweer komt naar voren in probleemoplossend denken, voelen en handelen (Abraham, 1999).

Copingvaardigheden zijn vaardigheden die iemand bewust inzet of waarvan iemand zich bewust is dat hij dit inzet op het moment dat er veel spanning is. Er zijn veel verschillende copingstijlen die adapatief of juist maladaptief zijn (Elliot & Thrash, 2002; Lazarus, 2010; Skinner et al., 2003, Snow-Turek et al., 1996). Er wordt onderscheid gemaakt tussen probleemgerichte of emotiegerichte copingstijl, dan wel een toenaderingsgerichte of vermijdingsgerichte stijl.

Een probleemgerichte copingstijl richt zich op het probleem dat stress veroorzaakt en houdt zoeken naar informatie over de stressor in, een actieplan maken en concentratie op de volgende te nemen stap om het probleem op te lossen (Folkman & Moskowitz, 2004; Folkman et al., 1986). Een emotiegerichte copingstijl richt zich op het hanteren van emotionele stress geassocieerd met de stressor, zoeken van sociale steun en ventileren van emoties. Toenaderingsgerichte coping wordt gericht op de stressor zelf of iemands reactie daarop en wordt over het algemeen gezien als meer adaptief. Vermijdingsgerichte coping, daarentegen, focust op het vermijden van de stressor of iemands reactie daarop: terugtrekken van anderen, ontkennen dat het probleem bestaat en vermijden van gedachten en gevoelens ten opzichte van de stressor. Deze copingstijl wordt gezien als maladaptief (Littleton et al., 2007). Individuen met een toenaderingsgerichte en probleemgerichte copingstijl lukt het in het algemeen beter om met stressvolle situaties om te gaan (Moos & Schaefer, 1993; Tiet et al., 2006).

Naarmate iemand adaptieve afweermechanismen heeft en beter in staat is bewust adaptieve copingstrategieën in te zetten, dan wel een breed repertoire heeft van strategieën, zal hij beter in staat zijn om langer in de bandbreedte van het Tolerantievenster te blijven. Je kunt dit in een gesprek uitvragen, of gebruikmaken van daartoe ontwikkelde instrumenten. In ▸ par. 4.5 wordt een aantal instrumenten beschreven die dit gestandaardiseerd in kaart brengen.

4.4.5 Realiteitstoetsing

Je wilt weten of iemand het contact met de realiteit kan vasthouden, ook bij oplopende stress. Als iemand daar in aanleg gevoelig voor is of veel trauma's heeft meegemaakt, door toedoen van anderen, interpersoonlijke trauma's waarbij hij geen basisgevoel van veiligheid heeft ontwikkeld om zich in het leven staande te houden, is de kans aanwezig dat hij op momenten dat de stress oploopt zichzelf, anderen en de wereld vertekend waarneemt. Dat leidt tot vergaande achterdocht, of waanachtige denkbeelden. Het kan bijvoorbeeld zijn dat hij je dan ervaart als een dader. Mensen die moeite hebben om de realiteit vast te houden, denken niet alleen dat ze jou gaan zien als een dader of net zo'n onbetrouwbaar persoon als de dader, maar in hun beleving *ben* je dan een dader.

C: Ik ga liever niet de straat op. Ik ben bang dat er elk moment iets kan gebeuren.
T: Waar ben je bang voor, Mahmoud?
C: Dat mensen me aanvallen. Als dat gebeurt, weet ik niet of ik mezelf kan beheersen. Laatst was ik in het park en toen zag ik die man met een grote hond. Ik dacht hij gaat de hond op mij afsturen.
T: Wat een angstige gedachte. Wat maakte dat je dacht dat hij de hond op je wilde afsturen?
C: Hij keek me zo indringend aan. Hij had net zulke priemende ogen als die man in de gevangenis. Ik werd heel bang. Ik weet niet meer wat er daarna gebeurd is.
T: Je wist het even niet meer. Wat is het eerste wat je wel weer wist?
C: Dat ik naar huis liep. Het was al donker. Ik trilde. Er was niemand meer in het park.
T: Je trilde helemaal. Wat moet jij bang geweest zijn.
C: Ik zie nog zijn ogen voor mij. Het was precies zoals toen. Ik dacht even: daar is hij, hij gaat de hond op me afsturen.
T: Je dacht dat de man uit de gevangenis voor je stond?
C: Ja, dat dacht ik echt even. Maar later, toen ik weer tot rust was gekomen, realiseerde ik me dat het niet zo was, dat dat helemaal niet kan.
T: De man deed je denken aan de man in de gevangenis, en het was op dat moment moeilijk om te beseffen dat hij niet dezelfde man was.

C: Ja, ik zag die priemende ogen en was weer terug in de tijd.
T: Het leek op dat moment heel echt?
C: Ja, op dat moment. Maar ik begreep later dat het niet zo was.
T: Soms is het zo dat iemand kijkt op een manier of dingen zegt op een manier die je doen denken aan vroeger. Is dat ook weleens hier zo? Dat ik op een bepaalde manier kijk of iets vraag wat je doet denken aan vroeger?
C: Soms.
T: Kun je daar meer over vertellen?
C: Nou zoals net, dan blijf je doorvragen. Ik durf dan niet te zeggen dat ik dat niet wil. Want eigenlijk wil ik er niet over praten. Al die vragen, zo was dat ook in de gevangenis.
T: Dan word ik ook zo, als die gevangenisbewaarder.
C: Ja, maar ik weet wel dat het niet zo is.
T: Laten we afspreken dat je het mij zegt als je merkt dat je iets niet wilt. Dan kunnen we het erover hebben.

4.5 Instrumenten voor verschillende domeinen

Een klinische blik is noodzakelijk, maar niet voldoende om een goede diagnose te stellen. Er zijn meerdere vragenlijsten en semigestructureerde interviews ontwikkeld waarvan goed is onderzocht of zij betrouwbaar zijn en of ze ook meten wat ze beogen te meten. Deze diagnostische instrumenten ondersteunen een psychodiagnostisch onderzoek, aan de hand waarvan therapeuten op uniforme wijze diagnostiek uitvoeren en een diagnose vaststellen. Voor een inventarisatie van klachten kunnen vragenlijsten volstaan, voor een goede diagnose is een semigestructureerd interview aan te bevelen. In de keuze welke en hoeveel instrumenten je afneemt in vervolg op de gesprekken, laat je je onder meer leiden door de complexiteit van de problematiek, de hypotheses over mogelijke comorbide stoornissen en de invloed die die kunnen hebben op het verloop van de behandeling. In de onderstaande paragrafen staan voorbeelden van vragenlijsten en interviews beschreven die wij veel gebruiken, en waar we goede ervaringen mee hebben, maar er zijn er veel meer. De lijst is bij lange na niet uitputtend. De meest genoemde interviewinstrumenten vergen een training om ze goed te kunnen gebruiken. Als je meer wilt weten over alle mogelijkheden om een goed uitgebreid diagnostisch onderzoek te doen, zijn er meerdere handboeken die je kunt raadplegen. Aan het einde van dit boek wordt een overzicht gegeven van literatuur.

4.5.1 Traumatische ervaringen

Het kan zijn dat er trauma's zijn geweest, niet alleen in de jeugd, maar ook later in het leven. Je kunt vragen of iemand de trauma's wil noemen. Er zijn goede vragenlijsten om globaal in kaart te brengen welke trauma's iemand heeft meegemaakt. Een voorbeeld van een geschikte vragenlijst om trauma's in kaart te brengen is de Life Events Checklist.

▪ Life Events Checklist (LEC-5)

De LEC-5 meet welke mogelijke traumatische ervaringen iemand heeft meegemaakt. De LEC-5 wordt vaak afgenomen in combinatie met een instrument dat PTSS vaststelt. Een eerdere versie van LEC-5, de LEC, is gevalideerd en een breder gebruikte lijst

(Gray et al., 2004). De LEC-5 is een lijst met ervaringen waarvan iemand kan zeggen of hij deze ervaring zelf heeft meegemaakt, of getuige is geweest van een dergelijke ervaring.

- **Childhood Trauma Questionnaire- Short Form (CTQ-SF)**

Deze vragenlijst kun je inzetten om het psychotrauma beter in kaart te brengen en kun je bijvoorbeeld naast de LEC-5 gebruiken. De CTQ-SF (Bernstein et al., 2003) bestaat uit 28 vragen voor een volwassene om terug te kijken op de jeugd en aan te geven of er sprake was van vroegkinderlijk trauma. Er zijn vijf subschalen: lichamelijk geweld, emotioneel geweld, seksueel geweld, lichamelijke verwaarlozing en emotionele verwaarlozing. De Nederlandse vertaling is onderzocht en heeft goede psychometrische eigenschappen (Thombs et al., 2009).

4.5.2 Posttraumatische stressstoornis

Als er aanwijzingen zijn voor een posttraumatische stressstoornis, zijn er verschillende vragenlijsten die de klachten en symptomen in kaart brengen. Voor een goede diagnose is het raadzaam om na te gaan welke trauma's er zijn en vervolgens een semigestructureerd interview af te nemen om PTSS vast te stellen. Aangezien trauma en dissociatie vaak samen gaan, is het belangrijk om de aanwezigheid van PTSS goed uit te vragen. De gouden standaard voor de diagnose van PTSS volgens de DSM-5 is momenteel de Clinician-Administered PTSD Scale for DSM-5 (CAPS-5, Weathers et al., 2013).

Vragenlijsten voor PTSS

- **PTSS Checklist voor de DSM-5 (PCL-5)**

De PCL-5 is een vragenlijst bestaande uit twintig vragen, gebaseerd op de DSM-5-criteria van PTSS en wordt zowel gebruikt om PTSS te screenen als om verandering in symptomen gedurende de behandeling te monitoren, waarbij ervoor gekozen kan worden om regelmatig de vragenlijst in te laten vullen. De psychometrische eigenschappen zijn goed te noemen (Blevins et al., 2015).

- **PTSD Symptom Scale Self-Report voor DSM-5(PSS-SR5)**

Deze zelfrapportagevragenlijst voor PTSS kan gebruikt worden om de PTSS-klachten gedurende de behandeling te monitoren en bestaat uit zeventien items. De psychometrische eigenschappen zijn goed (Engelhard et al., 2007).

Semigestructureerde interviews voor PTSS

- **CAPS-5**

De CAPS-5 is een semigestructureerd interview om PTSS vast te stellen (Weathers et al., 2013; Boeschoten et al., 2018). Het meet alle criteria van DSM-5 en er kan een algemene ernstscore worden berekend. Het is mogelijk om ook een dissociatief subtype te diagnosticeren, waarbij gevraagd wordt naar depersonalisatie en derealisatie. De psychometrische eigenschappen van de Nederlandse CAPS-5 zijn adequaat (Boeschoten et al., 2018).

- **Structured Clinical Interview DSM-5 (SCID-5)**

Een ander gestructureerd klinisch interview, waarmee je DSM-5-stoornissen kunt vaststellen, is de SCID-5. Er is een variant voor alle psychiatrische syndroomstoornissen, de SCID-5-S, en er is een variant voor persoonlijkheidsstoornissen, de SCID-5-P. Met de SCID-5-S is het mogelijk om de criteria van PTSS op een gestandaardiseerde manier uit te vragen.

Zeker wanneer sprake is van comorbide psychische problematiek adviseren we je ook gebruik te maken van de SCID-5-S.

4.5.3 Complexe PTSS

- **Internationale Trauma Vragenlijst (ITV) of International Trauma Questionnaire – Nederlandstalige versie (ITQ-NL)**

De ITV of ITQ-NL is een zelfrapportagevragenlijst voor PTSS en Complexe PTSS zoals omschreven in de ICD-11. Dit is een Nederlandse versie van The International Trauma Questionnaire (Cloitre et al., 2018; Eidhof et al., 2018). De vragenlijst bestaat uit negen items om PTSS-klachten te meten en negen items om complexe PTSS-klachten te meten. De psychometrische kwaliteiten zijn goed (Hyland et al., 2017).

4.5.4 Dissociatie

Er zijn verschillende instrumenten die ingezet kunnen worden om dissociatieve klachten inzichtelijk en meetbaar te maken. Deze bespreken we in de hiernavolgende subparagrafen.

PTSS met het dissociatieve subtype

- **Dissociatieve subtype van PTSS-Interview (DSP-I)**

In de CAPS-5 en PCL-5 zijn twee vragen opgenomen aangaande het dissociatieve subtype. Aanvullend kan het DSP-I worden ingezet om de vormen van depersonalisatie en derealisatie uit te vragen en te scoren op aanwezigheid, frequentie en ernst. Dit aanvullende interview bestaat uit acht vragen. Daarnaast is er een tweede deel dat bestaat uit een zelfrapportagevragenlijst van 21 items, waarin ook andere dissociatieve symptomen worden meegenomen. Psychometrische eigenschappen zijn goed (Eidhof et al., 2019).

- **Dissociatieve subtype van PTSS (DSPS)**

Net als het DPS-I kan ook het DSPS gebruikt worden om het subtype van PTSS nader uit te vragen en eventueel vast te stellen. Dit is een zelfrapportagevragenlijst bestaande uit vijftien items. De psychometrische kwaliteiten zijn goed (Guetta et al., 2019; Wolf et al., 2017).

Dissociatieve stoornissen

Er zijn verschillende vragenlijsten die gebruikt kunnen worden om dissociatieve symptomen vast te stellen en er zijn twee belangrijke semigestructureerde interviews aan de hand waarvan je een diagnose kunt stellen.

■ Dissociative Experiences Scale-II (DES-II)

Zo is er een zelfrapportagevragenlijst die gebruikt kan worden bij de inventarisatie van dissociatieve klachten, breder dan de diagnose PTSS en het dissociatieve subtype. De Dissociative Experiences Scale-II (DES-II) van Bernstein en Putnam (1986), bestaat uit 28 items. De items omvatten normale dissociatieve symptomen en problematische dissociatieve symptomen en de vragenlijst kan worden gebruikt als een screener. De psychometrische kwaliteiten zijn goed (Carlson & Putnam, 1993).

■ Dissociation Tension Scale (DTS)

Met deze zelfrapportagevragenlijst meet je zowel psychoforme als somatoforme dissociatieve symptomen over de afgelopen zeven dagen. Deze vragenlijst is met name bruikbaar bij het meten van de symptomen over de tijd of tussen de behandelsessies in. De vragenlijst bestaat uit 21 items die dissociatieve symptomen meten en één item over innerlijke spanning, de Nederlandse versie heeft goede psychometrische eigenschappen (Stiglmayr et al., 2010).

■ Somatoform Dissociation Questionnaire (SDQ)

Deze vragenlijst is er in twee varianten, de vijf-itemversie en de twintig-itemversie (SDQ-5/20). De vragenlijst meet alleen somatoforme dissociatie. De SDQ-20 is een maat voor somatoforme dissociatie. De psychometrische kwaliteiten zijn goed (Nijenhuis, 1999).

■ Gestructureerde klinische interviews

De twee semigestructureerde interviews die afgenomen kunnen worden om de verschillende dissociatieve stoornissen te diagnosticeren zijn de Dissociative Disorders Interview Schedule (DDIS) en de Structural Clinical Interview for DSM-IV Dissociative Disorders Revised (SCID-D-R). Deze interviews zijn nog niet aangepast voor DSM-5.

■ Dissociative Disorders Interview Schedule (DDIS)

De DDIS is een gestructureerd interview (Ross et al., 1989). In dit interview worden dissociatieve symptomen uitgevraagd. Het is een breed interview en biedt handvatten voor de differentiaaldiagnostiek naar bijvoorbeeld schizofrenie, middelengebruik en een depressieve stoornis. De psychometrische kwaliteiten zijn destijds als goed beoordeeld (Ross et al., 1989).

■ Structured Clinical Interview for DSM-IV Dissociative disorders Revised (SCID-D-R)

Een ander gestructureerd klinisch interview voor dissociatieve stoornissen is het SCID-D-R. Met dit interview vraag je één voor één de dissociatieve stoornissen uit, zoals omschreven in de DSM-IV. Er zijn in het hoofdstuk dissociatieve stoornissen van de DSM-5 enkele wijzigingen ten opzichte van de DSM-IV, maar desalniettemin is dit interview nog steeds erg bruikbaar en gemakkelijk toe te passen voor diagnostiek. De psychometrische eigenschappen zijn goed (Steinberg, 1994; Steinberg et al., 1993).

Andere klachten

Slaap

Als je de slaapproblemen in kaart wilt brengen, adviseren we je aan je cliënt te vragen om een slaapdagboek bij te houden. Dit kan waardevolle informatie bevatten gedurende de diagnostiekfase, maar ook gedurende de behandelfase van betekenis zijn in het monitoren van het herstel. Een slaapdagboek dient tenminste de volgende onderdelen te bevatten:

- Bedtijden
  De tijd waarop de cliënt naar bed gaat en uit bed gaat, dit kan één begin- en eindtijd zijn, maar kunnen ook allemaal tijden zijn wanneer de cliënt in en uit bed stapt gedurende de nacht.
- Slaaptijden
  De tijd waarop de cliënt heeft geslapen.
- Slaapefficiëntie
  Het percentage van de slaapfrequentie meet je door de slaaptijd te delen door de bedtijd maal honderd. ((slaaptijd/bedtijd) × 100 = percentage slaapefficiëntie).
- Nachtmerrie Frequentie
  Per nacht de frequentie van de nachtmerrie, eventueel met een korte omschrijving van de inhoud.

Voor meer informatie ten behoeve van diagnostiek en behandeling van slaapstoornissen:

Lancel, M., Van Veen, M., & Kamphuis, J. (Red.) (2020). *Slaapstoornissen in de psychiatrie; diagnose en behandeling*. Bohn Stafleu van Loghum.

Pittsburgh Sleep Quality Index (PSQI)

De PSQI (Buysse, 1989) is een zelfrapportagevragenlijst waarbij gevraagd wordt om de slaapkwaliteit van de afgelopen maand te beoordelen. De vragenlijst bestaat uit negentien items. De vragenlijst bestaat uit zeven componenten: slaapkwaliteit, hoe lang het duurt voordat je in slaap valt, slaapduur, hoe lang je in bed ligt, verstoorde slaap, gebruik van slaapmedicatie en slaperigheid overdag. Er is ook de mogelijkheid tot een heteroanamnese bij een kamergenoot aan wie vijf vragen over de slaap van onderzochte gesteld kunnen worden.

Middelengebruik

Er zijn meerdere instrumenten om het middelengebruik in kaart te brengen. We noemen een paar veelgebruikte vragenlijsten. Je kunt dit ook uitvragen met behulp van de SCID-5.

Alcohol, Smoking and Substance Involvement Screening Test (ASSIST)

De ASSIST bestaat uit acht vragen en werd ontwikkeld door de Wereldgezondheidsorganisatie (WHO, 2002) als screeningsinstrument voor middelengebruik. Elke vraag is opgedeeld in subvragen per middel. Met deze screening maak je het middelengebruik bespreekbaar, een inschatting van de ernst en detecteer en bespreek je de risico's op gestructureerde wijze.

▪ Meten van addicties voor triage en evaluatie (MATE)

De MATE brengt middelengebruik in kaart (Schippers et al., 2011). Doorgaans wordt de eerste module gebruikt om het middelengebruik en afhankelijkheid uit te vragen. In dit interview vraag je stapsgewijs het gebruik uit. Desgewenst kunnen er ook andere modules afgenomen worden. De tien modules bestaan uit: middelengebruik (1), indicaties psychiatrisch of medisch consult (2), verslavingsbehandelingsgeschiedenis (3), middelen: afhankelijkheid en misbruik (4), lichamelijke klachten (5), persoonlijkheid (6), activiteiten en participatie (7), externe factoren van invloed op het herstelproces (8), middelen: verlangen en (9) depressie, angst en stress (10).

4.5.5 Hechting

Als je hechting goed wilt onderzoeken, kan dit door het Gehechtheids Biografisch Interview af te nemen, de Nederlandse versie van het Adult Attachment Interview (George et al., 1996; Van IJzendoorn et al., 1991), of de cliënt een zelfrapportagevragenlijst aanbieden, de Experiences in Close Relationship Scale Revised (ECRS-R; Fraley et al., 2000).

▪ Gehechtsheids Biografisch Interview (GBI)

Het Gehechtheids Biografisch Interview (Van IJzendoorn et al., 1991) is een interview annex codeersysteem waarmee gehechtheidsrepresentaties kunnen worden gemeten. In dit semigestructureerde interview vraag je in anderhalf uur naar de ervaringen met de ouders en de relatie met de ouders. Je luistert naar wat iemand vertelt, maar besteedt ook veel aandacht aan hoe iemand iets vertelt. Je let daarbij op taalgebruik, coherentie, of iemand concrete voorbeelden kan geven. De afnameduur is ongeveer één uur en voor het toepassen van het codeersysteem is een training vereist.

▪ Experiences in Close Relationship Scale Revised (ECRS-R)

Om de hechting in kaart te brengen kun je ook een vragenlijst gebruiken. De Nederlandse vertaling van de ECRS-R bestaat uit 36 vragen waarin veilige, vermijdende en angstig gepreoccupeerde hechting wordt gemeten (Fraley et al., 2000). De subschaal angst meet met behulp van achttien items angst voor verlating en een sterk verlangen naar interpersoonlijke nabijheid, de subschaal vermijding meet met behulp van achttien items ongemak met intimiteit en afhankelijkheid. De psychometrische kwaliteiten zijn overwegend voldoende (Sibley & Liu, 2004).

4.5.6 Draagkracht

Je kunt op verschillende manieren draagkracht inschatten. In onderstaande paragrafen komen instrumenten aan bod die persoonlijkheidsorganisatie en persoonlijkheidsfunctioneren in beeld brengen.

Persoonlijkheidsorganisatie

▪ Nederlandse Klinische Persoonlijkheidsvragenlijst (NKPV)

De NKPV kan inzicht geven in iemands draagkracht (Barelds & Luteijn, 2015). Deze vragenlijst bestaat uit 120 items en meet zes persoonlijkheidskenmerken, te weten:

negativisme, somatisering, verlegenheid, ernstige psychopathologie, extraversie en narcisme. De kenmerken zijn gebaseerd op het vijffactorenmodel voor persoonlijkheid en uitgebreid met de factor narcisme. Vanuit de scores op deze zes persoonlijkheidskenmerken kun je de persoonlijkheidsorganisatie bepalen en daarmee één van de elf profielen (zie tab. 4.1). Deze profielen verwijzen naar de persoonlijkheidsorganisatie zoals geformuleerd door Kernberg, waarbij in het vaststellen van een profiel de mate van identiteitsintegratie, de afweermechanismen en de realiteitstoetsing wordt gewogen. We hebben dit kort beschreven in ▶ H. 2. Als iemand in staat is een eigen, autonoom zelfgevoel te ervaren, afgegrensd van anderen, en er sprake is van continuïteit in de zelfbeleving, er rijper afweermechanisme is en hij in contact blijft met de realiteit als de spanning toeneemt, dan is sprake van een neurotische organisatie. Als iemand geen autonoom zelfgevoel heeft, geen onderscheid ervaart tussen zichzelf en de anderen, in de war raakt als de spanning toeneemt en niet meer in contact is met de realiteit, is er sprake van een psychotische organisatie. De borderline organisatie bevindt zich tussen deze twee uitersten op het spectrum, waarbij meerdere profielen worden onderscheiden binnen de borderline organisatie, meer naar de neurotische of meer naar de psychotische organisatie. Als je hier meer over wilt lezen, zijn er goede handboeken beschikbaar (Eurelings & Snellen, 2016).

Tabel 4.1 Profielen van NKPV

persoonlijkheidsorganisatie	persoonlijkheidsprofiel
neurotische organisatie	neurotisch profiel
	neurotisch profiel angst
borderline organisatie	vroeg narcisme
	low level borderline
	high level borderline
	borderline profiel latent
	gedesorganiseerde borderline
	onrijpe en kwetsbare persoonlijkheid
	onrijpe persoonlijkheid
psychotische organisatie	psychotisch profiel latent
	psychotisch profiel manifest

Persoonlijkheidsfunctioneren

Personality Inventory DSM-5/DSM-5 Persoonlijkheidsvragenlijst (PID-5)

De PID-5 sluit aan op het persoonlijkheidstrekkenmodel, zoals dat wordt beschreven in Deel III van de DSM-5. Dit meetinstrument bevraagt de vijf brede domeinen van persoonlijkheid en de bijbehorende facetten. De APA heeft besloten dit alternatieve model ook op te nemen in de DSM-5, om aansluiting te behouden bij de huidige klinische praktijk, en tegelijkertijd een nieuwe indeling te introduceren die tegemoetkomt aan de talrijke tekortkomingen van de huidige indeling van persoonlijkheidsstoornissen. Voor meer informatie over dit persoonlijkheidstrekkenmodel verwijzen wij naar het DSM-5 Handboek (APA, 2013). De PID-5 bestaat uit een zelfrapportagelijst van 220 items, een informantenlijst van 218 items en een verkorte versie van 25 items. De vijf brede domeinen zijn: negatieve affectiviteit, afstandelijkheid, antagonisme, ongeremdheid en psychoticisme (Van der Heijden et al., 2014). De psychometrische kwaliteiten zijn adequaat (Al-Dajani et al., 2018).

Het Semigestructureerde Interview voor Persoonlijkheidsfunctioneren (StiP-5.1)

Het STiP-5.1 werd ontwikkeld door het Kenniscentrum Persoonlijkheidsstoornissen om het niveau van persoonlijkheidsfunctioneren vast te stellen op basis van de Niveau van Persoonlijkheidsfunctioneren Schaal die in de DSM-5, Deel III is opgenomen (Hutsebaut et al., 2016).

Aan de hand van dit interview is het heel goed mogelijk om het persoonlijkheidsfunctioneren en de draagkracht van je cliënt in kaart te brengen. Tevens geeft het handvatten voor de therapeutische relatie. Het persoonlijkheidsfunctioneren wordt in kaart gebracht aan de hand van het functioneren van het zelf en het interpersoonlijk functioneren.

Identiteit en zelfsturing zijn de elementen van functioneren van het zelf. Identiteit omvat: eigenheid ervaren, duidelijk begrensd van de ander; gevoel van eigenwaarde en gepaste zelfwaardering; vermogen om een palet aan emoties te ervaren en te reguleren. Zelfsturing wijst op het nastreven van samenhangende en betekenisvolle doelen op korte en lange termijn; het gebruik van constructieve persoonlijke maatstaven voor gedrag en het vermogen tot zelfreflectie.

Empathie en intimiteit zijn de twee elementen van het interpersoonlijk functioneren.

Empathie omvat begrip en waardering voor andermans ervaringen en drijfveren; vermogen om uiteenlopende gezichtspunten te tolereren; inzicht in het effect van het eigen gedrag op anderen. Intimiteit omvat: intense en duurzame persoonlijke relaties met anderen; wens en vermogen tot nabijheid; wederkerig en respectvol interpersoonlijk gedrag.

De psychometrische kwaliteiten van dit interview zijn in het algemeen goed (Hutsebaut et al., 2016).

De Minnesota Multiphasic Personality Inventory (MMPI)

De MMPI is een lang bestaande wereldwijd gebruikte brede vragenlijst voor psychopathologie. De vragenlijst bestaat uit maar liefst 574 items. De vragenlijst werd in 1942 uitgebracht en kwam in 1969 beschikbaar in Nederland. Er zijn zeven validiteitsschalen en tien klinische hoofdschalen welke onderverdeeld zijn in 31 subschalen. Het voert te ver om de uitgebreide MMPI-2 hier gedegen uit te leggen. Daarvoor verwijzen we naar de handleiding voor afname en scoring van Mey et al. (2015). De psychometrische kwaliteiten van de Nederlandse versie van de MMPI-2 Restructured Clinical (RC) is goed (Van der Heijden et al., 2018).

Het ontwikkelingsprofiel

Het ontwikkelingsprofiel van Abraham (1999) beoogt een inschatting te maken van iemands persoonlijkheidskenmerken met sterke kanten en iemands valkuilen, alsmede gedragspatronen. In een semigestructureerd interview worden belangrijke levensdomeinen uitgevraagd. Zo krijg je zicht op iemands zelfbeeld, relatie tot anderen, normen, behoeften, cognities en probleemoplossend gedrag (denken, voelen, handelen), wat verwijst naar afweermechanismen. Voor meer informatie over het ontwikkelingsprofiel en het gebruik daarvan verwijzen we naar het praktijkboek (Abraham, 2005).

Drie testen

Je kunt ook zicht krijgen op een aantal belangrijke aspecten van iemands persoonlijkheid als je nagaat of iemand onder stressvolle omstandigheden nog in staat is om een band te blijven voelen met anderen, zichzelf als een waardevol persoon te zien en zijn emoties te kunnen hanteren. Deze draagkrachttest is onderdeel van de drie testen zoals beschreven door Spierings (2009). Het is geen test in engere zin, maar een inschatting op basis van een aantal vragen die je de cliënt voorlegt. De manier om dit uit te vragen is ontleend aan Deiter et al. (2000):

- Dagelijks leven-Test met als kernvraag: 'Hoe ga je om met problemen die interfereren met de therapie?'
- Draagkracht-Test: verbondenheid, emotieregulatie, zelfcompassie
- Notendop-Test: generale repetitie met behulp van de levenslijn

Voor meer informatie verwijzen we naar het hoofdstuk Stabilisatie (Spierings, J.) in het praktijkboek EMDR (Ten Broeke et al., 2008) Praktijkboek EMDR. Pearson Education Benelux B.V.

4.5.7 Zelfbeeld en beeld van anderen

Het zelfbeeld en het beeld dat iemand heeft van anderen kan ten gevolge van (complex) trauma veranderd zijn. Dit kan dan weer bepaalde symptomen in stand houden, disfunctioneren versterken of interfereren met de therapiemotivatie. In de diagnostiekfase kun je instrumenten afnemen om dit te onderzoeken.

Zelfbeeld

▪ Rosenberg Self Esteem Scale

Als je vragenlijsten wilt afnemen die meer inzicht bieden in iemands zelfwaardering kun je de Rosenberg Self Esteem Scale afnemen (Rosenberg, 1979). Deze vragenlijst bevat tien items waarbij iemand op een Likertschaal van 1 tot 4 aangeeft hoezeer het item van toepassing is. De score is van 10 tot 40, waarbij een hogere score een positievere zelfwaardering aangeeft. De psychometrische kwaliteiten zijn goed (Franck et al. 2008).

Beeld van anderen

▪ Inventory of Interpersonal Problems (IIP)

De IIP (Horowitz et al., 2000) ook wel de Interpersoonlijke vragenlijst bestaat uit 32 items en is een zelfrapportagevragenlijst. De vragenlijst geeft zicht op de mate waarin de cliënt interpersoonlijke problemen ervaart. De psychometrische kwaliteiten zijn goed (Vanheule et al., 2006). Er is ook een langere versie van 64 items.

Schema's

Het zelfbeeld en beeld van anderen kan zodanig zijn aangetast dat er sprake is van disfunctionele kerncognities, ook wel schema's genoemd. Deze worden gemeten met de volgende lijsten.

- **Schemavragenlijst Young**

De Young Schema Questionnaire (YSQ) oftewel de schemavragenlijst van Young (Sterk & Rijkeboer, 1997; Young, 1993) bestaat uit 205 items en heeft als doel om onaangepaste of disfunctionele schema's in kaart te brengen. Er zijn zestien disfunctionele schema's die worden uitgevraagd. Deze schema's passen bij de basisbehoeften waaraan in meer of mindere mate is voldaan. Zo kunnen bij niet voldoen aan de basisbehoefte veiligheid schema's passen die betrekking hebben op angst voor verlating, emotioneel tekort, gedachten van minderwaardigheid. Voor een uitgebreid overzicht van schemadomeinen en schema's verwijzen we naar het handboek schematherapie (Young et al., 2005). In de diagnostiekfase maar ook voorafgaand aan schematherapie wordt de schemavragenlijst veel gebruikt. De psychometrische eigenschappen zijn goed (Rijkeboer, 2005; Rijkeboer & Van den Bergh, 2006).

- **Schema Modi Inventory**

De Schema Modi Inventory (SMI) wordt vaak samen met de Schemavragenlijst gebruikt, maar kan zeker ook afzonderlijk gebruikt worden om inzicht te krijgen in de schemamodi, dat wil zeggen herhalende, rigide gemoedstoestanden van een cliënt. De vragenlijst is eveneens ontwikkeld door Young et al. (2007). De psychometrische kwaliteiten zijn goed (Lobbestael, 2008).

4.5.8 Emotieregulatie

Om emotieregulatie in kaart te brengen, kun je nagaan welke onbewuste afweermechanismen iemand heeft en welke bewuste copingvaardigheden. Dat kan op de volgende manieren.

Afweermechanismen

Zoals genoemd in ▸ par. 4.5.6 is, naast het structureel interview, het ontwikkelingsprofiel een goed semigestructureerd interviewinstrument waarmee ook afweermechanismen in kaart kunnen worden gebracht.

Copingvaardigheden

Als je meer inzicht wilt krijgen in iemands adaptieve en maladaptieve copingvaardigheden kun je de volgende vragenlijsten afnemen. De twee onderstaande vragenlijsten kosten individueel tien minuten per afname.

- **Coping Inventory voor Stressvolle Situaties –Nederlandse versie (CISS-NL)**

De CISS-NL (De Ridder & Van Heck, 2004) is een vragenlijst waarmee in kaart kan worden gebracht wat iemands copingstijlen zijn. Het is een vragenlijst met 48 items, onderverdeeld in drie schalen; taakgerichte coping, emotiegerichte coping en vermijdingsgerichte coping. Taakgerichte coping behelst over het algemeen een actieve benadering van een probleem of situatie, gericht op het oplossen van het probleem. Emotiegerichte coping betreft emotionele reacties die als doel hebben om stress te verminderen, deze reacties kunnen helpend of niet-helpend zijn. Bij vermijdingsgerichte coping is er sprake van het inzetten van bepaalde activiteiten om de stressvolle situatie of het probleem te vermijden. De vermijding kan zowel gericht zijn op het probleem als op de gevoelens die het probleem oproept. De CISS is als goed beoordeeld (De Ridder & Van Heck, 2004).

4.5.9 Realiteitstoetsing

Als je een structureel interview of een ontwikkelingsprofiel afneemt, krijg je eveneens zicht op iemands realiteitstoetsing. Als er aanwijzingen zijn dat iemand echt niet goed in staat is de realiteit waar te nemen, en de vertekening is niet meer invoelbaar, is het belangrijk om na te gaan of er psychotische klachten zijn.

Psychotische klachten

Uit onderzoek blijkt dat cliënten met een psychose of een stoornis in het schizofrene spectrum vaak ook dissociatieve symptomen rapporteren en dat er sprake is van meer dissociatie als er ook een traumatische voorgeschiedenis was. Omgekeerd rapporteren cliënten met een DIS of met een dissociatieve stoornis ook positieve en negatieve symptomen van schizofrenie (Renard et al., 2016). Een grote meta-analyse laat een sterk verband zien tussen het horen van stemmen en dissociatie (Pilton et al., 2015). Je kunt deze klachten uitvragen om goed onderscheid te maken.

▪ Comprehensive Assessment of Symptoms and History (CASH)

De CASH of de aangepaste versie van de CASH op basis van het cultural formulation interview voor mensen met een andere culturele achtergrond (CASH-CS) is een semigestructureerd diagnostisch instrument voor diagnostiek van psychotische stoornissen (Andreasen et al., 1992). Het interview vraagt naast de symptomen ook het functioneren van toen en nu uit. Het is niet aangepast voor DSM-5.

▪ Positive and Negative Syndrome Scale (PANSS)

Met de PANSS (Kay et al., 1987) meet je de positieve en negatieve kenmerken van schizofrenie, maar met het instrument vraag je psychotische kenmerken uit en daarom kun je het instrument ook breder inzetten. Het geeft inzicht in mogelijke positieve kenmerken zoals aanwezigheid van hallucinaties, of negatieve kenmerken zoals de afwezigheid van normale functies zoals beweging.

Trauma en psychose

In een grootschalig onderzoek genaamd TTIP dat staat voor Treating Trauma in Psychosis werd het effect van de traumabehandeling bij cliënten met een psychose onderzocht. Daaruit blijkt onder meer dat de standaardprotocollen van PE en EMDR veilig en effectief zijn bij mensen met psychosen (Van den Berg et al., 2015). Ook de mensen met een psychose die voldeden aan PTSS met het dissociatieve subtype bleken ongeveer evenveel te profiteren van de geboden traumabehandeling (Van Minnen et al., 2016).

4.5.10 Algemeen functioneren

- **World Health Organization Disability Assessment Schedule 2.0 (WHODAS 2.0)**

De mate waarin iemand beperkt wordt in het algemene functioneren verschilt van individu tot individu. De WHODAS 2.0 (Gold, 2014; WHO, 2000) is een fijn instrument om het dagelijks algemeen functioneren van een cliënt mee te bepalen. Het instrument, uit te vragen in een interview, bestaat uit 37 items en zes domeinen: Cognitie; begrijpen en communiceren (1), Mobiliteit; bewegen en zich verplaatsen (2), Zelfverzorging; persoonlijke hygiëne, aankleden, eten en alleen zijn (3), Omgaan met mensen; interactie met andere mensen (4), Activiteiten; huishoudelijke taken, ontspanning, werk en school (5) en Participatie; deelname aan gemeenschapsactiviteiten en maatschappelijk verkeer (6). De WHODAS 2.0 is ontwikkeld op basis van uitgebreid cross-cultureel onderzoek, in negentien landen. De in WHODAS 2.0 opgenomen items zijn pas geselecteerd nadat aard en gebruik van gezondheidsmetingen in verschillende culturen waren onderzocht. De WHODAS 2.0 heeft uitstekende psychometrische eigenschappen, te weten een goede betrouwbaarheid en validiteit.

4.6 Culturele verklaringsmodellen

Het culturele interview of cultural formulation interview (CFI) dat is ontwikkeld door Lewis-Fernandez et al. (2014) bespraken we al in ▸ par. 2.5.1. Aan de hand van dit interview kun je een gesprek aangaan over de culturele achtergrond en context van de cliënt. De vragen zijn gegroepeerd in de volgende domeinen: culturele verklaringen, culturele identiteit, cultuur en omgeving en de relatie met de hulpverlener. Culturele verklaringen brengen in kaart welke interpretatie iemand heeft voor de klachten. Culturele identiteit betreft vragen over iemands achtergrond. Cultuur en omgeving geeft zicht op de context van de cliënt en eventuele rolveranderingen na bijvoorbeeld een gedwongen migratie. Als het gaat om de relatie met de hulpverlener wordt stilgestaan bij de verwachtingen en voorkeuren die iemand heeft ten aanzien van de behandelaar. Als je in gesprek bent met iemand van een andere cultuur, kun je vragen gebruiken uit het CFI om inzicht te krijgen in hoe de cliënt zijn dissociatieve klachten verklaart en wat hij denkt dat van belang is om hiermee om te gaan. In gesprek met Grace ging dat als volgt:

> *T: Je hebt me verteld dat je weleens tijd kwijt bent, en niet meer weet wat je in die tijd hebt gedaan. Je schrikt soms als anderen je zeggen wat je hebt gedaan, omdat je dat zelf niet meer weet.*
> *C: Dat klopt, ja.*
> *T: Je bent opgegroeid in West-Afrika. Weet je hoe mensen in West-Afrika hierover zouden denken als je ze dit zou vertellen?*
> *C: Ik zou het niet durven vertellen. Ik denk dat mensen al snel zouden denken dat ik bezeten ben, of dat er sprake is van voodoo.*
> *T: Wat denk je er zelf over?*
> *C: Ik denk dat soms ook.* – blijft een tijd stil – *Voordat ik naar Nederland kwam met de smokkelaar heeft hij zo'n ritueel uitgevoerd.*
> *T: Een ritueel?*
> *C: Ja, een voodooritueel. Ik weet niet eens zeker of ik je dit kan vertellen. Want ze hebben me op het hart gedrukt niets te zeggen.*

T: Waar ben je bang voor?
C: Dat ze weten dat ik je dit vertel, dat ik dan nog meer nachtmerries krijg, en ze mij schade willen berokkenen. Straks weet ik helemaal niet meer wat ik doe of wie ik ben.
T: Je bent bang dat ze, door het ritueel, kunnen volgen wat je doet of zegt en je geheugen beïnvloeden. Wat zul jij je dan onveilig voelen. Wat kun je vertellen over het ritueel en waar je bang voor bent? Dan kunnen we kijken hoe ik je daarbij kan helpen.
C: Ze hebben haar van mij afgenomen, en foto's. Ze zeiden dat ik zou worden vervloekt als ik iets aan iemand zou vertellen.
T: Wat zou er dan kunnen gebeuren?
C: Ik denk dat ik me daardoor soms dingen niet meer kan herinneren. Dat ze invloed op me hebben, vanwege de dingen die ik heb moeten afstaan. Ze nemen het me kwalijk dat ik ben gevlucht voordat ik alles heb betaald wat ze vroegen. Nu komen ze in mijn nachtmerries.
T: Je bent bang dat je deze klachten hebt gekregen, nadat je bent ontsnapt, doordat er een ritueel is uitgevoerd. Ben je bang dat de mensensmokkelaars nu je geheugen kunnen beïnvloeden? Dat je je daardoor dingen niet kunt herinneren?
C: Ja, ik denk dat vaak wel.
T: Is er een manier om je te beschermen tegen voodoo? Heb je daar weleens iets over gehoord in je eigen land? Wat voor hulp bieden genezers in jouw land mensen aan?

4.7 Heteroanamnese

Een heteroanamnese is een gesprek met iemand die de cliënt goed kent waarin informatie over het psychisch functioneren van de cliënt wordt ingewonnen. Bij diagnostiek van dissociatieve verschijnselen is dit uitermate van belang, omdat deze ander vaak aan de zijlijn staat en jou omschrijvingen kan geven van momenten van dissociatie, die de cliënt zelf niet kan geven. Een heteroanamnese is vooral van belang bij dissociatieve reacties na triggers bij iemand met PTSS, bij dissociatieve amnesie, en gefragmenteerde identiteitsbeleving.

Er is geen standaardformat van een heteroanamnese bij dissociatie. In een heteroanamnese maak je kennis met iemand die belangrijk is in het leven van de cliënt. Je kunt hem vragen naar de klachten, wat hij denkt dat er aan de hand is, en wat kan bijdragen aan de behandeling. Je richt je op de psychische klachten in het algemeen, en in het bijzonder op de dissociatieve klachten.

Op basis van de informatie die je in deze diagnostiekfase al hebt verkregen, kun je dan meteen nagaan of er onduidelijkheden, vraagtekens of zogenoemde 'missing pieces' zijn. De volgende onderwerpen zijn voor een heteroanamnese in ieder geval van belang:

1. Informatie geven over dissociatie als onderdeel van psychische problematiek met verschillende uitingsvormen.
2. Navraag naar (verschillende) voorbeelden waarbij van belang is dat het moment voor de dissociatie, tijdens de dissociatie en na de dissociatie omschreven wordt.
3. Vraag daarbij uit wat het gedrag was van de cliënt en wat het gedrag was van de belangrijke ander (wederom door structuur voor-tijdens-na).
4. Waarom dissocieert de cliënt volgens de ander? Wat is de oorzaak van de dissociatie? En wat is volgens de ander (onderdeel van) de oplossing?

5. Inschatting van de belasting voor of door de ander, inschatting of aandacht voor het systeem wenselijk is.

Let op: (mogelijk ten overvloede) toestemming van de cliënt is noodzakelijk alvorens een heteroanamnese af te nemen. Volg hierbij de richtlijnen van het Nederlands Instituut van Psychologen (NIP) en de richtlijnen van de organisatie waarin je werkt.

De heteroanamnese vindt plaats in het bijzijn van de cliënt. Deze kan zo informatie krijgen over de dissociatie en eventueel ook aanwijzingen krijgen om hier in de toekomst beter mee om te gaan doordat de belangrijke ander mogelijk de dissociatie beter ziet aankomen of weet wat te doen zodat de dissociatie stopt.

4.7.1 Uitvoering heteroanamnese

Hieronder staat beschreven hoe je een heteroanamnese uitvoert. In bijlage 1 (pg. 222) vind je een werkblad en een voorbeeld.

Informed consent

Bespreek voorafgaand aan de heteroanamnese de noodzaak ervan met de cliënt, leg het werkblad aan hem voor zodat hij de inhoud van de heteroanamnese kent en benadruk dat er sprake is van veiligheid en transparantie binnen de therapeutische context.

Kennismaking

Introduceer jezelf en het doel van de heteroanamnese. Vraag hoe de ander het vindt om uitgenodigd te zijn. Vraag na welke klachten de ander opmerkt, wat iemand denkt dat het probleem is en wat er aan gedaan zou moeten worden.

Uitleg

Geef (de ander) eerst informatie over dissociatie als onderdeel van psychische problematiek met verschillende uitingsvormen, benoem deze uitingsvormen zonder voorbeelden te geven. Je wilt suggestieve vragen voorkomen.

Vragen

Vraag de verschillende uitingsvormen uit en focus daarin enkel op dat wat door de ander is waargenomen, dat wat de ander heeft ervaren. (Sluit uit dat de ander zaken gaat invullen met gedachten over, of met observaties uit derde hand.)

Voorbeeldvragen:
Is er naar uw idee bij (de cliënt) sprake van (uitingsvorm van dissociatie)?
Zo ja, kunt u omschrijven wat er gebeurde voorafgaand aan (uitingsvorm van dissociatie), tijdens en na de dissociatie?
Wanneer nog niet volledig, vraag naar het waarneembare gedrag van de cliënt en naar het gedrag van de ander (volgens de structuur voor-tijdens-na)

Aanvullende vragen:
Waarom dissocieert (de cliënt)? Wat zijn volgens u de triggers?
Wat is de oorzaak, de bron van de dissociatie volgens u?
Hoe gaat (de cliënt) met problemen of stressvolle situaties om als er geen dissociatie optreedt?

Wat is volgens u onderdeel van de oplossing? (vraag zowel naar de visie op gedragsveranderingsmogelijkheden van de cliënt als naar de visie op de behandeling)

Open vragen:
Nu we het onderwerp van dissociatie bespreken, is er nog iets anders dat u in deze context zou willen vertellen?

Relationele vragen:
Wat is de impact op u van deze dissociatieve klachten die (de cliënt) ervaart?
Hoe gaat u ermee om wanneer het gebeurt in uw bijzijn?
Zou u meer willen leren over hoe u er het beste mee om kunt gaan?

4.8 Differentiaaldiagnostiek

Dissociatie kent raakvlakken met andere psychische of somatische problemen en het is daarom belangrijk om bij de diagnostiek andere verklaringen na te gaan, voordat je dissociatie vaststelt. Bij dissociatieve verschijnselen staat een aantal andere stoornissen en problemen altijd ter overweging (First, 2014).

4.8.1 Differentiaaldiagnostiek met andere psychiatrische stoornissen

- *Verminderd contact met de buitenwereld vanwege depressie*
  Iemand die zich depressief voelt, kan een vlak affect hebben, en zich terugtrekken uit de buitenwereld, vanuit anhedonie (overal tegenop zien en geen zin hebben om je ergens toe te zetten) of somberheid. Als iemand zich zo terugtrekt, kan het zijn dat hij afstand voelt van anderen, in de zin van een sociaal isolement of eenzaamheid. Het is belangrijk om deze gevoelens nader te exploreren, omdat deze klachten die passen bij een depressie kunnen lijken op derealisatie of depersonalisatie. Het is dan onderscheidend of de dissociatieve symptomen vooral voorkomen als iemand zich depressief voelt en passen bij een algeheel toestandsbeeld of niet.
- *Psychotische stoornissen vanwege de verminderde realiteitstoetsing, beperkt onderscheid tussen het zelf en de ander.*
  Psychotische stoornissen kenmerken zich door een vertekende of verstoorde waarneming van de realiteit en een veranderde beleving van het zelf en de ander, waarbij iemand moeilijk onderscheid kan maken tussen zichzelf en anderen, of neigt te vervloeien. Het is belangrijk om het onderscheid te maken met een gefragmenteerde zelfbeleving, of depersonalisatie, wat erop kan lijken, omdat iemand ook een andere beleving ervaart van zichzelf en anderen en deze ervaring als vervreemdend kan omschrijven. Als het gaat om een psychotische stoornis, is deze beleving niet zozeer gebonden aan triggers die doen denken aan een trauma. Er kunnen tevens wanen

en hallucinaties zijn, waarbij iemand ziet of hoort wat anderen niet zien, waarvan de inhoud soms niet invoelbaar is of bizar. Deze waarnemingen hebben geen relatie met traumatische ervaringen. Bij depersonalisatie/derealisatie is er meer besef van de realiteit.

- *Psychotische stoornissen: auditieve hallucinaties*
  Er is een duidelijke relatie gevonden tussen het horen van stemmen en dissociatie (Pilton et al., 2015). Om psychose en dissociatie te kunnen onderscheiden zijn er aanknopingspunten uit de literatuur. Als het gaat om dissociatieve stoornissen horen mensen al stemmen in de jeugd, kunnen het er meer zijn dan drie en horen mensen zowel kinder- als volwassen stemmen (Dohary et al., 2009).
- *Middelengebruik*
  Het is altijd belangrijk het gebruik van middelen na te gaan, omdat veranderde gemoedstoestand of zelfbeleving ook het gevolg kan zijn van het gebruik van middelen of intoxicatie. Als de dissociatieve verschijnselen ook voorkomen als er geen middelen zijn gebruikt, is het niet waarschijnlijk dat het (alleen) door het middelengebruik komt.

Casus

Pieter vertelt bij de tweede afspraak voor psychodiagnostiek dat hij de afgelopen week geen extra last heeft gehad van alles wat tijdens de eerste diagnostiekafspraak is besproken. Pieter komt wat joviaal en grootmoedig over op de onderzoeker.
De onderzoeker besluit enige psycho-educatie te herhalen en legt uit dat klachten kunnen toenemen wanneer er over de onverwerkte traumatische ervaringen wordt gesproken. Pieter reageert ontkennend en lijkt het onderwerp te willen vermijden en zegt: "Zullen we beginnen met alles wat je vandaag van mij wilt weten?"
Wanneer de onderzoeker op een later moment naar het middelengebruik van Pieter vraagt, zegt Pieter: "Ik houd wel van een borreltje op z'n tijd." De onderzoeker vraagt naar de frequentie en intensiteit van deze borrels en komt te weten dat Pieter geregeld anticipeert op 'slechte' nachten door vijf borrels vieux te nemen voor het slapengaan. Het blijkt dat hij de avond voor het tweede gesprek ook een aantal borrels heeft genomen, omdat hij erg opzag tegen het gesprek en het 'oordeel' van de onderzoeker. Zijn joviale en grootmoedige houding verbleekt, hij lijkt ook wel opgelucht als hij merkt dat er begrip is voor zijn situatie. Bij verder doorvragen blijkt er geen verband is tussen het voorkomen van dissociatieve klachten en het middelengebruik.

- *Somatoforme stoornissen*
  In ▶ H. 2 werd al stilgestaan bij de raakvlakken en de overlap van dissociatie met de conversiestoornis en de pseudo-epileptische aanvallen. Er geen consensus over hoe dit het beste kan worden begrepen (Spiegel et al., 2013). Veel lichamelijke onverklaarde klachten of pseudo-neurologische symptomen kunnen een uiting zijn van dissociatie, en dan vooral als er sprake is van een duidelijke relatie met (een herbeleving van) een traumatische ervaring. Als er sprake is van somatoforme dissociatie, is er een ontkoppeling van fysieke functies, bijvoorbeeld van de motoriek. Iemand kan zich verlamd voelen. Als het gaat om dissociatie is deze verlamming vaak in reactie op trauma of een trigger en is niet gegeneraliseerd. Er zijn overeenkomstige mechanismen te onderscheiden tussen bijvoorbeeld de conversiestoornis en dissociatie, voor zover het

integratie van functies betreft. Anderzijds komt bij somatoforme stoornissen vaker een preoccupatie met lichamelijke symptomen voor, gepaard gaande met angst, en is er ook overlap met andere somatische symptomen (Spiegel et al., 2013)

- *Paniekstoornis: dissociatieve symptomen gedurende de paniekaanval*
  Tijdens een paniekaanval kan iemand zich ook gedesoriënteerd voelen en zich volledig overweldigd voelen door de paniekaanval. Een cliënt die last heeft van een paniekstoornis kan ten tijde van de paniekaanval een gevoel van derealisatie ervaren. Deze derealisatie is dan niet de kern van de ervaring, dat is de paniek en de fysieke reactie daarop. Door de criteria van de paniekstoornis goed uit te vragen en na te gaan of deze gevoelens van desoriëntatie zich beperken tot de aanval zelf, kun je goed onderscheid maken tussen dissociatie en paniek.
- *Persoonlijkheidsproblematiek, zoals borderline problematiek vanwege de verminderde identiteitsintegratie*
  In ▶ H. 3 hebben we uitgelegd dat er in de ICD-11 de mogelijkheid is tot het stellen van de diagnose Complexe PTSS. Complexe PTSS heeft overlap met, maar onderscheidt zich van, een borderline persoonlijkheidsstoornis op een aantal kenmerken. Dissociatieve verschijnselen kunnen zich echter zowel bij complexe PTSS als bij de BPS voordoen. Dat maakt het nog niet een dissociatieve stoornis. Dit kun je goed uit elkaar halen door vooral de dissociatieve klachten en de aard, ernst, duur en intensiteit goed uit te vragen.

4.8.2 Differentiaaldiagnostiek met andere somatische stoornissen

Sommige dissociatieve klachten, zoals amnesie, kunnen ook andere oorzaken hebben, zoals een onderliggende somatische of organische oorzaak. Er is een aantal aanwijzingen voor. Mocht je naar aanleiding van je anamnese twijfelen of dit het geval is, dan is het belangrijk dit in je team te bespreken en te verwijzen naar een arts voor nader onderzoek.

- *Traumatisch hersenletsel (bijvoorbeeld na een ongeval of bomexplosie)*
  In een goede anamnese kun je traumatische ervaringen navragen en nagaan of er mogelijk schade door ongevallen of geweld heeft plaatsgevonden. Als daar twijfel over is, kun je door neuropsychologische anamnese en screening de gevolgen nagaan. Het is belangrijk om na te gaan of er een 'knik' in het functioneren is. Je kunt verwijzen voor nader onderzoek door een arts.
- *Bewusteloosheid ten tijde van het trauma*
  Bewusteloosheid ten tijde van het trauma kan diverse oorzaken hebben. Vaak staan deze oorzaken in verband met mechanisch geweld (klap op het hoofd, verkeersongeluk) of met metabole oorzaken (tekort aan bloedvoorziening in hersenen of giftige stoffen). Belangrijk is het om vast te stellen of er sprake was van bewusteloosheid of dissociatie ten tijde van het psychotrauma.
  (Langdurige) bewusteloosheid kan invloed hebben op cognitieve functies. Dit kun je nagaan door het goed uit te vragen en te onderzoeken of er een knik in het functioneren heeft plaatsgevonden. Dat is het geval als iemand na deze periode van bewusteloosheid, opvallend slechter is gaan functioneren, verandering in gedrag laat zien, niets meer onthoudt, vaak verdwaalt, zich niet kan concentreren en slechter presteert op taken die hij of zij normaal gesproken gemakkelijk kan uitvoeren. Als dat zo is, is een verwijzing voor nader neurologisch onderzoek aangewezen.

Casus

Mahmoud weet zich van sommige ervaringen niet veel meer te herinneren. Hij is in de gevangenis gemarteld en werd regelmatig geslagen. Hij vertelt dat hij zich niet alles meer herinnert, hij was soms even buiten bewustzijn. De pijn was niet te verdragen. Hij werd dan weer bijgebracht doordat er water op zijn gezicht werd gegooid. Hij herinnert zich een marteling waarbij hij een klap op zijn hoofd kreeg. Hij weet niet meer wat er gebeurd is na die klap, en werd wakker in zijn cel. Hij had overal pijn. Hij heeft geen idee hoe lang de bewusteloosheid geduurd heeft. Hij had veel geheugenklachten kort na de tijd in de gevangenis. Hij heeft echter na zijn vlucht naar Nederland snel de taal geleerd en was lange tijd in staat om te werken, waarbij hij niet al te zeer werd gehinderd door geheugen- of concentratieproblemen. Sinds hij slechter slaapt en meer nachtmerries heeft, zijn de concentratieproblemen weer toegenomen. Mahmoud had in de gevangenis dissociatieve reacties op extreme stress, maar was ook een keer bewusteloos na de klap op zijn hoofd, waarbij hij echt niet meer weet wat er gebeurd is. Zijn amnesie beperkt zich tot de periode van de gevangenis en de trauma's die hij daar heeft meegemaakt. Zijn functioneren nadien gedurende de eerste periode in Nederland was normaal. Letsel wordt daarom minder waarschijnlijk geacht als oorzaak voor de huidige klachten.

- *Neurologische aandoening*
  Er zijn neurologische aandoeningen waarbij iemand symptomen heeft die opgevat kunnen worden als dissociatie, maar een somatische oorzaak hebben, zoals epilepsie, waarbij iemand toevallen heeft die lijken op flauwvallen. In de medische literatuur wordt over het verlies van contact met het hier en nu soms gesproken als een schemertoestand, of voorbijgaande momenten van bewustzijnsverlies. Wegrakingen kunnen wijzen op een syncope, een kortdurende toestand van bewusteloosheid, ten gevolge van bijvoorbeeld een hersenschudding, hartritmestoornis of een bijwerking van medicatie. Psychische stress wordt echter ook genoemd als oorzaak van een syncope. Het is belangrijk om het onderscheid met psychogene dissociatie te maken door in te gaan op het optreden van de toestand van bewusteloosheid, de omstandigheden, aanleidingen (triggers) en de context. Wanneer er andere somatische klachten zijn, of twijfel over de oorzaak, is het raadzaam om de cliënt naar een arts te verwijzen voor nader onderzoek. Beginnende dementie gaat gepaard met geheugenverlies en veranderingen in gedrag. Als het gaat om dissociatieve amnesie is er vooral sprake van geheugenverlies ten aanzien van autobiografische gegevens, maar zijn andere cognitieve functies niet verstoord. Als ook andere cognitieve functies verstoord zijn, is een neuropsychologische screening en een verwijzing voor nader onderzoek aangewezen.

Casus

Maria (65 jaar) is op verzoek van haar zoon door de huisarts aangemeld bij de GGZ. Haar zoon is aanwezig bij het intakegesprek en opvallend is dat hij nagenoeg de hele tijd aan het woord is. Hij vertelt niet alleen wat zijn moeder heeft meegemaakt in de oorlog in Syrië, maar vertelt ook hoe het haar niet lukt om te aarden in Nederland en dat zij in gesprek maar blijft teruggaan naar de schoonheid van haar kindertijd. Hij vertelt dat zij veel vergeet. Deze opvallendheden, maar ook de vlakke gezichtsuitdrukking van Maria, de plukkende handen aan haar rok, en het oogcontact met haar zoon maken dat er bij de intaker vermoedens van een cognitieve stoornis ontstaan. Bij navragen naar de slaap blijkt dat Maria geen inslaapproblemen ervaart, wel doorslaapproblemen waarbij ze niet weet waar zij is. Bij het uitvragen van het dagelijks functioneren blijkt dat het Maria niet lukt om zelfstandig voor zichzelf te zorgen, ze moet eraan herinnerd worden dat ze haar tanden moet poetsen of zichzelf moet wassen of omkleden. Ze weet soms in haar eigen huis dingen niet te vinden. De intaker vraagt aan de zoon of er in de familie bekendheid is met cognitieve stoornissen en de zoon vertelt dat zijn oom, de broer van moeder, lijdt aan dementie en dat ook zijn oma hieraan is overleden.
Na overleg met collega's informeert de intaker Maria en haar zoon dat alvorens verder te gaan in de intakeprocedure, eerst de al dan niet aanwezigheid van een cognitieve stoornis moet worden uitgezocht en dat de intaker de huisarts zal bellen om een verwijzing naar het ziekenhuis aan te vragen.

Voor meer informatie over differentiaaldiagnostiek verwijzen we ook naar de criteria van de diverse andere stoornissen zoals vermeld in de DSM-5 (Black & Grant, 2016).

4.8.3 Simuleren

Het kan zijn dat iemand klachten voorwendt, om uiteenlopende redenen. Het kan zijn dat iemand niet weet hoe hij op een andere manier klachten en problemen onder de aandacht kan brengen, er kan sprake zijn van ernstige persoonlijkheidsproblematiek of iemand heeft een belang bij het voorwenden van klachten om erkenning, of een uitkering, te verkrijgen. Als er aanleiding is om te denken aan malingering, zijn daar instrumenten voor die dat kunnen vaststellen. Zo is er de Structured Inventory of Malingered Symptomatology (SIMS), een vragenlijst bestaande uit 75 items (Merckelbach, 2013; Smith & Burger, 1997). De items zijn divers en omvatten symptomen die voor een niet-geschoolde leek zouden kunnen duiden op een atypische depressie, geheugenproblemen, uitingen van psychose, pseudo-neurologische symptomen en tekenen van mentale retardatie. De SIMS kan gebruikt worden wanneer er sterke argumenten zijn om deze test mee te nemen in het diagnostisch onderzoek, ervan uitgaande dat cliënten eerlijk zijn.

4.9 Comorbiditeit

Differentiaaldiagnostiek en het goed kunnen onderscheiden van verschillende stoornissen, laat onverlet dat de ene stoornis in sommige gevallen wel, maar in andere gevallen niet de andere stoornis uitsluit. De stoornissen komen vaak samen voor, wat comorbiditeit wordt genoemd. In ► H. 3 beschreven we dat er, omdat symptomen vaak samen voorkomen, nu veel transdiagnostisch onderzoek gedaan wordt naar de samenhang van klachten, los van de diagnostische categorieën. Dat is veelbelovend onderzoek. Op dit moment worden de symptomen die passen bij verschillende stoornissen wel apart geclassificeerd. Als je merkt dat je cliënt veel verschillende klachten noemt, kan het zinvol zijn om deze goed uit te vragen. Hierna beschrijven we kort de semigestructureerde interviews waarmee je deze stoornissen kunt classificeren.

■ Symptoomstoornissen

Rodewald et al. (2011) vonden bij mensen met een dissociatieve stoornis, comorbiditeit met meerdere andere stoornissen. De meest voorkomende stoornissen waren: PTSS, angststoornissen, somatoforme stoornissen en eetstoornissen. Andere onderzoeken laten zien dat de volgende stoornissen veel voorkomen bij mensen met dissociatieve klachten of een dissociatieve stoornis: PTSS, een angststoornis, depressieve stoornissen en middelengebruik. Je kunt deze stoornissen vaststellen aan de hand van een semigestructureerd interview.

■ Semigestructureerd Interview voor Symptoomstoornissen (SCID-5-S)

Een gestructureerd klinisch interview, waarmee je DSM-5-stoornissen kunt vaststellen is de SCID-5-S. Met dit gestructureerde interview vraag je alle DSM-5 symptoomstoornissen uit, zo krijg je een totaalbeeld van de aanwezigheid. Belangrijk is dat je niet eenzelfde symptoom mee laat wegen bij twee verschillende symptoomstoornissen.

■ Persoonlijkheidsstoornissen

De comorbiditeit tussen traumagerelateerde stoornissen, dissociatieve stoornissen en persoonlijkheidsstoornissen is steeds meer zichtbaar. Vooral bij vrouwelijke cliënten met vroegkinderlijk trauma en emotionele verwaarlozing in de voorgeschiedenis wordt vaak een borderline persoonlijkheidsstoornis vastgesteld (Swart et al., 2020). Dit kan aan de hand van een semigestructureerd interview, zoals het semigestructureerde interview voor persoonlijkheidsstoornissen volgens DSM-5 (SCID-5-P). Er is tevens een screeningsvragenlijst welke voorafgaand aan het interview gebruikt kan worden. In het interview vraag je alle mogelijke persoonlijkheidsstoornissen uit of alleen degene die positief zijn gescoord op de screeningsvragenlijst.

4.10 Het gezin

Het is belangrijk om te weten of iemand een partner heeft, of kinderen, niet alleen om een heteroanamnese te kunnen afnemen. Je wilt nagaan hoe het met hen gaat, of de partner steunend is of zelf problemen heeft en mogelijk behoefte heeft aan uitleg of de wens om betrokken te worden bij de behandeling. Naasten kunnen overbelast raken of zelf psychische klachten ontwikkelen. Als er jonge kinderen in het gezin zijn, is het noodzakelijk om na te gaan of er reden tot zorg is om de kinderen. Voor kinderen is het niet goed te begrijpen als hun ouder wisselend reageert of dissocieert. Dit kan hun ontwikkeling beïnvloeden en zij kunnen zelf psychische klachten ontwikkelen.

Als er aanleiding toe is, is een gezinstaxatie aan te bevelen. Een gezinstaxatie kan deel uitmaken van een algemeen onderzoek of intakeprocedure. Met het gezin, de levenspartner en eventueel aanwezige kinderen, kun je niet alleen in gesprek gaan over de cliënt en diens klachten, maar juist ook over de effecten van deze klachten op het gezin. Waar nodig kan ondersteuning voor het gezin of de naasten worden geboden.

Voor meer informatie:

Savenije, A., van Lawick, M.J., & Reijmers, E.T.M. (2014) Handboek Systeemtherapie. Uitgeverij De Tijdstroom.

Kindcheck: De kindcheck is verplicht in de GGZ en onderdeel van de Meldcode Huiselijk Geweld en Kindermishandeling.
▶ www.meldcode.nu

Infant Mental Health (IMH)-therapie kan nodig zijn wanneer de ouder-kind-relatie dermate aandacht behoeft. ▶ www.imhnederland.nl

KOPP-groepen, voor Kinderen van Ouders met Psychische Problemen, zijn ook in te zetten ter ondersteuning. ▶ www.trimbos.nl

Literatuur

Abraham, R. E. (1999). *Het ontwikkelingsprofiel*. Van Gorcum.

Abraham, R. E. (2005). *Het ontwikkelingsprofiel in de praktijk*. Van Gorcum.

Al-Dajani, N., Gralnick, T. M., & Bagby, R. M. (2018). Correction to: A psychometric review of the personality inventory for DSM-5 (PID-5): Current status and future directions. *Journal of Personality Assessment, 100*(4), 448.

Andreasen, N. C., Flaum, M. C., & Arndt, S. (1992). The Comprehensive Assessment of Symptoms and History (CASH): An instrument for assessing diagnosis and psychopathology. *Archives of General Psychiatry, 49*(8), 615–623.

American Psychiatric Association (2013). *Diagnostic and statistical manual of mental disorders* (5th ed.). Author.

Barelds, D. P. H., & Luteijn, F. (2015). *Nederlandse Klinische Persoonlijkheidsvragenlijst (NKPV): Handleiding*. Boom Test Uitgevers.

Bernstein, E. M., & Putnam, F. W. (1986). Development, reliability, and validity of a dissociation scale. *Journal of Nervous and Mental Disease, 174*(12), 727–735.

Bernstein, D. P., Stein, J. A., Newcomb, M. D., Walker, E., Pogge, D., Ahluvalia, T., Strokes, H., Handelsman, M., Medrano, M., Desmond, D., & Zule, W. (2003). Development and validation of a brief screening version of the Childhood Trauma Questionnaire. *Child Abuse and Neglect, 27*(2), 169–190.

Black, D., & Grant, J. (2016). *DSM-5 praktijkboek; eenvoudige toepassingen in de klinische praktijk*. Boom uitgevers.

Blevins, C. A., Weathers, F. W., Davis, M. T., Witte, T. K., & Domino, J. L. (2015). The Posttraumatic Stress Disorder Checklist for DSM-5 (PCL-5): Development and initial psychometric evaluation. *Journal of Traumatic Stress, 28*, 489–498.

Boeschoten, M. A., Van der Aa, N., Bakker, A., Ter Heide, F. J. J., Hoofwijk, M. C., Jongedijk, R. A., Van Minnen, A., Elzinga, B. M., & Olff, M. (2018). Development and evaluation of the Dutch Clinician-Administered PTSD Scale for DSM-5 (CAPS-5). *European Journal of Psychotraumatology, 9*, 546085.

Buysse, D. J., Reynolds, C. F., Monk, T. H., Berman, S. R., & Kupfer, D. J. (1989). The Pittsburgh sleep quality index: A new instrument for psychiatric practice and research. *Psychiatry Research, 28*(2), 193–213.

Carlson, E. B., & Putnam, F. (1993). An update on the dissociative experience scale. *Dissociation, 6*(1), 16–27.

Cloitre, M., Shevlin, M., Brewin, C. R., Bisson, J. I., Roberts, N. P., Maercker, A., & Karatzias, T. (2018). The International Trauma Questionnaire: development of a self- 15 report measure of ICD-11 PTSD and complex PTSD. *Acta Psychiatrica Scandinavica, 138*, 536–546.

De Mey, H. R. A., Hellenbosch, G., Derksen, J. J. L., & Sloore, H. (2015). *MMPI-2 handleiding voor afname en scoring*. Pen Tests Publisher.

De Ridder, D. T. D. & Van Heck, G. L. (2004). *Handleiding coping inventory for stressful situations*. Swets Test Publishers.

Deiter, P. J., Nicholls, S. S., & Pearlman, L. A. (2000). Self-injury and self capacities: Assisting an individual in crisis. *Journal of Clinical Psychology, 56*(9), 1173–1191.

Dorahy, M. J., Shannon, C., Seagar, L., Corr, M., Stewart, K., Hanna, D., Mulholland, C., & Middleton, W. W. (2009). Auditory hallucinations in dissociative identity disorder and schizophrenia with and without a childhood trauma history: Similarities and differences. *Journal of Nervous and Mental Disease, 197*(12), 892–898.

Eidhof, M., Ter Heide, F. J. J., Boeschoten, M. A., & Olff, M. (2018). *International Trauma Questionnaire: Zelfrapportagevragenlijst voor ICD-11 PTSS en CPTSS. Nederlandstalige versie*. Uitgave ARQ Nationaal Psychotrauma Centrum, Diemen.

Eidhof, M. B., Ter Heide, J. J., Van Der Aa, N., Schreckenbach, M., Schmidt, U., Brand, B. L., Lanius, R. A., Loewenstein, R. J., Spiegel, D., & Vermetten, E. (2019). The Dissociative Subtype of PTSD Interview (DSPI): Development and Psychometric Properties. *Journal of Trauma & Dissociation, 20*(5), 564–581.

Elliot, A. J., & Thrash, T. M. (2002). Approach-avoidance motivation in personality: Approach and avoidance temperaments and goals. *Journal of Personality and Social Psychology, 82*(5), 804–818.

Engelhard, I. M., Arntz, A., & Van Den Hout, M. A. (2007). Low specificity of symptoms on the posttraumatic stress disorder (PTSD) symptom scale: A comparison of individuals with PTSD, individuals with other anxiety disorders and individuals without psychopathology. *British Journal of Clinical Psychology, 46*(4), 449–456.

Eurelings, E. H. M., & Snellen, W. M. (2016). *Dynamische Persoonlijkheidsdiagnostiek*. Pearson Benelux B.V.

First, M. B. (2014). *DSM-5: differentiële diagnostiek*. Boom uitgevers.

Folkman, S., & Moskowitz, J. T. (2004). Coping: Pitfalls and promise. *Annual Review of Psychology, 55*, 745–774.

Folkman, S., Lazarus, R. S., Gruen, R. J., & DeLongis, A. (1986). Appraisal, coping, health status, and psychological symptoms. *Journal of Personality and Social Psychology, 50*(3), 571–579.

Fraley, R. C., Waller, N. G., & Brennan, K. A. (2000). An item-response theory analysis of self-report measures of adult attachment. *Journal of Personality and Social Psychology, 78*, 350–365.

Franck, E., De Raedt, R., Barbez, C., & Rosseel, Y. (2008). Psychometric properties of the Dutch Rosenberg Self-Esteem scale. *Psychologica Belgica, 48*(1), 25–35.

George, C., Kaplan, N., & Main, M. (1996). *Adult attachment interview* (3rd ed.). Unpublished manuscript, University of California at Berkeley.

Gold, L. H. (2014). DSM-5 and the assessment of functioning: The World Health Organization Disability Assessment Schedule 2.0 (WHODAS 2.0). *Journal of the American Academy of Psychiatry and the Law, 42*(2), 173–181.

Gray, M. J., Litz, B. T., Hsu, J. L., & Lombardo, T. W. (2004). Psychometric properties of the life events checklist. *Assessment, 11*(4), 330–341.

Guetta, R. E., Wilcox, E. S., Stoop, T. B., Maniates, H., Ryabchenk, K. A., Miller, M. W., & Wolf, E. J. (2019). Psychometric properties of the dissociative subtype of PTSD sclae: Replication and extension in a clinical sample of trauma-exposed veterans. *Behavioral Therapy, 50*(5), 952–966.

Hagenaars, M. A., Van Minnen, A., & Hoogduin, K. A. L. (2010). The impact of dissociation and depression on the efficacy of prolonged exposure treatment for PTSD. *Behavioural Research and Therapy, 48*(1), 19–27.

Horowitz, L. M., Alden, L. E., Wiggins, J. S., & Pincus, A. L. (2000). *Inventory of interpersonal problems manual*. The Psychological Corporation.

Huang, Y. L., Fonagy, P., Feigenbaum, J., Montaguec, P. R., & Noltec, T. (2020). Multidirectional pathways between attachment, mentalizing, and posttraumatic stress symptomatology in the context of childhood trauma. *Psychopathology, 53*, 48–58.

Hutsebaut, J., Kamphuis, J. H., Feenstra, D. J., Weekers, L., & De Saeger, H. (2016). Assessing DSM-5-Oriented Level of Personality Functioning: Development and Psychometric Evaluation of the SemiStructured Interview for Personality Functioning DSM–5 (STiP-5.1). *Personality Disorders: Theory, Research and Treatment, 7*(2), 192–197.

Hyland, P., Shevlin, M., Brewin, C. R., Cloitre, M., Downes, A. J., Jumbe, S., & Roberts, N. P. (2017). Validation of posttraumatic stress disorder (PTSD) and complex PTSD using the International Trauma Questionnaire. *Acta Psychiatrica Scandinavica, 136*, 313–322.

Kay, S. R., Fiszbein, A., & Opler, L. A. (1987). The positive and negative syndrome scale (PANSS) for schizophrenia. *Schizophrenia Bulletin, 13*, 261–276.

Kernberg, O. (1984). *Severe personality disorders; psychotherapeutic strategies*. Yale University Press.

Lancel, M., Van Veen, M., & Kamphuis, J. (Red.) (2020). *Slaapstoornissen in de psychiatrie; diagnose en behandeling*. Bohn Stafleu van Loghum.

Lazarus, R. S. (2010). Toward better research on stress and coping. *American Psychologist, 55*(6), 665–673.

Lewis-Fernandez, R., Aggarwal, N. K., Baarnhielm, S., Rohlof, H., Kirmayer, L. J., Weiss, M. G., Jadhav, S., Hinton, L., Alarcon, R. D., Bhugra, D., Groen, S., Van Dijk, R., Qureshi, A., Collazos, F., Roussaeu, C., Caballero, L., Ramos, M., & Lu, F. (2014). Culture and Psychiatric Evaluation: Operationalizing Cultural Formulation for DSM-5. *Psychiatry, 77*(2), 130–154.

Littleton, H., Horsley, S., John, S., & Nelson, D. V. (2007). Trauma coping strategies and psychological distress: A meta-analysis. *Journal of Traumatic Stress, 20*(7), 977–988.

Lobbestael J. (2008). Validatie van de Schema Mode Inventory (SMI). In M. van Vreeswijk, J. Broersen, M. Nadort (Eds.), *Handboek schematherapie*. Bohn Stafleu van Loghum.

Merckelbach, H. (2013). De Structured Inventory of Malingered Symptomatology (SIMS): Een update. *Tijdschrift Voor Neuropsychologie, 3*, 170–178.

Moos, R. H., & Schaefer, J. A. (1993). *Coping resources and processes: Current concepts and measures*. In L. Goldberger & S. Breznitz (Eds.), *Handbook of stress: Theoretical and clinical aspects* (p. 234–257).

Nijenhuis, E. R. S. (1999). *Somatoform dissociation: Phenomena, measurement, and theoretical issues*. Proefschrift. Vrije Universiteit.

Pilton, M., Varese, F., Berry, K., & Bucci, S. (2015). The relationship between dissociation and voices: A systematic literature review and meta-analysis. *Clinical Psychology Review, 40*, 138–155.

Renard, S. B., Huntjens, R. J. C., Lysaker, P. H., Moskowitz, A., Aleman, A., & Pijnenborg, G. H. M. (2016). Unique and overlapping symptoms in Schizophrenia spectrum and dissociative disorders in relation to models of psychopathology; A systematic review. *Schizophrenia Bulletin, 43*, 108–121.

Rijkeboer, M. M. (2005). Stability and discriminative power of the Young Schema-Questionnaire in a Dutch clinical versus non-clinical population. *Journal of Behavior Therapy and Experimental Psychiatry, 36*, 129–144.

Rijkeboer, M. M., & Van den Bergh, H. (2006). Multiple group confirmatory factor analysis of the Young Schema Questionnaire in a Dutch clinical versus non-clinical population. *Cognitive Therapy and Research, 30*, 263–278.

Rodewald, F., Wilhelm-Gossling, C., Emrich, H. M., Reddeman, L., & Gast, U. (2011). Axis-I Comorbidity in Female Patients With Dissociative Identity Disorder and Dissociative Identity Disorder Not Otherwise Specified. *The Journal of Nervous and Mental Disease. 199*(2): 122–131.

Rosenberg, M. (1979). *Conceiving the self*. Basic Books.

Ross, C. A., Heber, S., Norton, G. R., Anderson, D., Anderson, G., & Barchet, P. (1989). The dissociative disorders interview schedule: A structured interview. *Dissociation, 2*(3), 169–189.

Savenije, A., Van Lawick, M. J., & Reijmers, E. T. M. (2014) *Handboek systeemtherapie*. Uitgeverij De Tijdstroom.

Schippers, G. M., Broekman, T. G, & Buchholz, A. (2011). *MATE 2.1. Handleiding en protocol*. Nederlandse bewerking: Schippers, G.M., & Broekman, T.G. Beta boeken.

Sibley, C. G., & Liu, J. H. (2004). Short-term temporal stability and factor structure of the revised experiences in close relationships (ECR-R) measure of adult attachment. *Personality and Individual Differences, 36*, 969–975.

Skinner, E. A., Edge, K., Altman, J., & Sherwood, H. (2003). Searching for the structure of coping: A review and critique of category systems for classifying ways of coping. *Psychological Bulletin, 129*(2), 216–269.

Smith, G. P., & Burger, G. K. (1997). Detection of malingering: Validation of the Structured Inventory of Malingered Symptomatology (SIMS). *Journal of the American Academy on Psychiatry and Law, 25*, 180–183.

Snow-Turek, A. L., Norris, M. P., & Tan, G. (1996). Active and passive coping strategies in chronic pain patients. *Pain, 64*(3), 455–462.

Spiegel, D., Lewis-Fernández, R., Lanius, R., Vermetten, E., Simeon, D., & Friedman, M. (2013). Dissociative disorders in DSM-5. *Annual Reviews Clinical Psychology, 9*, 299–326.

Spierings, J. (2009). Stabilisatie – een gestructureerd programma voor taxatie en interventie. In E. ten Broeke, A. de Jongh & H. Oppenheim (Red.), *Praktijkboek EMDR, casusconceptualisatie en specifieke cliëntengroepen*. Harcourt Book Publishers.

Steinberg, M. (1994). *Interviewer's guide to the structured clinical interview for DSM-IV dissociative disorders Revised (SCID-D-R)*.

Steinberg, M., Cicchetti, D., Buchanan, J., & Hall, P. (1993). Clinical assessment of dissociative symptoms and disorders: The structured clinical interview for DSM-IV Dissociative Disorders (SCID-D). *Dissociation: Progress in the Dissociative Disorders, 6*(1), 3–5.

Sterk, F., & Rijkeboer, M. M. (1997). *Schema-Vragenlijst*. Ambulatorium Universiteit Utrecht.

Stiglmayr, C., Schimke, P., Wagner, T., & Braakman, D. (2010). Development and psychometric characteristics of the dissociation tension scale. *Journal of Personality Assessment, 92*(3), 269–277.

Swart, S., Wildschut, M., Draijer, N., Langeland, W., Hoogendoorn, A. W., & Smit, J. H. (2020). The course of (comorbid) trauma-related, dissociative and personality disorders; two year follow up of the Friesland study cohort. *European Journal of Psychotraumatology, 11*(1), 1750171.

Ten Broeke, E., De Jongh, A., & Oppenheim, H. J. (2008). *Praktijkboek EMDR*. Pearson Education.

Thombs, B. D., Bernstein, D. P., Lobbestael, J., & Arntz, A. (2009). A validation study of the Dutch childhood trauma questionnaire-short form: Factor structure, reliability, and known-groups validity. *Child Abuse & Neglect, 33*(8), 518–523.

Tiet, Q. Q., Rosen, C., Cavella, S., Moos, R. H., Finney, J. W., & Yesevage, J. (2006). Coping, symptoms, and functioning outcomes of patients with posttraumatic stress disorder. *Journal of Traumatic Stress, 19*(6), 799–811.

Van den Berg, D. P., De Bont, P. A., Van der Vleugel, B. M., De Roos, C., De Jongh, A., Van Minnen, A., & Van der Gaag, M. (2015). Trauma-focused treatment in PTSD patient with psychosis: symptom exacerbation, adverse events, and revictimization. *Schizophrenia Bulletin, 42*, 693–702.

Van der Heijden, P. T., Egger, J. I. M., & Derksen, J. J. L. (2008). Psychometric evaluation of the MMPI-2 restructured clinical scales in two Dutch samples. *Journal of Personality Assessment, 90*, 456–464.

Van der Heijden, P., Ingenhoven, T., Berghuis, H., & Rossi, G. (2014). *Nederlandstalige bewerking van The Personality Inventory for DSM-5 ® (PID-5) — Adult, 2011*. Uitgeverij Boom.

Van IJzendoorn, M. H., Bakermans-Kranenburg, M. J., Busschbach, A., Lambermom, M. W. W., Rijsoort, S. N., De Ruiter, C., De Wolff, M. S., Zwart-Woudstra, H. A., & Zwinkels, M. T. (1991). *Het gehechtheids biografisch interview*. Rijksuniversiteit Leiden, Vakgroep Algemene Pedagogiek, Centrum voor Gezinsstudies.

Vanheule, S., Desmet, M., & Rosseel, Y. (2006). The factorial structure of the Dutch translation of the inventory of interpersonal problems: A test of the long and short versions. *Psychological Assessment, 18*(1), 112–117.

Wallin, D. J. (2020). *Gehechtheid in psychotherapie*. Uitgeverij Nieuwezijds.

Weathers, F. W., Blake, D. D., Schnurr, P. P., Kaloupek, D. G., Marx, B. P., & Keane, T. M. (2013). *The clinician administered PTSD scale for DSM-5 (CAPS-5)*. Interview available from the National Center for PTSD at ▶ www.ptsd.va.gov, 6.

Westen, D., Nakash, O., Thomas, C., & Bradley, R. (2006). Clinical assessment of attachment patterns and personality disorder in adolescents and adults. *Journal of Consulting and Clinical Psychology, 74*(6), 1065–1085.

WHO Assist working group. (2002). The Alcohol, Smoking and Substance Involvement Screening Test (ASSIST): development, reliability and feasibility. *Addiction, 97*(9), 1083–1094.

Wolf, E. J., Mitchell, K. S., Sadeh, N., Hein, C., Fuhrman, I., Pietrzak, R. H., & Miller, M. W. (2017). The Dissociative Subtype of PTSD Scale: Initial evaluation in a national sample of trauma-exposed veterans. *Assessment, 24*(4), 503–516.

Young, J. E., Klosko, J. S., & Weishaar, M. E. (2005). *Schemagerichte therapie. Handboek voor therapeuten*. Bohn Stafleu van Loghum.

Young, J., Arntz, A., Atkinson, T., Lobbestael, J., Weishaar, M., Van Vreeswijk, M. F., & Klokman, J. (2007). *Schema Mode Inventory (SMI version 1)*. Schema Therapy Institute.

Zoet, H. A., Wagenmans, A., Van Minnen, A., & De Jongh, A. (2018). Presence of the dissociative subtype of PTSD does not moderate the outcome of intensive trauma focused treatment for PTSD. *European Journal of Psychotraumatology, 9*(1), 1468707.

Geraadpleegde literatuur

Brewin, C. R., Rose, S., Andrews, B., Green, J., Tata, P., McEvedy, C., Turner, S., & Foa, E. B. (2002). Brief screening instrument for post-traumatic stress disorder. *The British Journal of Psychiatry, 181*, 158–162.

Schreurs, P. J. G., & Van de Willige, G. (1988). *Omgaan met problemen en gebeurtenissen: de Utrechtse Copinglijst (UCL)*. Swets & Zeitlinger.

Young, J. E., & Brown, G. (1994). Young Schema Questionnaire (2nd ed.). In J. E. Young (Eds.), *Cognitive therapy for personality disorders: A schema-focused approach* (pp. 63–76). Professional Resource Press.

Van diagnostiek naar indicatiestelling

Samenvatting
Als je weet welke klachten de cliënt heeft, hoe dissociatie kan worden geclassificeerd, en je hebt de klachten en problemen met diagnostische instrumenten goed onderzocht, kun je met alle informatie tot een goed behandeladvies komen. Je bespreekt eerst je bevindingen met je cliënt en legt uit welke vormen van behandeling er zijn voor de problemen waar je cliënt mee worstelt. Je vertelt over de onderbouwing van de behandeling, die is gebaseerd op wetenschappelijk onderzoek. Je kunt je in je advies laten leiden door de richtlijnen en zorgstandaarden die zijn ontwikkeld. Uiteindelijk besluit je samen met de cliënt welke behandeling hij gaat volgen.

De la Rie en Snip-van Wageningen, *Trauma en dissociatie*,
https://doi.org/10.1007/978-90-368-2711-9_5

5.1 Inleiding

In ▶ H. 4 is de diagnostiek besproken van het eerste gesprek, de anamnese en biografie tot en met de afname van vragenlijsten en interviews om relevante domeinen uit te vragen bij complex trauma. Een kort onderzoek volstaat als er sprake is van weinig comorbiditeit, een redelijke mate van functioneren, en geen eerdere behandelervaringen, maar in geval van complex trauma is aanvullend onderzoek wenselijk. De tijdsinvestering loont de moeite, omdat je dan meer informatie hebt om een weloverwogen keuze voor je behandeling te maken. De duur van het onderzoek kan wisselen van gemiddeld acht uur voor een kort onderzoek met twee tot drie gesprekken en de afname van vragenlijst of interview tot een uitgebreid onderzoek van gemiddeld twintig uur dat meerdere dagen in beslag neemt.

We beschrijven in dit hoofdstuk wat er bekend is over de invloed van dissociatie op traumabehandeling, en welke overwegingen er zijn om te komen tot een goede keuze voor een behandeling en bespreken hoe je de informatie van het diagnostisch onderzoek kunt benutten om te komen tot een goed advies.

We maken nader kennis met Janneke, een 43-jarige vrouw uit Weert met traumatische voorgeschiedenis in haar jeugd, Pieter, een 59-jarige brandweerman, Mahmoud, een 45-jarige vluchteling uit Iran en Grace, een 26-jarige vrouw uit West-Afrika die slachtoffer was van mensenhandel.

5.2 Overwegingen voor een behandeladvies

De keuze van de behandeling is ingegeven door verschillende overwegingen die je alle meeweegt in het advies. De kennis van de laatste wetenschappelijke ontwikkelingen over diagnostiek en behandeling is belangrijk, de weging van de informatie uit je onderzoek op basis van je kennis en kunde, de haalbaarheid van de behandeling en de voorkeuren van je cliënt. Als er sprake is van traumagerelateerde klachten, is als eerste de behandeling van deze klachten van belang. Je kunt nagaan welke traumaverwerkingstechniek je denkt dat het meest passend is voor je cliënt (Stöfsel, 2020). Het gaat erom gezamenlijk tot een besluit te komen op basis van de beschikbare gegevens. Het is eveneens van belang mee te wegen welke uitkomst(maat) bepalend is of de behandeling geslaagd is; een afname van klachten of eveneens een verbetering van het (inter)persoonlijk functioneren. Doorgaans is dat laatste het geval. Dan is het nodig om in te schatten of het verminderen van traumagerelateerde klachten een voldoende verbetering in het (inter) persoonlijk functioneren met zich mee zal brengen.

5.2.1 De invloed van traumagerelateerde dissociatie op behandeling

Het is van belang om bij de indicatiestelling stil te staan bij de te verwachten effecten van een behandeling. Het blijkt uit onderzoek dat dissociatieve klachten niet in de weg staan van het welslagen van een traumabehandeling (Hagenaars et al., 2010). Hagenaars et al. onderzochten het effect van dissociatie en depressieklachten op de behandeleffectiviteit van Prolonged Exposure (PE) bij PTSS, waarbij de resultaten lieten zien dat ook bij een hoge score op dissociatieve en depressieve klachten het angstnetwerk geactiveerd kan worden en dat mensen met dissociatieve klachten goed kunnen profiteren van PE. Een andere studie naar intensieve traumabehandeling bij cliënten met PTSS met en zonder het dissociatieve subtype laat zien dat de uitkomsten van de behandeling van PTSS met het dissociatieve subtype niet slechter is dan van PTSS zonder dissociatieve subtype (Zoet et al., 2018). Wolf et al. (2015) onderzochten of er verschillen zijn in effectiviteit van PE tussen mensen met PTSS en mensen met PTSS en het dissociatieve subtype. Er werd een klein verschil in klachtenafname op de PTSS-score gevonden, maar voor beide groepen was de behandeling effectief te noemen.

Naast dat onderzoeken aantonen dat cliënten met traumagerelateerde dissociatie net zo goed kunnen profiteren van een traumabehandeling, zijn er ook onderzoeken die laten zien dat het effect van traumabehandeling wel verschilt tussen mensen met en zonder dissociatie.

Price (2014) vond dat dissociatie aan het begin van de behandeling een voorspeller was voor een minder goede behandeluitkomst. Bae et al. (2016) deden onderzoek onder 69 cliënten en boden hen vier EMDR-sessies aan. Zij zagen een groep die profiteerde van de behandeling (meer dan 30 % klachtenvermindering) en een groep die minder profiteerde van de behandeling (minder dan 30 % klachtenvermindering). In deze laatstgenoemde groep vonden zij tevens hoge scores van dissociatieve klachten (gemeten met de DES), wat erop wijst dat cliënten met dissociatie in deze studie minder profiteerden van de eerste vier sessies van een traumabehandeling. Er is dus een aantal studies die erop wijzen dat bij een hoge score op dissociatie en een hoge score op PTSS meer tijd nodig kan zijn om te verbeteren of dat de klachtenvermindering minder sterk is bij cliënten met dissociatie (Bae et al., 2016; Price, 2014; 2012; Jespen et al., 2014).

Lynch et al. (2008) en Boyd et al. (2018) zagen in hun studies dat dissociatie verband hield met een hogere symptoomscore in psychopathologie, maar in de studie van Lynch et al., (2008) bleek dat een vermindering van de dissociatieve klachten gedurende de behandeling hand in hand ging met een vermindering in PTSS-klachten, depressieve klachten, suïcidale ideaties en zelfbeschadigend gedrag. Brand en Stadnik (2013) zagen eveneens bij cliënten met een dissociatieve stoornis een afname van dissociatieve klachten en tegelijkertijd ook een afname van de posttraumatische stressklachten en algehele psychopathologie.

Er zijn ook onderzoeken naar de behandeling van cliënten met complexe PTSS bij wie dissociatie veel voorkomt. In een onderzoek naar slachtoffers van vroegkinderlijk seksueel misbruik werd gevonden dat ernstige dissociatie in combinatie met problemen in interpersoonlijk functioneren de uitkomst van een traumabehandeling negatief beïnvloeden, ernstige dissociatie op zichzelf doet dat niet (Jepsen et al., 2013). Ander onderzoek naar de effectiviteit van behandeling bij cliënten met complexe PTSS laat zien dat er goede behandeluitkomsten kunnen zijn (Van Toorenburg et al., 2020). Cliënten met PTSS en ernstige emotieregulatieproblemen reageerden even goed op een klinisch behandelprogramma voor PTSS, er waren geen verschillen tussen mensen met en zonder emotieregulatieproblemen. De Jongh et al. (2020) onderzochten dat cliënten die symptomen hebben die duiden op een borderline persoonlijkheidsstoornis, klinisch goed behandeld kunnen worden voor PTSS. 32,9 % had na de behandeling geen verhoogde symptomen meer die zouden kunnen duiden op een borderline persoonlijkheidsstoornis. En ten slotte zagen Voorendonk et al. (2020) onder een groep van 308 cliënten die een korte intensieve klinische traumabehandeling volgden, dat de cliënten met complexe PTSS weliswaar hoge symptoomscores hadden bij aanvang, maar net zo goed profiteerden van de behandeling.

Op basis van de verschillende studies die er gedaan zijn, zie je enerzijds een aantal studies die laten zien dat cliënten met dissociatieve klachten minder goed of minder snel profiteren van behandeling, maar anderzijds een toenemend aantal studies die juist laten zien dat cliënten met dissociatieve klachten goed kunnen profiteren van een traumabehandeling. Als sprake is van trauma en dissociatie is het daarom aan te bevelen om bij de keuze van de behandeling de richtlijnen te volgen waarin behandelingen van eerste voorkeur, gebaseerd op wetenschappelijk onderzoek, worden aanbevolen, zoals beschreven in de Zorgstandaard Psychotrauma en stressgerelateerde stoornissen, en de Zorgstandaard Dissociatieve Stoornissen.

Zorgstandaarden en generieke modules

Er zijn landelijke zorgstandaarden ontwikkeld die de laatste stand van zaken samenvatten rondom een bepaalde stoornis. Voor traumagerelateerde stoornissen en dissociatieve stoornissen zijn er twee belangrijke zorgstandaarden:

- Zorgstandaard Psychotrauma en stressgerelateerde stoornissen
- Zorgstandaard Dissociatieve Stoornissen

Er zijn eveneens generieke modules ontwikkeld die een thema behandelen dat een specifieke stoornis overstijgt. Zo zijn er bijvoorbeeld de modules comorbiditeit, diversiteit, zorg voor ouders met psychische of verslavingsproblematiek en hun kinderen (KOPP/KOV)

Voor meer informatie raadpleeg: ► www.ggzstandaarden.nl

5.2.2 Besluitvorming over de behandeling

Op basis van je gesprekken, de classificatie van de klachten, de inschatting van de draagkracht en het onderzoek met semigestructureerde interviews en vragenlijsten, zet je alles op een rij en vat je de belangrijkste bevindingen samen. Als je alles op een rij gezet hebt, kun je kijken hoe alle gegevens met elkaar samenhangen en wat dat betekent voor de behandeling.

Beschrijvende diagnose

» De beschrijvende diagnose bevat een nauwkeurige klinische voorgeschiedenis en een bondige samenvatting van de sociale, psychologische en biologische factoren die kunnen hebben bijgedragen aan het ontstaan van een bepaalde psychische stoornis. Om een psychische stoornis te kunnen diagnosticeren is het dan ook niet voldoende om alleen te controleren of de symptomen uit de classificatiecriteria aanwezig zijn.
Bron: Hengeveld et al. (2019)

De bevindingen van de intake en het diagnostisch onderzoek kunnen richting geven aan welke behandeling je biedt, maar ook hoe je die therapie aanbiedt. Er wordt aanbevolen om als het gaat om trauma en stressorgerelateerde stoornissen, waar mogelijk zo snel mogelijk te starten met de traumabehandeling. De manier waarop je deze behandeling aanbiedt, kan wel verschillen.

Als je een individuele traumabehandeling overweegt, kun je letten op het volgende. Iemand met een stevige basis die weliswaar veel heeft meegemaakt, maar in zijn jeugd opgegroeid is in een veilige omgeving en zich gesteund voelt door anderen, zal eerder in het diepe springen en trauma's kunnen verwerken met imaginaire exposure, BEPP, NET of EMDR dan iemand met een belaste voorgeschiedenis (vroege trauma's), onveilige hechting, weinig emotieregulatievaardigheden, en meer dissociatie. Zo iemand kan, als hij een gestructureerde behandeling volgt waarin de therapeut actief en coachend is en hij handvatten aangereikt krijgt om met dissociatie om te kunnen gaan, net zo goed baat hebben bij de traumabehandeling. Aanbieden van non-verbale therapie, in het bijzonder lichaamsgerichte therapie of ondersteunende begeleiding parallel aan deze therapie kan dan aangewezen zijn.

In geval van ernstige klachten, beperkte draagkracht, een beperkt steunsysteem of veel actuele stressoren kan een dagklinische setting te overwegen zijn, waarbij je de cliënt meer volgt en hij steun ervaart van lotgenoten. Of in ieder geval een multidisciplinaire of multimodale behandeling waarbij er ook de mogelijkheid is tot lichaamsgerichte therapie of ondersteunende begeleiding. Als actuele stressoren bijvoorbeeld interfereren met een traumatherapie, is het belangrijk dat de traumatherapeut zich kan concentreren op de traumabehandeling en andere teamleden van het multidisciplinaire team zich kunnen richten op de andere klachten en probleemgebieden.

Als het gaat om iemand met zeer ernstige klachten, een beperkte draagkracht en ernstige beperkingen in het (persoonlijkheids)functioneren kan een geïntegreerde behandeling voor trauma en persoonlijkheid worden overwogen.

Naarmate de lijdensdruk hoger is, of iemand heeft al eerder een niet geslaagde traumabehandeling gehad, kan ook een hogere intensiteit, dat wil zeggen meerdere malen per week ambulante traumatherapie of een kortdurende klinische opname met een hoogintensieve traumatherapie worden overwogen, waarbij een regiebehandelaar voor en na de behandeling voldoende holding biedt.

Het is belangrijk om de cliënt te betrekken in de besluitvorming. Je kunt je cliënt de diagnose uitleggen en voorlichten over de mogelijkheden van behandeling en waar dat op is gebaseerd. Dan is het vooral een gezamenlijke afweging en keuze, van behandelaar en cliënt, welke behandeling iemand zal gaan volgen.

5.3 Indicatiestelling bij trauma en dissociatie

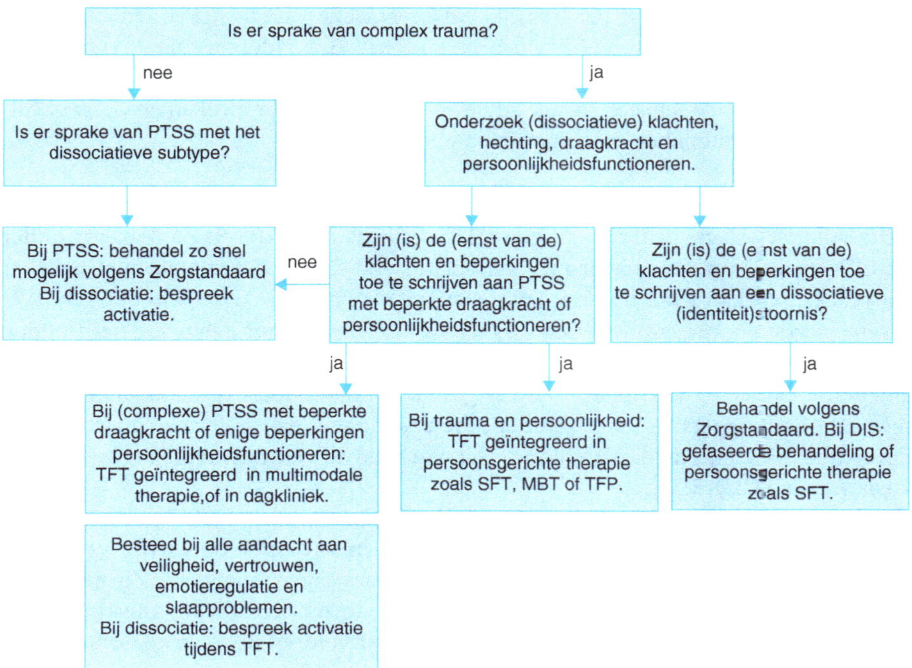

Figuur 5.1 Beslisboom voor traumabehandeling en dissociatie

We bespreken aan de hand van vier cliënten hoe je tot een behandeladvies kunt komen. In ◘ fig. 5.1 zie je hoe je tot een goede keuze voor een behandeling kunt komen.

5.3.1 Janneke

Janneke voelt een grote drempel als zij zich aanmeldt voor behandeling. Zij is angstig en vermijdt het liefst om te praten. Zij vertelt tijdens het diagnostisch proces na enige aarzelingen toch veel over haar klachten, haar voorgeschiedenis en haar hulpvraag. In de eerste twee gesprekken vertelt ze over angstklachten, nachtmerries, haar somberheid en neiging tot piekeren, maar ook over hoe ze soms ineens het contact met het hier en nu kwijt is. Ze neemt nu altijd haar telefoon mee, zodat haar dochter haar kan bellen. Het blijkt dat haar angsten zijn ontstaan nadat haar dochter zelfstandiger werd, waarna ook de herinneringen aan vroeger terugkeren in haar nachtmerries. Ze benadrukt dat ze liever niet wil dat haar dochter wordt uitgenodigd voor een gesprek tijdens het diagnostisch onderzoek, omdat ze haar niet nog meer wil belasten. Zij vertelt hoe ze contact vermijdt, telefoon niet beantwoordt, en in winkels zich onzichtbaar probeert te maken. Ze gaat ook niet meer naar verjaardagen van haar broer met wie ze af en toe nog contact heeft. Ze is bang iets verkeerd te doen en vooral erg angstig voor kritiek of het oordeel van anderen. Ze vindt het moeilijk om te praten over haar jeugd, ze kan dan alleen maar huilen. Vanwege de trauma's in de jeugd en later in haar leven, de ernst van de klachten en de mate van beperking in haar functioneren, waarbij zij niet meer in staat is te werken, wordt een uitgebreid onderzoek voorgesteld. Om de traumagerelateerde klachten en mogelijke comorbide depressie goed vast te stellen is vervolgens de LEC, de CAPS-5 en de SCID-5 afgenomen. Dissociatieve klachten zijn verder uitgevraagd met de SCID-D-R. Zij vult de NKPV in om haar persoonlijkheidsorganisatie vast te stellen, en een screeningslijst voor cluster-C-persoonlijkheidsproblematiek. Het onderzoek na de eerste twee gesprekken duurde twee dagdelen en was verspreid over twee weken. De samenvatting van de bevindingen, conclusies en het advies is met Janneke besproken en de verschillende vormen van traumabehandeling zijn aan haar uitgelegd.

▪ Samenvatting en conclusies

Janneke voldoet aan de criteria van een PTSS volgens de CAPS-5. Ze reageert onder stress of in reactie op een trigger met dissociatie, waarbij zij het contact met het hier en nu verliest, en kan gaan dwalen. Dissociatieve klachten die tijdens het SCID-D-R-interview worden bevestigd betreffen dissociatieve amnesie voor delen van het trauma, en op momenten waarop zij gaat dwalen, maar geen depersonalisatie/derealisatie of fragmentatie. Nu er PTSS kan worden vastgesteld en de dissociatieve klachten samenhangen met de (triggers aan de) traumatische ervaringen, wordt er geen aparte dissociatieve stoornis vastgesteld. Zij voldoet wel aan criteria van een depressieve stoornis op basis van de SCID-5.

Op basis van de NKPV wordt vastgesteld dat Janneke een high level borderline persoonlijkheidsorganisatie heeft. Zij is kwetsbaar en snel uit evenwicht, waarbij zij veel angstklachten laat zien. Ze heeft angst voor haar eigen boosheid. Zij heeft vermijdende persoonlijkheidstrekken, waarbij zij een laag zelfbeeld heeft, angstig is voor kritiek en zich neigt terug te trekken uit contact, maar voldoet niet aan alle criteria van de diagnose van een persoonlijkheidsstoornis.

Er is sprake van een voorgeschiedenis van misbruik en mishandeling, in haar jeugdjaren en later door haar partner. Zij heeft zich in het gezin alleen en onveilig gevoeld, waarbij vader haar mishandelde, haar broer haar heeft misbruikt en moeder niet beschikbaar was vanwege depressieve klachten. In haar latere partnerrelatie heeft mishandeling zich herhaald. De huidige klachten zijn geluxeerd nadat haar dochter uit huis is gegaan, waarbij zij zich (opnieuw) verlaten voelde en de angsten uit haar eigen jeugd en groei naar volwassenheid naar voren kwamen, zodanig dat zij niet meer kan functioneren in haar rol als moeder en op haar werk. Zij heeft beperkte coping en reageert met excessief piekeren, vermijding en terugtrekken uit contact.

Behandeladvies

Op basis van de conclusies uit het onderzoek wordt eerst een symptoomgerichte behandeling voor de PTSS aanbevolen, en niet voor de depressieve stoornis die matig ernstig is. De behandeling van eerste keuze voor PTSS is een exposurebehandeling. Andere bewezen effectieve behandelingen zijn EMDR, BEPP of NET. Wanneer er bij een cliënte sprake is van traumagerelateerde dissociatie, dan is het raadzaam om binnen de psycho-educatie over PTSS de dissociatieve klachten te bespreken en afspraken te maken over hoe met dissociatie tijdens de traumabehandeling om te gaan. Er wordt verwacht dat Janneke na traumabehandeling in staat zal zijn haar zorgen over haar dochter beter te hanteren, minder emotieregulatieproblemen zal hebben en zij weer naar de toekomst zal kunnen kijken. Zo nodig kunnen het piekeren, haar angsten, vermijdende trekken en niet meer kunnen werken na de traumaverwerking worden besproken in een persoonsgerichte therapie.

Nabespreking

Als de uitkomsten zijn besproken, is Janneke opgelucht. Ze voelt enige erkenning dat haar klachten samenhangen met de traumatische ervaringen die ze heeft meegemaakt. Janneke kiest voor een exposurebehandeling. Zij ziet er erg tegenop en is zeer angstig bij het idee om stil te staan bij haar traumatische ervaringen, maar heeft toch het meeste last van haar nachtmerries. Wat haar het meest motiveert, is dat zij hoopt dat zij minder vaak gaat dwalen als zij haar trauma's heeft verwerkt en zich niet voortdurend zo angstig hoeft te voelen. Ze zou ook graag weer willen werken:

T: Janneke, vandaag bespreken we welke behandeling we je willen aanbieden.
C: Ja, ik ben heel benieuwd. Ik heb al veel gelezen over EMDR, maar hoor ook dat er overal zo'n lange wachttijd is?
T: We hebben inderdaad gezien dat de posttraumatische stressklachten waar je last van hebt momenteel op de voorgrond staan en we willen de behandeling dan ook daarop inzetten. De richtlijn adviseert een imaginaire exposurebehandeling als eerste voorkeur, maar ook NET, BEPP en EMDR zijn bewezen effectief.
C: Wat is het verschil?
T: Imaginaire exposure is een vorm van cognitieve gedragstherapie, we noemen het ook wel traumagerichte exposure. Je praat dan in detail over wat je meegemaakt hebt, zodat de angst daarover afneemt. Ik zal je de verschillen tussen IE, BEPP en NET uitleggen en vertellen wat EMDR is (…) Bij EMDR concentreer je je op het beeld van de traumatische ervaring dat de meeste spanning geeft en krijg je taken aangeboden waarmee je werkgeheugen wordt belast. Hierdoor vermindert de spanning over het

5

beeld. Belangrijk voor jou om te weten is dat we voor de verschillende therapievormen een gelijke wachttijd hebben en dat vele therapeuten die bij ons werkzaam zijn bekwaam zijn in beide interventies.
C: Ik zou wel meer willen weten over IE. Dat is toch de behandeling van eerste voorkeur?
(De therapeut overhandigt Janneke twee folders, één over IE-behandeling bij PTSS en één over EMDR-behandeling bij PTSS en bespreekt deze).
T: Hoe is het voor jou om deze informatie tot je te nemen? Je kunt het rustig doorlezen. Je kunt op dit moment een keuze maken, maar we kunnen dat ook op een later moment inplannen.
C: Het liefst neem ik een pil in en denk ik er nooit meer aan. Het is mij ook zo lang gelukt om net te doen alsof het nooit is gebeurd.
T: Kon dat maar, dat je een pil nam en de herinneringen verdwenen. We weten dat de behandelingen volgens de richtlijnen de herinneringen niet laten verdwijnen, maar je nachtmerries en herbelevingen en de angst die je zo lijken te overvallen aanzienlijk kunnen verminderen. Het is een moeilijke keuze, denk ik. Je kunt er ook over nadenken, en dan kunnen we er later op terugkomen.
C: Ja, ergens heb ik altijd gewild dat ik voor één keer alles aan iemand kon vertellen, echt alles. Aan iemand die niet schrikt maar gewoon luistert naar alle ellende. (de cliënte huilt)
T: Dat kan ik mij heel goed voorstellen, het moet ontzettend zwaar voor je geweest zijn om deze last alleen te dragen.
(...)
C: Ik kies voor de exposurebehandeling, ergens diep van binnen weet ik dat ik dat nodig heb om af te komen van die nachtmerries en dwalingen.
T: Oké, dan schrijf ik dat op in het behandelplan en ga ik nu uitleggen hoe de komende periode eruit komt te zien.

5.3.2 Pieter

Pieter, de brandweerman, is gemotiveerd voor behandeling. Hij wil zo graag weer de oude worden. Hij heeft nooit eerder behandeling gehad, en stelt veel vragen over hoe de behandeling eruit gaat zien. Hij vertelt tijdens de anamnese over zijn angsten, prikkelbaarheid en nachtmerries, maar ook dat hij geregeld een vijftal eenheden sterke drank nuttigt voor het slapen gaan. Onder invloed kan hij zich wel roekeloos gaan gedragen. Hij voelt zich soms losstaan van alles en iedereen. Het lijkt soms of hij in een waas leeft. Bij navraag blijkt er een duidelijke samenhang tussen herbelevingen en derealisatie, doorgaans in reactie op een trigger. Er is geen directe relatie tussen het alcoholgebruik en derealisatie. Alcoholgebruik is voor Pieter eerder een vorm van zelfmedicatie, of een slaapmutsje. Vanuit de gesprekken over zijn levensgeschiedenis komen geen nieuwe vragen naar voren. Hij heeft een prettige jeugd gehad. Zijn vader was vaak afwezig, en werkte als politieagent. Zijn moeder zorgde voor het gezin. Pieter was geen hoogvlieger op school, hij was liever op pad. Dat leidde wel tot aanvaringen met zijn vader. Hij heeft altijd in dezelfde plaats gewoond en is getrouwd met zijn vriendin van de middelbare school. Enerzijds houdt hij van duidelijkheid en overzichtelijkheid, anderzijds heeft hij een hang naar een verzetje. Hij vindt dat in het werk bij de brandweer. Hij omschrijft zichzelf als een brandweerman in hart en nieren. Zijn vrouw Annemiek is de spil in het gezin en houdt het gezin draaiend.

Er is op basis van de gesprekken geen aanleiding voor een uitgebreid diagnostisch onderzoek. Tijdens het diagnostisch onderzoek is alleen de LEC en de CAPS-5 afgenomen. Het middelengebruik is verder uitgevraagd met de SCID-5.

Samenvatting en conclusies

Pieter voldoet aan de criteria van PTSS met het dissociatieve subtype volgens de CAPS-5. Er is sprake van depersonalisatie en derealisatie. Opvallend is de verandering in stemming en cognities, waarbij het schuldgevoel sterk naar voren komt. De klachten zijn ontstaan na de noodlottige brand, waarbij een man is omgekomen en zijn vriend niet meer kan werken. Pieter voelt zich schuldig en twijfelt aan zichzelf. Zijn middelengebruik is wel zodanig fors dat het beschouwd kan worden als misbruik, maar niet als verslaving is op te vatten volgens de SCID-5. Het middelengebruik is te beschouwen als maladaptieve coping. Het roekeloze gedrag hangt samen met het middelengebruik, maar ook met onverschilligheid die bij PTSS wordt gezien. Hoewel hij jarenlang goed gefunctioneerd heeft, en niet eerder behandeling heeft gehad, is hij na de noodlottige brand uit evenwicht geraakt en lukt het hem niet meer om te werken. Het middelenmisbruik heeft eerder geleid tot ontremming en roekeloos gedrag en kan interfereren met een traumabehandeling.

Behandeladvies

Het voorstel voor behandeling is: afbouw van middelen, en alternatieve coping aanleren, en traumabehandeling. Zowel IE, EMDR of BEPP is te overwegen.

Nabespreking

Pieter herkent zich in de conclusies van het onderzoek. De noodzaak van het afbouwen van middelen ziet hij niet meteen. Hij kan stoppen als hij dat wil, zegt hij. De uitleg over de noodzaak om nuchter de trauma's te verwerken begrijpt hij wel. Hij gaat schoorvoetend akkoord met de voorgestelde afbouw. In overleg met Pieter wordt ervoor gekozen om de BEPP te gaan volgen. Doorslaggevend hierin is dat het Pieter zijn doel is om zijn werkzaamheden weer te hervatten en tot aan zijn pensioen actief te zijn als brandweerman. Pieter heeft veel vragen: "Hoe kan ik ooit weer werken?", "Wie ben ik als ik geen brandweerman meer ben?", "Ben ik schuldig?" Deze vragen kunnen in de fase van de betekenisgeving van de BEPP aan bod komen.

5.3.3 Mahmoud

Mahmoud is angstig, en voelt een drempel om behandeling aan te gaan. Hij kijkt de onderzoeker aanvankelijk niet aan. Hij is gespannen, alsof hij elk moment kan opspringen. Tijdens de eerste gesprekken wrijft hij veel in zijn handen. Hij houdt het niet lang vol. Hij wil het liefst de kamer zo snel mogelijk verlaten en houdt angstvallig de deur in de gaten. Als hij meer bekend is met de onderzoeker en de instelling, wordt hij wat rustiger en vertelt hij over zijn klachten en problemen. Hij wil zijn trauma's het liefst vergeten, en trekt zich vooral terug. Hij heeft nachtmerries, herbelevingen en is snel getriggerd. Hij heeft somberheidsklachten, en voelt zich schuldig over zijn ervaringen in de gevangenis. Hij heeft geen vertrouwen meer in zichzelf, noch in anderen. Als kind was hij angstig, omdat zijn vader zo snel boos kon worden en hem sloeg. Hij had het gevoel nooit goed genoeg te zijn. Zijn vader was er vaak niet, omdat hij aan het front moest vechten. Hij was dan vooral met zijn vrienden met wie hij sinds zijn jongste jeugd vriendschap had. Hij spreekt ook met warmte over zijn beste vriend en diens gezin bij wie hij regelmatig welkom was en waar hij veel tijd doorbracht. Hij herinnert zich hoe ze samen in de klas zaten en moesten schuilen voor bombardementen en hoe blij hij was dat hij bij zijn vriend mocht blijven slapen in het veiliger gedeelte van de stad. Zijn leven voor zijn gevangenschap en de vlucht was wezenlijk anders dan daarna. Hij is een andere man geworden. Nu leeft hij geïsoleerd en gaat zo veel mogelijk anderen uit de weg. Hij is daarbij ook bang voor zijn eigen boosheid. Hij ervaart anderen snel als bedreigend en is bang dat hij hen dan iets aan zal doen. Hij raakt soms de draad van het gesprek kwijt en staart dan in de ruimte. Tijdens het diagnostisch onderzoek zijn de LEC en de CAPS-5 afgenomen. Er wordt een structureel interview gedaan. Vanwege zijn beperkte belastbaarheid is het onderzoek daarmee afgerond.

▪ Samenvatting en conclusies

Mahmoud voldoet aan de criteria van PTSS op basis van de CAPS-5. Er is een voorgeschiedenis van complex trauma, met veelvuldig interpersoonlijk geweld, in de gevangenis, maar ook al in de jeugd waarbij vader hem mishandelde. De dissociatieve klachten zijn doorgaans in reactie op triggers, waarbij hij een herbeleving ervaart en het contact met het hier en nu kwijtraakt en niet meer weet waar hij is, met wie en wat wel en niet echt is. Hij heeft geen last van derealisatie of depersonalisatie. Hij is beperkt belastbaar. De gespannenheid en agitatie passen bij de verhoogde waakzaamheid van de PTSS, waarbij hij dissocieert als de spanning te hoog wordt.

Er is sprake van een man met beperkte draagkracht. Er wordt een borderline organisatie vastgesteld. Zijn negatieve zelfbeeld, en wantrouwen naar anderen hangen samen met zijn traumatische ervaringen in de vroege jeugd, waarbij hij na de ervaringen in de gevangenis hij zijn vertrouwen in zichzelf en anderen helemaal is kwijtgeraakt. Sinds de ervaringen in de gevangenis voelt hij zich een andere man, en is zijn zelfbeeld en beeld van anderen dusdanig aangetast dat hij wantrouwend en angstig in contact met anderen is en niet in staat is te werken of contacten te leggen. Zijn schuldgevoelens en angst voor eigen boosheid hangen met elkaar samen. Zo voelt hij zich een dader, omdat hij bezweken is onder de druk in de gevangenis en namen heeft genoemd. De machteloosheid in de gevangenis kon hij hanteren door wraakfantasieën ten aanzien van degenen die hem mishandelden. Sinds zijn vrijlating is hij bang dat hij daartoe in staat is, hoewel hij nimmer gewelddadig was. Hij is zeer wantrouwend en kan anderen als vijandig ervaren. Hij ervaart problemen rondom identiteit ("Ben ik een slecht mens?", "Ik heb geen enkele regie over mijn leven") en interpersoonlijke problemen ("Wie is nog wel te vertrouwen," "Als mensen weten wat ik heb gedaan, zal iedereen mij wegsturen").

Er is sprake van contactgroei tijdens het onderzoek. De problemen rondom identiteit en interpersoonlijke problemen onderhouden de angstklachten, maar kunnen naar verwachting in de therapeutische relatie worden besproken.

▪ Behandeladvies

Mahmoud heeft ernstige PTSS-klachten, en eveneens ernstige problemen in het zelfbeeld, interpersoonlijke problemen en dissociatieve klachten, en heeft geen enkel steunsysteem. Voorbereiden op een traumabehandeling en het doorbreken van zijn sociale isolement om anderen weer te kunnen gaan vertrouwen, worden wenselijk gevonden. Doelen van de behandeling zijn dan naast het verminderen van de PTSS-klachten, het verbeteren van het intra- en interpersoonlijke functioneren. Vanwege de ernst van de klachten wordt een dagklinische behandeling aanbevolen. In de dagklinische gefaseerde behandeling wordt Narratieve Exposure Therapie (NET) als een cultuursensitieve en bewezen effectieve traumatherapie voor complex trauma aangeboden. Daarmee kunnen de traumatische ervaringen in de levensgeschiedenis chronologisch worden verwerkt en geïntegreerd in de levensgeschiedenis (De la Rie et al., 2020).

Nabespreking

Mahmoud herkent zich in de beschrijving van zijn klachten en problemen. Hoewel Mahmoud niemand vertrouwt, is hij gaandeweg de gesprekken tijdens het diagnostisch onderzoek voorzichtig wat opener geworden en voelt hij ook de wens om anderen te vertrouwen. Hij besluit akkoord te gaan met het therapieaanbod, zij het met enige scepsis:

T: Mahmoud, we bespreken vandaag wat er uit het onderzoek naar voren is gekomen en welke behandeling past bij de klachten en problemen die je hebt. Het is aan jou of je hiermee akkoord bent en deze behandeling wilt volgen.
C: Ik hoop dat jullie mij kunnen helpen.
T: Je hebt verteld hoeveel last je hebt van nachtmerries en herbelevingen, en dat je heel angstig bent. We hebben eerder besproken dat dit past bij de diagnose PTSS. Het valt op dat je problemen ervaart in het hanteren van je gevoelens. Sommige gevoelens die je nu heel sterk ervaart, horen als het ware bij een herinnering aan vroeger, bij een gebeurtenis die vroeger heeft plaatsgevonden. Je voelt dan als het ware opnieuw machteloosheid, wat je ook ontzettend kwaad kan maken. Zo kwaad dat je bang bent dat je het niet in de hand hebt.
C: Meestal komen die gevoelens zo plotseling, ineens ben ik kwaad en bang de controle over mezelf te verliezen of ben ik zo bang dat ik zou willen dat ik een bunker had waarin ik kon schuilen.
T: Ja, het belemmert je in het leggen van contacten. Je hebt laten blijken dat je het aan de ene kant graag wilt, maar aan de andere kant vind je het moeilijk om anderen te vertrouwen.
C: Ja.
T: Toch ben je in het diagnostisch onderzoek mij ook steeds een klein beetje meer gaan vertrouwen. We hebben goed nagedacht over welk advies aansluit bij je huidige klachten en problemen. We willen je een traumabehandeling aanbieden in de dagkliniek. Dan kom je één vaste dag in de week naar ons toe en volg je die dag verschillende therapieën. Deze dagbehandeling duurt één jaar. Dat jaar bestaat uit drie fasen van elk vier maanden. In de eerste vier maanden leer je om weer een dagritme op te bouwen, ook leer je hoe je voor jezelf kunt zorgen, hoe je lichamelijk en geestelijk kunt ontspannen, en hoe je kunt omgaan met heftige emoties zoals boosheid.
(…)
T: De daaropvolgende vier maanden volg je nog steeds een aantal van deze groepstherapieën, maar volg je ook individuele Narratieve Exposure Therapie, NET noemen we dat. Aan het begin van deze therapie leg je een levenslijn, waarin stenen symbool staan voor alle nare herinneringen, kaarsjes symbool staan voor verliezen en bloemen symbool staan voor mooie herinneringen. Vervolgens ga je stap voor stap in de daaropvolgende sessies deze nare herinneringen verwerken.

C: Dit lijkt mij heel moeilijk, ik wil er liever niet aan denken.
T: Ja, we weten uit onderzoek dat juist een behandeling waarin je stilstaat bij wat er is gebeurd en daar in detail over praat, heel zwaar is, maar wel goed helpt tegen nachtmerries en herbelevingen. Na deze fase in de behandeling ga je in de laatste vier maanden van de dagbehandeling vooruitkijken in plaats van achteruit. En weer naar de toekomst kijken.
Ik zal je straks een folder meegeven van deze dagbehandeling, dan kun je dit nog eens rustig nalezen en overdenken.
C: Ik weet het niet. Ik wil niet in een groep, dat is echt niets voor mij.
T: Het valt mij zo op dat je aan de ene kant behoefte hebt aan contact en graag mensen zou vertrouwen, maar dat je anderzijds de neiging hebt om in eenzaamheid geïsoleerd te leven.
C: Ja (slikt).
T: Ik begrijp dat het heel moeilijk voor je moet zijn. Je voelt je hartstikke onveilig door alles wat je hebt meegemaakt en hebt veel nare ervaringen opgedaan waardoor je moeite hebt om mensen te vertrouwen.
C: (knikt)
T: We merken in onze dagbehandeling dat mensen aanvankelijk veel aarzelingen hebben om deel te nemen aan de groep en het erg wennen is, maar ze het uiteindelijk ook prettig kunnen vinden om met lotgenoten te kunnen praten.
C: Ik wil het proberen.
T: Zullen we afspreken dat je het even laat bezinken en ik je later deze week bel om eventuele vragen te beantwoorden of anders concrete afspraken te maken over wanneer je gaat starten met deze dagbehandeling?
C: Ja, graag. Dankjewel.

5.3.4 Grace

Grace is erg angstig en wanhopig bij aanmelding. Zij heeft veel klachten en moeite om de hulpverleners te vertrouwen. Zij vindt het ook moeilijk om op afspraken te komen. Ze vertelt weliswaar over haar klachten, maar er zijn veel onduidelijkheden. Ze werkt aanvankelijk moeizaam mee met het diagnostisch onderzoek. Als het CFI wordt afgenomen, blijkt haar angst voor voodoo waardoor ze veel dingen niet durft te delen. Als ze haar angst hiervoor heeft overwonnen, en ze de vertrouwelijkheid van de therapeutische setting ervaart, vertelt ze meer over haar klachten, nachtmerries, herbelevingen en hoe ze voortdurend in angst leeft. De onderzoeker besluit aan de hand van de drie testen om een inschatting te maken van haar draagkracht. Als de onderzoeker haar levensloop uitvraagt, vertelt ze hoe angstig ze in haar jeugd was. Ze heeft weinig herinneringen aan haar moeder. Ze was ineens weg en mensen in het dorp huilden, maar wilden haar niet vertellen wat er was. Ze wordt erg boos en gespannen zodra het over haar stiefmoeder gaat, maar nog meer over haar vader die haar negeerde. Ze kan nauwelijks iets vertellen over het moment dat ze werd uitgehuwelijkt. Ze verliest het contact met het hier en nu. Ze wil weglopen uit de ruimte en reageert pas na herhaling op de stem van de onderzoeker. Ze is kwijt waarover werd gesproken. Ze vertelt dan weer verder, en antwoordt kort op de vragen van de onderzoeker. Ze hoort van anderen dat ze schreeuwt en op de gang dwaalt, maar kan zich dit niet herinneren. Ze is vaak tijd kwijt. De onderzoeker merkt dat ze soms veel vertelt en goed antwoordt op de vragen, dan weer afwezig is en voor zich uitstaart. Zodra het over beladen onderwerpen gaat, raakt ze geagiteerd of is ze niet meer in contact. De onderzoeker vraagt haar over het leven van alledag. Ze vertelt over haar dagelijks leven waarin ze veel stressvolle situaties ervaart. Ze heeft zorgen over haar procedure en weet niet hoe ze daarmee moet omgaan. Ze heeft geen bezigheden overdag, ze houdt van koken, maar ze kan zich nu zelfs de recepten niet meer herinneren. Ze is er ook soms niet bij en laat dan het eten aanbranden. Laatst stond ineens de keuken vol rook. Ze ligt veel op bed en vermijdt contacten. De onderzoeker vraagt naar haar emotieregulatievaardigheden, zelfbeeld en beeld van anderen. Grace vertelt dat ze grote moeite heeft om met spanningen om te gaan. Ze vertelt over haar eetbuien en zelfbeschadiging door te krassen in haar armen en benen in een wanhopige poging om met haar spanningen om te gaan en weer grip te krijgen op de dissociatieve klachten. Ze voelt namelijk in het geheel geen grip op haar klachten, haar emoties en heeft zich haar hele leven al machteloos gevoeld. Ze heeft negatieve gedachten over zichzelf en heeft grote moeite anderen te vertrouwen, ze mist het gevoel dat anderen haar kunnen of willen helpen. Na de anamnese van haar klachten, de afname van het CFI, de drie testen, worden de LEC, de CAPS-5 en de SCID-D-R afgenomen. Nader onderzoek naar hechting en persoonlijkheid wordt uitgesteld, vanwege de ernst van het toestandsbeeld en de moeite die het haar kost in het hier en nu te blijven.

Samenvatting en conclusies

De cliënte voldoet aan de criteria van PTSS, dissociatieve subtype, met vooral depersonalisatie op basis van de CAPS-5. Ze heeft amnesie voor delen van de traumatische ervaringen, en voelt zich soms verdoofd.

De cliënte voldoet tevens aan criteria van een anders gespecificeerde dissociatieve stoornis. Uit de SCID-D-R komt een gefragmenteerde identiteitsbeleving naar voren en dissociatieve amnesie. Ze heeft geen coherent zelfgevoel en weet niet wie ze zelf is. Ze hoort de stem van haar stiefmoeder in haar hoofd zeggen dat ze een slecht kind is. Ze hoort dan weer de stem van de smokkelaars in haar hoofd. Ze heeft soms ook de stem van haar oma in haar hoofd, die haar heeft leren koken, waarna ze zich wat sterker voelt. De amnesie komt naar voren in het kwijt zijn van de tijd. Ze is dan uren van de dag kwijt, weet niet wat ze heeft gedaan, dit is niet alleen in reactie op triggers die haar herinneren aan het trauma.

Er wordt ingeschat dat er sprake is van een beperkte draagkracht op basis van de drie testen. Ze denkt negatief over zichzelf, kan of durft anderen niet te vertrouwen. In reactie op stressoren kan zij overspoeld worden door haar emoties, ervaart zij geen controle, zij kan verward raken, dissocieert, of heeft eetbuien of automutileert. Dit gebeurt in reactie op overweldigende angst en het gevoel geen controle te hebben. Ze kan stressoren in het dagelijks leven moeilijk hanteren.

Zij voelt zich vanwege haar angst voor voodoo enerzijds geremd om de hulpverleners te durven vertrouwen, zo blijkt uit het CFI, waarbij het geloof in voodoo gebruikelijk is in haar cultuur. Zij is anderzijds niet in staat om haar grenzen te voelen en duidelijk te maken en te weten wie ze kan vertrouwen, wat de kans op revictimisatie vergroot.

Haar klachten kunnen worden begrepen vanuit een belaste voorgeschiedenis, met langdurige, herhaalde traumatisering, al vanaf de vroege jeugd, met het verlies van moeder, waarna zij ernstig is mishandeld en er sprake was van verwaarlozing. Er is sprake van een gestagneerde persoonlijkheidsontwikkeling, gezien haar lang bestaande gedragspatronen, en haar gedachten over zichzelf, anderen en de wereld en een gefragmenteerde identiteitsbeleving. Gezien de ernst en de aard van het toestandsbeeld en de beperkte belastbaarheid wordt nader onderzoek naar hechting en persoonlijkheid uitgesteld. Er wordt ook vermoed dat zij een gepreoccupeerde hechtingsstijl heeft, vanwege het gebrek aan positieve ervaringen met vertrouwenspersonen in haar leven, de verwaarlozing en mishandeling in haar voorgeschiedenis.

▪ Behandeladvies

Vanwege de aard en de ernst van de problemen, alsmede een mogelijk risico op revictimisatie wordt een geïntegreerde traumabehandeling aanbevolen met aandacht voor traumaverwerking en persoonlijkheid. Voor traumaverwerking wordt IE of EMDR overwogen dan wel ImRs in combinatie met schematherapie vanuit het modusmodel. Vanwege de maladaptieve coping, met eetbuien en zelfbeschadiging, wordt parallel een lichaamsgerichte therapie aanbevolen, ten behoeve van het herkennen, verdragen en hanteren van emoties, contact maken met zichzelf en het leren reguleren van spanning.

▪ Nabespreking

Grace is afwezig als de onderzoeker haar vertelt wat de bevindingen zijn en wat het voorstel voor behandeling is. Ze knikt, en zegt dat de onderzoeker het vast het beste weet. Ze wrijft over haar arm tijdens het gesprek en ontwijkt de blik van de onderzoeker. Als deze vraagt wat er door haar heen gaat, mompelt ze iets onverstaanbaars en zucht. De onderzoeker benoemt dat ze wat afwezig is. Grace huilt. Het is haar allemaal te veel. Ze heeft gehoord dat ze liep te dwalen afgelopen nacht, maar weet zich er niets van te herinneren. Ze weet alleen dat ze weer nachtmerries had, dat er mannen waren. Ze vertelt eerst rustig, en dan weer geagiteerd. Ze voelt zich uitgeput en wordt misselijk als ze eraan denkt. Ze kan niet stil blijven zitten op haar stoel en wordt onrustig. De onderzoeker stelt haar gerust, benoemt waar ze is, in het hier en nu, in de therapiekamer. Ze vraagt of ze wat water voor Grace kan halen, daarna kalmeert Grace. Ze vertelt dat ze nog steeds bang is dat ze dingen vertelt aan de onderzoeker die ze niet mag vertellen en wat er dan wel niet zou kunnen gebeuren. Ze wil desondanks wel starten met behandeling. Ze kan niet kiezen tussen de therapieën, want ze begrijpt niet precies wat haar te wachten staat. De onderzoeker is toch de expert? Ze gaat akkoord met het voorstel voor EMDR en SFT.

5.4 Indicatiestelling bij andere (dissociatieve) stoornissen

Er zijn dissociatieve stoornissen die apart vastgesteld kunnen worden, van waaruit de zorgstandaard behandelingen worden aanbevolen. Voor de volledigheid zetten we de meest voorkomende indicaties op een rij.

5.4.1 Depersonalisatie-/derealisatiestoornis

Een depersonalisatie-/derealisatiestoornis kan apart worden vastgesteld. Als dit het geval is, kan een protocollaire behandeling worden voorgesteld die is ontwikkeld voor deze stoornis (Keijsers et al., 2017).

5.4.2 Dissociatieve identiteitsstoornis

Als er een DIS wordt vastgesteld, kan een behandeling worden voorgesteld op basis van de zorgstandaard. Voor een DIS is de indicatie een langdurige behandeling te volgen om te komen tot betere integratie van de gefragmenteerde identiteitsbeleving door contact te maken met wat van binnen leeft en trauma's te verwerken. In de zorgstandaard voor dissociatieve stoornissen is er keuze uit verschillende behandelingen, waaronder het gefaseerde behandelmodel, met een driefasenmodel van stabilisatie, traumaverwerking en integratie en therapieën die ontwikkeld zijn voor persoonlijkheidsproblematiek. Er loopt momenteel een groot onderzoek naar de behandeling van DIS met schematherapie (SFT) vanuit het schemamodusmodel (Huntjens et al., 2019). De subjectief ervaren delen van de persoonlijkheid worden opgevat als extreme uitingen van modi, zoals de 'kind-modus', de 'straffende ouder-modus'. Andere therapievormen die genoemd worden in de Zorgstandaard Dissociatieve Stoornissen zijn behandelingen gericht op persoonlijkheid, zoals transference focused psychotherapie (TFP).

5.4.3 Persoonlijkheidsstoornis met dissociatieve symptomen

Als er sprake is van een persoonlijkheidsstoornis, waarbij zich enige dissociatieve symptomen voordoen, staat de behandeling van de persoonlijkheidsstoornis op de voorgrond en is de richtlijn voor persoonlijkheidsstoornissen leidend. Belangrijke psychotherapievormen voor persoonlijkheidsstoornissen zijn psychodynamische psychotherapie, zoals mentaliseren bevorderende therapie (MBT), TFP of SFT.

5.5 Adviesgesprek

Tijdens het adviesgesprek wordt de diagnose uitgelegd en het voorstel voor de behandeling toegelicht. Je bespreekt uitgebreid wat de klachten betekenen en wat de behandeling inhoudt, waarbij je de behoefte van de cliënt vooropstelt. Het advies voor behandeling licht je toe, waarbij het van belang is om te komen tot gezamenlijke overeenstemming over de te volgen behandeling. Eerder in dit hoofdstuk is het advies voor behandeling beschreven in de nabespreking van Janneke en Mahmoud. Het is vaak zo dat cliënten na intake en diagnostische fase op een wachtlijst komen en iemand anders de behandeling zal gaan doen. Als je zelf ook de behandeling gaat doen, is de psycho-educatie meteen het begin van je behandeling. Je kunt de aard, ernst en intensiteit van de dissociatie verder in kaart brengen en er kunnen handvatten aangereikt worden om de dissociatie te hanteren of te voorkomen gedurende de traumabehandeling. Wat je vertelt en hoe je de psycho-educatie aanbiedt, wordt besproken in ▶ H. 7.

Diagnostiek en indicatiestelling casuïstiek

vignet	diagnose	behandeling
Janneke	PTSS	PE
Pieter	PTSS met dissociatief subtype	BEPP
Mahmoud	PTSS (*Evt.: complexe PTSS volgens ICD-11,* zie ▶ par. 3.2.2 (Complexe) PTSS)	dagbehandeling met NET
Grace	PTSS en Anders Gespecificeerde Dissociatieve Stoornis	EMDR en schematherapie met ImRS

Literatuur

Bae, H., Kim, D., & Park, Y. C. (2016). Dissociation predicts treatment response in eye-movement desensitization and reprocessing for posttraumatic stress disorder. *Journal of Trauma and Dissociation, 17*(1), 112–130.

Boyd, J. E., Protopopescu, A., O'Connor, C., Neufeld, R. W. J., Jetly, R., Hood, H. K., Lanius, R. A., & McKinnon, M. C. (2018). Dissociative symptoms mediate the relation between PTSD symptoms and functional impairment in a sample of military members, veterans, and first responders with PTSD. *European Journal of Psychotraumatology, 9*(1), 1463794.

Brand, B. L., & Stadnik, R. (2013). What contributes to predicting change in the treatment of dissociation: Initial levels of dissociation, PTSD, of overall distress? *Journal of Trauma and Dissociation, 14*(3), 328–341.

De Jongh, A., Groenland, G. N., Sanches, S., Bongaerts, H., Voorendonk, E. M., & Van Minnen, A. (2020). The impact of brief intensive trauma-focused treatment for PTSD on symptoms of borderline personality disorder. *European Journal of Psychotraumatology, 11*(1), 1721142.

De la Rie, S. M., Smid, G. E., Van der Aa, N., Van Est, L. A. C., Bisseling, E., & Boelen, P. A. (2020). Feasibility of narrative exposure therapy in an outpatient day treatment program for refugees: Improvement in symptoms and global functioning. *European Journal of Psychotraumatology, 11*, 1759983.

Hagenaars, M. A., Van Minnen, A., & Hoogduin, K. (2010). The impact of dissociation and depression on the efficacy of prolonged exposure therapy for PTSD. *Behaviour Research and Therapy, 48*(1), 19–27.

Hengeveld, M. W., Oosterbaan, D., & Tijdink, J. (2019). *Praktijkboek psychiatrisch onderzoek*. De Tijdstroom/Boom.

Huntjens, R. J. C., Rijkeboer, M. M., & Arntz, A. (2019). Schema therapy for dissociative identity disorder; Study rational and protocol. *European Journal of Psychotraumatology, 10*, 1571377.

Jepsen, E. K. K., Langeland, W., & Heir, T. (2013). Impact of dissociation and interpersonal functioning on inpatient treatment for early sexually abused adults. *European Journal of Psychotraumatology, 4*(1), 22825.

Jepsen, E. K. K., Langeland, W., Sexton, H., & Heir, T. (2014). Inpatient treatment for early sexually abused adults: A naturalistic 12-month follow-up study. *Psychological Trauma: Theory, Research, Practice, and Policy, 6*(2), 142–151.

Keijsers, G., Van Minnen, A., Verbraak, M., Hoogduin, K., & Emmelkamp, P. (2017). *Protocollaire behandelingen voor volwassenen met psychische klachten. Deel II.* Boom uitgeverij.

Lynch, S. M., Forman, E., Mendelsohn, M., & Herman, J. (2008). Attending to dissociation: Assessing change in dissociation and predicting treatment outcome. *Journal of Trauma and Dissociation, 9*(3), 301–319.

Price, M, Kearns, M., Houry, D., & Rothbaum, B. O. (2014). Emergency department predictors of posttraumatic stress reduction for trauma-exposed individuals with and without early intervention. *Journal of consulting and clinical psychology, 82*, 336–341.

Stöfsel, M. (2020). Trauma en verwerkingstechnieken: *Indicatiestelling bij traumabehandeling in de ggz.* Bohn Stafleu van Loghum.

Van Toorenburg, M. M., Sanches, S. A., Linders, B., Rozendaal, L., Voorendonk, E. M., Van Minnen, A., & De Jongh, A. (2020). Do emotion regulation difficulties affect outcome of intensive trauma-focused treatment of cliënts with severe PTSD? *European Journal of Psychotraumatology, 11*(1), 1724417.

Voorendonk, E. M., De Jongh, A., Rozendaal, L., & Van Minnen, A. (2020). Trauma-focused treatment outcome for complex PTSD patients: Results of an intensive treatment programme. *European Journal of Psychotraumatology, 11*(1), 1783955.

Wolf, E. J., Lunney, C. A., & Schnurr, P. P. (2015). The influence of the dissociative subtype of posttraumatic stress disorder on treatment efficacy in female veterans and active duty service members. *Journal of Consulting and Clinical Psychology, 13*, 95–100.

Zoet, H. A., Wagenmans, A., Van Minnen, A., & De Jongh, A. (2018). Presence of the dissociative subtype of PTSD does not moderate the outcome of intensive trauma focused treatment for PTSD. *European Journal of Psychotraumatology, 9*(1), 1468707.

Behandeling

Inhoud

Algemene voorwaarden voor behandeling

Samenvatting

In de behandeling van getraumatiseerde cliënten die gevoelig zijn voor dissociatie, is een aantal algemene voorwaarden voor behandeling belangrijk. Het gaat daarbij om hoe de therapeut omgaat met wat bij de cliënt leeft, zoals verwachtingen, twijfels en specifieke emoties. Trauma's kunnen het vertrouwen in het zelf en de ander dusdanig schaden dat het niet vanzelfsprekend is een behandeling aan te gaan en een goede werkrelatie te leggen. Het leggen van een therapeutische relatie, mogelijke barrières bespreekbaar maken en stilstaan bij de beleving van de cliënt in de eerste gesprekken is van belang.

De la Rie en Snip-van Wageningen, *Trauma en dissociatie*,
https://doi.org/10.1007/978-90-368-2711-9_6

6

6.1 Inleiding

In dit hoofdstuk staan we stil bij de algemene voorwaarden voor behandeling. Getraumatiseerde cliënten, zeker als het gaat om complex trauma, missen een gevoel van veiligheid en vertrouwen en moeten soms barrières overwinnen om een traumabehandeling aan te gaan. De basis is een veilige therapeutische relatie. Je eerste doel is een goede basis leggen voor een therapeutische relatie. Als je je bewust bent van de barrières bij je cliënt en eventueel ook bij jezelf, kun je deze bespreekbaar maken.

6.2 Het leggen van een therapeutische relatie

Iemand leert en ontwikkelt zich in relatie tot een ander. Het is dan ook van groot belang een therapeutische relatie bij getraumatiseerde cliënten te leggen. Een goede therapeutische relatie is belangrijk voor het welslagen van een behandeling (Hafkenscheid, 2014;

Herman, 2016). De therapeutische relatie is voorwaarde-scheppend: wanneer een goede werkrelatie tot stand komt, zal iemand zich veilig voelen en beter in staat zijn om over zijn traumatische ervaringen te vertellen. Trauma's zijn vaak ernstige aantastingen van de eigen integriteit door anderen. Het vertrouwen kan hierdoor zo beschadigd zijn dat het moeilijk is om nieuwe mensen te vertrouwen, laat staan openlijk te vertellen over de meest pijnlijke ervaringen die je hebt meegemaakt. Als er sprake is van trauma's op jeugdige leeftijd, kan het zijn dat cliënten zich moeilijk hechten aan anderen en interpersoonlijke problemen ervaren. De therapeutische relatie kan dan naast voorwaardescheppend ook een instrument van verandering zijn (Hafkenscheid, 2014). De angst die de cliënt beleefde in contact met de ander die het vertrouwen heeft geschonden, zal zich herhalen in de relatie met de therapeut. De cliënt zal bang zijn om te vertrouwen. Wanneer dit bespreekbaar gemaakt kan worden gedurende de therapie, en de interactie met de therapeut onderwerp is van gesprek, kan dit ertoe leiden dat de cliënt een corrigerende ervaring meemaakt en zijn angsten en negatieve verwachtingen van anderen bijstelt. In het begin van de behandeling gaat het er vooral om de voorwaarden voor de behandeling te optimaliseren en een goede therapeutische relatie te vestigen die de behandeling mogelijk maakt. Vanaf het eerste gesprek zal er dus aandacht moeten zijn voor het slaan van een brug tussen jou en de cliënt om te komen tot een constructieve werkrelatie. Een open, begripvolle en niet-oordelende houding is bij elke behandeling van belang, maar in het bijzonder bij getraumatiseerde cliënten. Dit draagt eraan bij dat cliënten zich iets meer op hun gemak durven voelen. Het komt vaak voor dat cliënten je niet willen belasten of bang zijn dat je hun gruwelijke verhalen niet kunt verdragen. Je kunt laten merken dat je niet snel uit je evenwicht bent. Sommige cliënten vinden dat ze het eigenlijk alleen hadden moeten kunnen. Ze hadden alleen moeten kunnen herstellen, ze zouden het zelf moeten doen. Hulp zoeken en hulp aanvaarden vatten ze op als een teken van zwakte of gekte. Het kost hen moeite om jouw commitment als therapeut te aanvaarden, geef ze hier de tijd voor. Probeer ze vertrouwen te geven in jouw rol als therapeut en jouw tijdelijke aanwezigheid in hun leven. Je bent transparant en stemt zo veel mogelijk af op de cliënt. Je probeert aan te sluiten bij de belevingswereld van de cliënt. Het is afstemmen op het niveau en tempo van de cliënt enerzijds en vasthouden aan de leidraad voor traumabehandeling anderzijds. Het is uitleggen, maar niet uitstellen van traumabehandeling en met name door deze open, coachende houding wordt de therapeutische relatie bevorderd.

Als je in staat bent je te verplaatsen in de ander, zul je ook merken dat het je goed lukt om barrières voor de traumatherapie in te schatten.

6.3 Barièrres

Om open te kunnen praten, is moed nodig. Het kan zijn dat de aard van de ervaring, de emoties die het oproept en de betekenis die iemand geeft aan het trauma het bemoeilijkt om te praten of dat de wil tot verandering nog beperkt is. Het gaat zowel om barrières van de cliënt zelf (binnenwereld) als om die van de omgeving (buitenwereld) en de therapeut.

6.3.1 Traumagerelateerde emoties

Trauma's roepen heftige emoties op, en deze zullen tijdens de traumabehandeling naar voren komen. Deze emoties maken deel uit van de beleving van de ervaringen en komen aan bod in de loop van de behandeling. Het kan echter zo zijn dat de emoties iemand belemmeren om de traumabehandeling aan te (durven) gaan. Er is een onderscheid te maken tussen primaire traumagerelateerde emoties en secundaire traumagerelateerde emoties. Primaire traumagerelateerde emoties zijn de emoties die iemand heeft ervaren tijdens het trauma. Secundaire traumagerelateerde emoties zijn emoties die iemand ervaart na het trauma of als iemand er vanuit het heden aan terugdenkt.

Angst

Angst is sterk verbonden aan de traumatische ervaring. Een bedreigende situatie zal doorgaans veel angst oproepen, mogelijk zelfs overweldigende gevoelens van paniek. In een dergelijke ingrijpende situatie kan iemand zich machteloos voelen, en verlamd door angst. Eenmaal weer in veiligheid staat het 'alarmsysteem' vaak nog aan. Cliënten die getraumatiseerd zijn, kunnen waakzaam blijven, alert op elk teken van nieuw gevaar. De zich onverwacht opdringende herinnering kan opnieuw de angst oproepen die iemand toen voelde, maar ook angst omdat iemand geen controle voelt over zijn herinneringen. Iemand wil het liefst vermijden om aan de traumatische ervaringen te denken, en vermijden om geconfronteerd te worden met datgene wat aan het trauma doet denken. Er is angst voor de angst. De angst voor de emoties die worden opgeroepen als iemand wordt herinnerd aan het trauma, is groot bij cliënten die gevoelig zijn om te dissociëren. Als emoties te hoog oplopen kunnen deze dissociatieve reacties uitlokken. De angst om te gaan dissociëren kan iemand belemmeren om dit te bespreken en de vermijding versterken.

Schaamte

Schaamte is een emotie die wordt gekenmerkt door de angst voor afkeuring door de ander. Het is sociale pijn. Het wordt beschouwd als emotie die een evolutionaire functie had en hielp om gedrag bij te sturen naar de normen van de groep. Je wilt niet afwijken van de groep en niet het gevoel krijgen dat anderen je als minderwaardig beschouwen. Dit was nuttig om te overleven, want de kans was het grootst als je binnen een groep leefde. In collectivistische culturen wordt schaamte ook nu opgevat als een adaptieve emotie (Taylor, 2015). Je kunt schaamte een zelfgerichte emotie noemen, want het tast je zelfbeeld of identiteit aan. Je neemt jezelf de maat ten opzichte van een ander, en trekt daaruit conclusies over jezelf, waarbij het veelal vooral gaat om de ander zoals jij je die hebt verinnerlijkt (Schalkwijk, 2012). Cliënten kunnen ervaringen hebben meegemaakt die vernederend zijn geweest, of waarbij zij dingen hebben moeten doen of ondergaan die ver afstaan van wat passend is binnen de normen en waarden van de eigen cultuur. Iemand kan zich schamen tijdens het trauma, vanwege de handelingen die hij heeft ondergaan of moeten doen, en zich vies en vernederd voelen. Daders kunnen de gevoelens van vernedering versterken door het slachtoffer uit te lachen of beledigende woorden toe te voegen. Het kan ertoe leiden dat iemand zich schaamt zodra hij denkt aan deze ervaring en zijn zelfbeeld voelt afbrokkelen en bijvoorbeeld gedachten over zichzelf ontwikkelt als: ik ben iemand die zo behandeld wordt. De schaamtegevoelens kunnen zo sterk zijn dat iemand het moeilijk vindt om over de ervaringen te vertellen. Het blijkt zelfs dat schaamte een belangrijke reden is om hulp zoeken uit te stellen (Kantor et al., 2017). Maar ook als iemand wel hulp heeft gezocht, kunnen gevoelens van schaamte opspelen als je traumatherapie wilt beginnen, want ook de therapeut is een ander die naar verwachting van de cliënt hem misprijzend zal bejegenen en zal afkeuren. Schaamtegevoelens kunnen de drempel om open te vertellen over de ervaringen behoorlijk in de weg staan.

Schaamte is goed te herkennen aan de hand van verbale en non-verbale signalen. Zachter gaan praten, vlugger gaan praten, wegkijken, zichzelf klein maken, onrustig worden en blozen zijn tekenen van schaamte. Het kan ook juist zo zijn dat iemand zich erg boos uit en zijn schaamte overdekt met een boze afwerende houding om zich maar niet klein te voelen.

Een niet-oordelende houding en oprechte interesse en medeleven kan de drempel verlagen. De mogelijke gevoelens van schaamte benoemen kan een gevoel van opluchting geven waarna iemand zich mogelijk minder terughoudend zal opstellen.

▪ Schuld

Schuld is een veelvoorkomende emotie bij getraumatiseerde cliënten met PTSS, waarbij er aanwijzingen zijn dat het samenhangt met gevoelens van schaamte (Pugh et al., 2015). In de jeugd ontwikkelt iedereen in meer of mindere mate een geweten en leert eenieder gevoelens, gedachten en gedrag te reguleren in de interactie met de ouders of verzorgers. Schuldgevoel zal ontstaan zodra het kind het idee krijgt iets verkeerds te hebben gedaan of de ander pijn gedaan te hebben (Van Paassen, 2012). Na een traumatische ervaring kan iemand zich schuldig voelen. Er kan sprake zijn van reële schuld, waarbij iemand daadwerkelijk iets heeft gedaan of nagelaten wat schade heeft toegebracht aan een ander. Cliënten kunnen gefaald hebben ten opzichte van hun eigen idealen of hun eigen norm. Zij voelen zich schuldig, keuren hun eigen gedrag of nalatigheid af. Gevoelens die daarbij horen zijn spijt, berouw, wroeging. Maar vaak overschat iemand zijn eigen aandeel in de situatie of zou hij met de kennis van nu – die toen ontbrak – anders kunnen handelen, wat leidt tot een cognitieve vertekening. Er is dan sprake van overmatig schuldgevoel. Een dergelijk schuldgevoel kan een belangrijke functie hebben. Het idee van controle over de situatie (ik had iets kunnen, nee, moeten doen) is beter te verdragen dan de overweldigende gevoelens van machteloosheid van de ervaring waarin er eigenlijk geen controle was (Van Paassen, 2012). Er is bij mensen na een trauma ook soms sprake van overlevingsschuld. Zo zei een cliënt eens in radeloosheid: “Waarom heb ik als alleenstaande de oorlog wel overleefd en mijn broer met vrouw en kinderen niet?” Zijn schuldgevoel belemmerde hem om zich beter te gaan voelen, want als het beter ging met hem, liet hij dan niet zijn broer in de steek? Lijden onder het trauma kan dan bijna een vorm van boetedoening worden. Gedachten over schuld en verantwoordelijkheid zijn daarom belangrijk om te onderzoeken, juist bij mensen die gevoelig zijn voor dissociatie. Iemand die geneigd is te dissociëren kan zich schuldig voelen. Zo kan iemand die seksueel geweld heeft meegemaakt en tijdens het trauma verlamd (lees: tonic immobility of gedissocieerd) was van angst zichzelf dit naderhand kwalijk nemen en denken: het was mijn eigen schuld. Schuldgevoelens houden niet alleen de klachten in stand, zij kunnen ook de angst oproepen dat jij als therapeut hetzelfde oordeel zult vellen als de cliënt zelf. Een niet-oordelende houding is daarom van groot belang om de cliënt uit te nodigen de gedachten en gevoelens die hiermee samenhangen te bespreken. Dat is iets anders dan het gevoel wegmaken. Je zegt nooit tegen een cliënt dat hij zich niet schuldig hoeft te voelen, maar onderzoekt gezamenlijk de reden van de schuldgevoelens, de mate waarin het schuldgevoel reëel is en wat de betekenis is van de ervaringen.

6.3.2 De wil tot veranderen

Cliënten met heftige traumatische ervaringen in hun voorgeschiedenis roepen bij de therapeut vaak de neiging tot zorg op. Als therapeut wil je graag een cliënt helpen de angst te verminderen en de verwerking op gang brengen en het functioneren verbeteren. Maar niet elke cliënt met een traumatisch verleden heeft een hulpvraag die daarmee samenhangt.

Sommige cliënten zijn bereid te veranderen, en zien een duidelijk verband tussen hun klachten en hun traumatische ervaringen. Als therapeut kun je hen helpen om de gewenste toekomst te onderzoeken en met haalbare stappen te beginnen aan de behandeling. Het lukt niet iedereen om duidelijke doelen te formuleren en dan noemt iemand bijvoorbeeld alleen 'minder boosheid'. Er kan dan onderzocht worden wat de bron is van de boosheid en hoe iemand daarmee om wil gaan. Andere cliënten hebben aanvankelijk niet meteen de wil tot veranderen, maar kunnen wel veranderingsgerichte motivatie krijgen. Zij willen hun traumatische ervaringen het liefst vergeten, proberen die te vermijden en in traumabehandeling vraag je dat nu juist te doorbreken. Je stelt een andere oplossing voor dan cliënten zelf aanvankelijk voor ogen hadden. Sommige cliënten worden gestuurd door hun omgeving, omdat hun partner het bijvoorbeeld te zwaar heeft. Wanneer er sprake is van frequente dissociatie kan dit veel zorgen oproepen en een zware druk leggen op de omgeving. Je kunt met je cliënten bespreken hoe zij aankijken tegen hun klachten en problemen en wat veranderen voor hen betekent. Het kan zijn dat iemand het probleem nog niet als zodanig onderkent of geen controle ervaart over het probleem en zichzelf als machteloos ziet. Andere cliënten zijn te boos op hun omgeving, onbewust verlangen zij mogelijk van hun omgeving dat deze het tekort dat ontstaan is door de traumageschiedenis compenseert. Het gaat meestal niet om onwil, maar om de angst voor verandering, of weerstand. Het bespreken van wat het betekent om te beginnen met therapie, en wat het betekent om te veranderen, kan ertoe leiden dat iemand toch de stap durft te zetten. En ook als iemand de stap heeft gezet tot verandering, kan het proces gaandeweg de behandeling ambivalente gevoelens oproepen. Als er angst is voor verandering of weerstand, is het noodzakelijk om dit bespreekbaar te maken.

6.3.3 Destructief gedrag

Het kan zijn dat iemand geneigd is tot destructief gedrag, en zich roekeloos gedraagt of zichzelf beschadigt, om spanning te reguleren of om weer contact te voelen met zichzelf of het lichaam. Het kan ook zijn dat iemand middelen gebruikt om zichzelf te verdoven, zoals te veel alcohol of drugs. Een cliënt doet dit doorgaans als de spanning oploopt, en dit kan interfereren met de traumabehandeling. Er zal dan net als bij de afspraken over dissociatie, een gezamenlijk plan gemaakt moeten worden om het destructieve gedrag, zoals de zelfbeschadiging of het middelengebruik te beperken en alternatieve strategieën aan te leren om met spanning om te gaan. Het kan ook zijn dat iemand zich dit destructieve gedrag niet bewust is. Iemand kan bij een herbeleving of ernstige dissociatie zo gaan handelen als hij deed ten tijde van het trauma, zoals bij kindsoldaten. Er is dan sprake van een re-enactment van het trauma, als het ware het opnieuw ervaren of herhalen van het scenario zoals dat ten tijde van het trauma is ervaren (Draijer & Van Zon, 2013). Het kan bij identiteitsfragmentatie ook zo zijn dat automutilatie en ander zelfbeschadigend gedrag een herhaling is van het trauma of een resonantie van de manier waarop de dader de cliënt heeft behandeld.

Roekeloos gedrag

Pieter scoort op het E-criterium van de CAPS-5, aangaande veranderingen in arousal en reactiviteit, onder andere op het E2-item: roekeloosheid en zelfbeschadigend gedrag. In gesprek met Pieter komt het volgende naar voren. Onder invloed van alcohol is er een aantal keren een (potentieel) gevaarlijke situatie ontstaan. Zo vertelt hij, enigszins beschroomd, dat hij eens de kaarsen vergat uit te doen voordat hij naar bed ging. Annemiek, zijn echtgenote, ging wat eerder naar bed en had hem gevraagd om de kaarsen uit te doen. Toen Pieter in bed stapte kreeg hij een hoestbui, waardoor Annemiek wakker werd en hem vroeg of hij de kaarsen niet vergeten was. Toen bleek dat Pieter zowel vergeten was de achterdeur op slot te doen als de kaarsen uit te blazen.

Twee weken geleden is Pieter na een ruzie met Annemiek de auto ingestapt, laat in de avond, nadat hij al een aantal vieux had gedronken (onbekend aantal eenheden). Later is Pieter hier erg van geschrokken, hij weet vanuit zijn werk hoe gevaarlijk het kan zijn om na een conflict en nota bene met alcohol op, laat in de avond te gaan rijden.

6.3.4 Stigma en culturele verklaringsmodellen

Het is bekend dat veel cliënten veronderstellen dat psychische klachten door anderen als 'gek' worden opgevat, zij zijn bang voor consequenties op bijvoorbeeld het werk of in relaties. Stigma is een belangrijke belemmering om hulp te zoeken (Kantor et al., 2017). Het kan ertoe leiden dat mensen met psychische klachten zich terugtrekken en isoleren en dat het lang duurt voordat iemand hulp zoekt. Als iemand wel hulp zoekt, kan de cliënt het moeilijk vinden om dit te delen met belangrijke anderen en geen sociale steun zoeken waar dat nodig en mogelijk is. De cliënt kan aarzelen om een partner of vriend mee te nemen naar de therapie, ondanks dat steun tijdens dit moeilijke proces van verandering heel welkom is. In gesprek met de cliënt kan worden onderzocht of deze angst voor het delen reëel is, welke angstige verwachting iemand heeft. De angst om als gek te worden bestempeld kan iemand belemmeren om problemen te bespreken.

Trauma's zien we vaak bij mensen uit andere culturen, zoals vluchtelingen die vanwege oorlog zijn gevlucht naar Nederland. Het gaat om mensen uit alle lagen van de bevolking en de verschillen binnen de groepen zijn doorgaans groter dan tussen groepen. Zo maakt het opleidingsniveau, de sociaaleconomische status, afkomst uit stad of van platteland erg uit hoe de opvattingen en verwachtingen van de hulpverlening gevormd worden. Afhankelijk van deze factoren en de bekendheid met geestelijke gezondheidszorg kan een cliënt een bepaalde betekenis of verklaring toeschrijven aan zijn klachten. Culturele verklaringsmodellen kunnen richting geven aan hulpzoekgedrag

(Trinidad et al., 2005). In sommige culturen is het minder gebruikelijk om bij psychische klachten en problemen stil te staan of worden klachten niet als zodanig benoemd. Iemand presenteert dan vooral lichamelijke problemen en kan of wil geen woorden geven aan psychische klachten. Er wordt aan klachten soms ook een andere oorzaak toegeschreven dan een psychologische verklaring, zo is al beschreven in ▶ H. 2. Het blijkt echter dat mensen wel verschillende verklaringsmodellen naast elkaar hanteren, en de betekenisgeving niet per se rigide is (Trinidad et al., 2005). Er is dus ruimte om hierover een gesprek aan te gaan en te komen tot een gezamenlijke overeenstemming over de klachten en de manier om daarmee om te gaan in de behandeling.

Casus

Grace durft aanvankelijk weinig te vertellen. Als de therapeut haar een aantal keren gesproken heeft en Grace haar iets meer gaat vertrouwen, vraagt zij wat zij denkt dat de oorzaak van haar klachten is. Zij schudt haar hoofd en wordt onrustig. Zoals in ▶ H. 4 is beschreven, maakt de therapeut gebruik van het Cultural Formulation Interview (CFI). Dan blijkt dat ze niet te veel durft te vertellen en angst heeft dat degenen die de voodoorituelen hebben uitgevoerd haar kunnen horen en zullen straffen. Ze denkt soms dat de nachtmerries hierdoor worden veroorzaakt. Zij is ontzettend bang voor vergelding. Het CFI helpt om het verklaringsmodel te gaan begrijpen en meer contact te krijgen met een cliënt.

6.3.5 De therapeut

Het is voor het leggen van het contact met de cliënt belangrijk stil te staan bij jezelf. Werken met getraumatiseerde cliënten vraagt nogal wat van je veerkracht. Vanuit je eigen achtergrond en je inlevingsvermogen kun je gedachten en gevoelens ervaren in het contact met je cliënt, wat je informatie kan geven over de cliënt, en diens gevoelens die je oppikt, maar ook over jezelf en hoe je de therapie ingaat. Je kunt hier voor de start van de behandeling bij stilstaan of dit bespreken in een intervisie, zodat je weet waar je aan begint. Ben je zelf huiverig voor de gruwelijke verhalen die je mogelijk gaat horen? Heb je net zelf iets naars meegemaakt of iemand verloren en vermijd je liever om door te vragen? Ben je bang dat iemand dissocieert en dat het je niet meer zal lukken het contact met het hier en nu te herstellen? Je bewust zijn en goed hanteren van je twijfels kan je helpen om te voorkomen zelf te gaan vermijden. In het hoofdstuk over zelfzorg staan we hier uitgebreider bij stil.

6.3.6 De sociale omgeving

Er zijn cliënten die een beperkt sociaal netwerk hebben en geïsoleerd leven, maar bij veel cliënten zijn er ook naasten die belangrijk zijn, een partner, een zus of een goede vriend. Zij kunnen een rol spelen bij het ondersteunen van de cliënt in het zoeken en aanvaarden van hulp en steun bieden tijdens de behandeling. Maar het kan ook anders uitwerken. Als een cliënt last heeft van klachten of beperkingen heeft, is dit niet alleen maar nadelig. Zo kunnen klachten ervoor zorgen dat iemand minder verantwoordelijkheid hoeft te dragen (minder draaglast krijgt) en het leven daardoor minder zwaar aanvoelt.

Soms zie je dit bij cliënten die in de periode tussen het trauma en tussen het moment van behandeling ook een tijd goed gefunctioneerd hebben. Ze konden een tijd lang alle taken die hen te doen stonden vervullen. Dit gaf voldoening, maar was ook zwaar. Sinds de klachten er zijn, is het niet meer mogelijk om alle taken uit te voeren en is er vaak hulp van anderen. Dat is een valkuil. Bij sociale steun is het belangrijk dat de omgeving niet het leven van de ander overneemt, en bepaalt wat de ander nog wel en niet kan doen. In de ondersteuning is het belangrijk dat degene die last heeft van trauma en dissociatie een eigen leven kan leiden en de regie over zijn leven houdt met behoud van veiligheid. Het is daarbij wenselijk dat de cliënt leert aangeven wat hij nodig heeft van de ander.

In ▶ H. 4 is besproken hoe tijdens het diagnostisch proces een belangrijke ander kan worden uitgenodigd voor een heteroanamnese. In ▶ H. 9 wordt meer uitleg gegeven over het belang van het systeem bij de behandeling betrekken.

6.4 Het eerste gesprek

Na intake van een cliënt met traumagerelateerde klachten en dissociatie, volgt doorgaans de indicatie voor een specifieke vorm van traumabehandeling zoals deze zijn voorgeschreven in de richtlijnen voor PTSS of in de meer recente zorgstandaard. Als je zelf de intake en het adviesgesprek hebt gevoerd en aansluitend start met de behandeling, kun je al vrij snel psycho-educatie geven over klachten en de behandeling. Als je daarentegen de cliënt nog niet kent, is het in het eerste gesprek vooral van belang om kennis te maken en een inschatting te maken van wat er aan de hand is en wat er voor de cliënt nodig is om de dissociatieve klachten of reacties te kunnen hanteren. Je moet iemand eerst een beetje leren kennen. Je vat samen wat je hebt begrepen vanuit de intake en het diagnostisch onderzoek en vraagt naar de ervaringen, naar de dissociatieve klachten waar iemand het meest last van heeft nu hij bij jou is voor de start van de behandeling. Je vraagt hoe iemand deze klachten beleeft. Zo breng je goed in beeld wat je tijdens een traumatherapie kunt verwachten. Je bespreekt dat deze klachten vaak voorkomen en kunt dit zo nodig ondersteunen met cijfers of voorbeelden. In het eerste gesprek wil je daarnaast ook aandacht geven aan de verwachtingen van de behandeling en eventuele barrières inschatten. Je kunt stilstaan bij de vraag of iemand zich kan voorstellen hoe zijn leven eruit kan zien wanneer hij beter functioneert en ook hoe de weg naar herstel eruitziet.

T: Welkom Mahmoud, wat goed om je te ontmoeten. Ik ben Loes en ik werk nu zo'n vier jaar bij deze instelling als psychotherapeut. Aan het einde van de eerste fase hebben we in het team besproken hoe de tweede fase van de behandeling eruit kan gaan zien. Het voorstel is dat ik samen met jou de NET kan gaan beginnen.
C: Mm. Ja. Dat hoorde ik.
T: We kunnen vandaag kennismaken en je kunt er dan over nadenken of je inderdaad de NET met mij wilt starten.
C: Heb ik daar dan een keuze in?
T: Je kunt je voorkeur laten weten. Wat ik heb begrepen vanuit jouw dossier en de bespreking in het team, is dat je een voorkeur hebt voor een vrouwelijke behandelaar.
C: Ja, dat is zo.
T: Ja, ik las dat je veel hebt meegemaakt. Als kind met je vader en later in de gevangenis. En dat je een heel moeilijke tijd hebt gehad in Nederland. Het één na het ander.
C: Mmm (kijkt weg)

T: Wat moet dat zwaar voor je zijn geweest. Ik kan me voorstellen dat je ertegenop ziet om daarover te praten.
C: Ja.
T: Tegelijkertijd begrijp ik dat je er veel last van hebt, van de herinneringen aan deze ervaringen. Wil je me daar al wel iets meer over vertellen?
C: Heb je dat niet gelezen dan?
T: Ja, maar ik ben heel benieuwd naar waar jij nu het meeste last van hebt en hoe je denkt dat ik door samen met jou de NET te gaan doen, jou kan helpen.
C: Ik wil die nachtmerries niet meer. Ik wil er liever niet meer over nadenken, maar iedere keer komen die nachtmerries weer. Ik slaap bijna niet. Gisteren heb ik helemaal niet geslapen. (gaapt)
T: Je bent heel moe. Ik kan me ook voorstellen dat je erg opzag tegen vandaag, wetende dat je kennis ging maken met de NET-therapeut.
C: Ja, dat is zo.
T: Wil je me vertellen waar je het meest tegenop zag
C: Je hebt het niet meegemaakt. Ik weet niet of je het wel gaat begrijpen. Je zult ook wel denken…
T: Je twijfelt of ik je wel goed kan begrijpen, omdat ik zelf niet zulke ervaringen heb gehad?
C: (haalt schouder op) Ja misschien wel. Maar ja, je werkt hier al vier jaar.
T: Ja, ik kan me je twijfel voorstellen. Je kent me niet, ik heb niet die ervaringen zoals jij en je vindt het heel moeilijk om anderen te vertrouwen.
C: Ja.
T: Ik stel voor dat we samen verder praten en je het tegen me zegt als je twijfelt. Dan kunnen we kijken hoe we daarmee omgaan. Je vertelde over je nachtmerries.
C: Ja, soms weet ik dan niet meer waar ik ben, alsof ik weer terug ben in Iran.
T: Je hebt soms last van wat wij noemen dissociatieve klachten. We gaan de volgende keer stilstaan bij hoe je die kunt hanteren. Eerst ben ik nog benieuwd. Als de behandeling is afgelopen, wat hoop je dat er veranderd is?
C: Dat ik weer een beetje normaal kan leven.
T: Hoe is dat voor jou, normaal leven?
C: Gewoon, een baan. Dingen doen zoals anderen.
T: Als we starten met de NET werken we aan het verwerken van je trauma's en wanneer dat goed verloopt, kunnen je nachtmerries verminderen en zul je weer wat beter slapen. Dan komt er meer ruimte om stil te staan bij welke dingen je zou willen doen. Maar ik zal je eerst meer vertellen over de therapie.

6.5 De houding van de therapeut: rust, vertrouwen, tijd, nabijheid

Een goede therapeutische relatie is een helende relatie, met een corrigerende werking voor eerdere negatieve ervaringen, zeker bij vroege trauma's (Hafkenscheid, 2014; Herman, 2016). We beschreven dit al in ▶ par. 6.1. Het is belangrijk dat de cliënt zich veilig kan voelen en vertrouwen kan opbouwen. Een aantal concrete aspecten die de therapeutische relatie helpen op te bouwen vanaf het eerste gesprek, lichten we hier nader toe.

Als therapeut is het belangrijk om tijdens de behandeling de rust en het vertrouwen te behouden en ook herhaaldelijk uit te spreken. De tijd hebben voor de behandeling, binnen de afgesproken tijd en kaders, is daarin ook belangrijk. Stel het begin van de sessie niet uit door te veel tijd te besteden aan zaken die niet relevant zijn voor de therapie. Zorg ervoor dat je met vertrouwen en rust begint, zodat je de tijd kunt nemen voor de cliënt aan het einde van de zitting om te herstellen. Net als rust, vertrouwen en tijd is ook nabijheid essentieel voor een goede therapeutische houding in de behandeling van traumagerelateerde dissociatie. Nabijheid in woord, waarbij je laat merken dat jij er bent, dat de cliënt met jou in de therapiekamer is, dat de cliënt niet alleen is. Beschikbaar blijven tijdens de dissociatie door je nabijheid te tonen in woorden, kan ontzettend waardevol zijn.

Voorbeelden:
Therapeut en cliënt zitten in een prettig zitje in de ruimte, ze zitten niet aan een bureau en hebben de ruimte om naar elkaar of naar het kunstwerk aan de muur of naar buiten te kijken. Zorg ervoor dat je je bewust bent van je ademhaling, de rust in je houding en benoem zo nodig wat je bij de ander (de cliënt) waarneemt.

"Ik merk aan je dat…" of "Ik zie dat je…" "Klopt dat?"
"Ga maar door, je doet het goed."
"Blijf je bewust van deze therapiekamer, ik zit naast je, kijk eens om je heen?"
"Wat moedig dat je vandaag deze stappen hebt durven nemen."

6.5.1 Continuïteit in de behandeling

De continuïteit van de behandeling draagt bij aan het creëren van een veilige omgeving waarin de cliënt in staat wordt gesteld zijn trauma's te verwerken. Duidelijkheid, voorspelbaarheid en zekerheid zijn daarbij van belang. Een vaste behandeldag en -tijd kan hierin ondersteunend zijn, evenals een vaste therapiekamer en een vaste indeling van de sessie. Transparantie wanneer hiervan wordt afgeweken, is noodzakelijk. Een opmerking als "Volgende week kan ik niet, dus we zien elkaar over twee weken pas weer", kan een cliënt overvallen. Zo'n opmerking kan door iemand met onveilige hechtingsrepresentaties worden ervaren als een herhaling van eerdere negatieve ervaringen, of kwetsend en afwijzend voelen. Dit kan de angst en weerstand weer doen toenemen. De boodschap kan beter als volgt worden gegeven: "Over een aantal weken kan er een sessie niet doorgaan omdat ik op onze therapiedag een training geef aan collega's, ik wil het je alvast laten weten zodat we er allebei op voorbereid zijn".

In dit hoofdstuk zijn de algemene voorwaarden voor behandeling besproken, de therapeutische relatie als basis voor de behandeling, het contact maken met en inleven in de cliënt en het in kaart brengen van mogelijke barrières in de behandeling. Een aantal van deze barrières kan worden overwonnen door een goede voorbereiding, waardoor cliënten over de drempel kunnen stappen om de traumabehandeling aan te gaan, zoals de motivatie voor behandeling en de angst voor wat er kan gaan gebeuren. Wat belangrijk is in de voorbereiding wordt beschreven in ► H. 7. Andere barrières voor het verwerken van trauma's, zoals schuld, schaamte, of vermijding komen terug tijdens de traumabehandeling. De traumabehandeling wordt beschreven in ► H. 8.

Literatuur

Draijer, N., & Van Zon, P. (2013). Transference-focused psychotherapy with former child soldiers: Meeting the murderous self. *Journal of Trauma and Dissociation, 14*(2), 170–183.

Hafkenscheid, A. (2014). *De therapeutische relatie*. Uitgeverij de Tijdstroom.

Herman, J. L. (2016). *Trauma en herstel; de gevolgen van geweld, van mishandeling thuis tot politiek geweld*. Wereldbibliotheek.

Kantor, V., Knefel, M., & Lueger-Schuster, B. (2017). Perceived barriers and facilitators of mental health service utilization in adult trauma survivors: A systematic review. *Clinical Psychology Review, 52*, 52–68.

Pugh, L. R., Taylor, P. J., & Berry, K. (2015). The role of guilt in the development of post-traumatic stress disorder: A systematic review. *Journal of Affective Disorders, 182*, 138–150.

Schalkwijk, F. (2012). Schaamte in psychotherapie. *Tijdschrift voor Psychotherapie, 38*(5), 368–380.

Taylor, T. F. (2015). The influence of shame on posttrauma disorders: Have we failed to see the obvious? *European Journal of Psychotraumatology, 6*(1), 28847.

Trinidad, R. B., Kamperman, A. M., & De Jong, J. T. V. M. (2005). Verklaringsmodellen in de GGZ: kenmerken van migranten en Nederlandse cliënten die volharden in een niet-psychologische betekenisgeving van hun klachten. *Gedrag en Gezondheid, 33*, 42–51.

Van Paassen, F. (2012). Over schuld en schuldgevoel: een psychodynamisch perspectief. *Tijdschrift voor Psychotherapie, 38*, 425–441.

Voorbereiding op traumabehandeling

Samenvatting

Als er een therapeutische relatie is met je cliënt en je bent je bewust van mogelijke barrières in de behandeling en weet hoe je daarmee rekening kunt houden in de behandeling, kun je de traumabehandeling gaan voorbereiden. Deze voorbereiding bestaat uit het geven van psycho-educatie met daarin uitleg over de klachten en verschijnselen, de functie van dissociatie en de mogelijkheden van behandeling. Je staat waar nodig stil bij emotieregulatie en coping en bespreekt hoe om te gaan met dissociatie tijdens de traumabehandeling.

De la Rie en Snip-van Wageningen, *Trauma en dissociatie*,
https://doi.org/10.1007/978-90-368-2711-9_7

7.1 Inleiding

De voorbereidende fase voor de traumaverwerking na intake en diagnostisch onderzoek bestaat uit het leggen van een goede werkrelatie, voorlichting over klachten en problemen en de behandeling, stilstaan bij emotieregulatie en afspraken maken over hoe om te gaan met dissociatie tijdens de traumabehandeling. Daarbij kunnen de voorgestelde handvatten tot activatie ook buiten de therapie ondersteunend zijn om dissociatie in reactie op triggers te signaleren en te voorkomen. In de klinische praktijk worden veel mensen met complex trauma gezien die erg ontregeld zijn en de emoties die hun (gefragmenteerde) herinneringen oproepen nauwelijks kunnen hanteren. Een goede voorbereiding op de traumabehandeling, in het bijzonder wanneer sprake is van dissociatie, is om meerdere redenen aan te bevelen. Deze cliënten zijn getraumatiseerd door veelvuldig interpersoonlijk geweld en voelen een drempel om een behandeling aan te gaan met een voor hen onbekende ander, jou als therapeut. De zorgvuldigheid maakt dat iemand zich serieus genomen voelt. Het geeft de cliënt vertrouwen in de therapeut en de voorgestelde behandeling en werkt motiverend. Een goede voorbereiding zorgt er bovendien voor dat iemand weer enige regie gaat ervaren, wat helpt om de vermijding te doorbreken. Iemand voelt zich doorgaans namelijk overvallen door angst en dissociatie, en dit versterkt de vermijding. Als iemand voorlichting krijgt en gaat begrijpen wat er gebeurt en daarnaast handvatten krijgt aangereikt om met heftige emoties of dissociatie om te gaan, helpt dit de drempel te verlagen voor traumaverwerking. Het verkleint de kans op drop-out en no-show. Deze voorbereiding voorafgaand aan de fase van traumabehandeling heeft als doel om iemand tijdens de therapie zo veel mogelijk binnen de optimale bandbreedte van het tolerantievenster te houden, zodat de traumaverwerking plaats kan vinden. Het zorgt ervoor dat de traumatherapie efficiënter verloopt, omdat je als therapeut iemands spanningsniveau goed kunt volgen en kunt interveniëren waar nodig. Een goede voorbereiding schept daarom de voorwaarden om traumaverwerking mogelijk te maken.

Wel of geen stabilisatie

Er is een landelijke discussie over nut en noodzaak van stabilisatie. In de eerste plaats zijn er verschillende visies op stabilisatie voorafgaand aan traumabehandeling. Het was lange tijd gebruikelijk om een stabilisatiefase voorafgaand aan de traumaverwerking aan te bieden, waarbij het streven was dat problemen in de emotieregulatie, zoals dissociatieve symptomen, onder controle waren voordat de fase van traumaverwerking kon aanvangen. In de richtlijnen van de ISTSS is een gefaseerde behandeling met een fase van stabilisatie, traumaverwerking en integratie aanbevolen (Cloitre et al., 2012). De valkuil van een stabilisatiefase voorafgaand aan de traumaverwerking was echter de duur. In het verleden kwam het wel voor dat traumabehandeling werd uitgesteld totdat iemand gestabiliseerd was, maar dat de fase van traumaverwerking niet werd bereikt. Je onthoudt dan iemand een bewezen effectieve traumabehandeling. Pleitbezorgers van zo snel mogelijk toepassen van deze behandelingen zijn van mening dat er onvoldoende bewijs is voor de noodzaak van een stabilisatiefase en dat de traumabehandeling zelf regulerend is, en dus ook de emotieregulatie ondersteunt (De Jongh et al., 2016). Het is inderdaad niet noodzakelijk dat dissociatie onder controle is voorafgaand aan de traumatherapie en uitstel door te stabiliseren tot dat het geval is, is niet nodig. Sterker nog: het is zo dat de traumaverwerking zelf een positief effect heeft op dissociatie. Als de angst voor de herinnering afneemt vanwege de traumaverwerking, is ten slotte dissociatie als verdediging tegen overweldigende emoties of als afweer niet meer nodig. Het is niet zo dat traumaverwerking pas kan volgen als iemand stabiel is. Een goede voorbereiding van de behandeling van cliënten met complex trauma zorgt echter wel voor de voorwaarden waaronder iemand kan ervaren dat het kunnen reguleren van de emoties (en dissociatie) opgeroepen door de traumatische herinneringen, hand in hand gaat met de verwerking van de traumatische ervaringen.
In de tweede plaats is er ook discussie over nut en noodzaak van stabilisatie tijdens de traumabehandeling. Gedurende een traumabehandeling kunnen interventies worden ingezet die de emotieregulatie bevorderen en ervoor zorgen dat iemand binnen de bandbreedte van het Tolerantievenster blijft, en zo kan profiteren van een traumabehandeling. Er zijn verschillende opvattingen over de mate waarin

deze interventies tijdens een traumabehandeling noodzakelijk zijn. Pleitbezorgers voor-niet interveniëren gedurende een traumabehandeling zijn van mening dat iemand dan gaat merken dat hij zelf in staat is om zich te reguleren en dat dissociatie van voorbijgaande aard is. Waar mogelijk is het goed om de eigen interne bronnen te versterken en iemand aan te moedigen om deze aan te spreken. Dat kan iemand zelfvertrouwen geven. Het is echter lang niet altijd het geval dat cliënten met complex trauma hun interne bronnen gedurende een ambulante traumabehandeling zo kunnen inzetten. Een nieuwe faalervaring zal de vermijding alleen maar versterken. Het inzetten van gerichte interventies die cliënten zelf kunnen gaan toepassen, geeft juist meer het gevoel van controle en regie, waarna de angst voor dissociatie of de angst overspoeld te worden door emoties afneemt. Er is bij elke vorm van traumabehandeling een aantal technische aanpassingen of interventies ontwikkeld die het vasthouden van het optimale spanningsniveau tijdens het traumaverwerkingsproces bevorderen of ondersteunen, mede gericht op het hanteren van dissociatie.

7.2 Psycho-educatie

Psycho-educatie bestaat uit het geven van uitleg over trauma, reacties na trauma, de functie van dissociatie en hoe daarmee om te gaan. Het is belangrijk om niet alleen te vertellen, maar in dialoog met je cliënt de onderwerpen te bespreken. De eerste gesprekken waarin je voorlichting geeft, bieden de mogelijkheid om de cliënt beter te leren kennen. Je vraagt bij elk onderwerp wat de cliënt zelf denkt of al weet en licht na enige uitleg je verhaal toe aan de hand van praktijkvoorbeelden. Wat je cliënt zelf vertelt, en hoe hij reageert, geeft je informatie die je later in een uitgebreidere casusconceptualisatie kunt verwerken.

Sommige cliënten begrijpen uitleg vrij vlot, sommigen hebben langer de tijd nodig en soms kom je later in de behandeling er nog eens achter dat meer uitleg nodig is. Je biedt niet alle informatie in één keer aan. Dat is te veel om te onthouden. Je gaat steeds na of je cliënt het heeft begrepen en onthouden. Als er veel klachten zijn, en er meer uitleg nodig is, is het belangrijk daar meerdere zittingen (twee tot drie) voor uit te trekken. Je kunt ook aan je cliënt voorstellen om de uitleg op te nemen, zodat hij het later nog een keer kan beluisteren. Uit onderzoek van Brand et al. (2019) blijkt dat een online psycho-educatieprogramma voor mensen met een dissociatieve stoornis (en eventueel hun behandelaren) zinvol is. In dat online psycho-educatieprogramma werd uitleg gegeven over de stoornis en werd aandacht besteed aan emotieregulatievaardigheden, gezonde copingvaardigheden en vergroten van de (subjectieve) veiligheid. Het was ook gericht op het verminderen van symptomen. Deelname leidde tot een afname van zowel PTSS als dissociatieve symptomen, een verbetering in emotieregulatie en een vermindering van zelfbeschadigend gedrag. Opvallend daarbij was dat hogere scores op dissociatie leidden tot een grotere en snellere verbetering. Het loont de moeite om voorafgaand aan de behandeling, aandacht te besteden aan psycho-educatie. Een goed begin is het halve werk. Als je de contouren van de behandeling goed kunt neerzetten, kun je daar later op terugvallen. In de volgende paragrafen bespreken we wat er aan bod moet komen tijdens de psycho-educatie.

7.2.1 Voorlichting over trauma en de gevolgen

In de psycho-educatie leg je eerst uit wat de reacties na trauma kunnen zijn, en welke klachten iemand kan krijgen. Je kunt ook stilstaan bij mogelijke factoren die eraan hebben bijgedragen dat klachten zijn ontstaan of niet vanzelf weer weggaan.

Je vertelt dat trauma's ingrijpende gebeurtenissen zijn die iemand zelf heeft meegemaakt of getuige van is geweest die levensbedreigend zijn of iemands integriteit aantasten. Je benoemt dat het normaal is dat men na het meemaken van een trauma angstig is, nachtmerries heeft en slecht slaapt of waakzaam is. Het is een normale reactie op een abnormale situatie. Het wordt anders als deze klachten niet meer verdwijnen.

Cliënten melden vaak last te hebben van slaapproblemen, nare herinneringen, lichamelijke klachten, wegrakingen, concentratieproblemen. De omgeving kan zich zorgen maken om de lichamelijke gezondheid van de cliënt, zeker als deze vaak afwezig is of verdwaalt, geen huishoudelijke taken zoals koken meer kan uitvoeren. Er is een beperkt functioneren en een afhankelijkheid van anderen. Wij noemen deze klachten soms anders dan onze cliënten. Als er sprake is van PTSS en dissociatie dan is het belangrijk om uit te leggen welke klachten daar allemaal bij horen.

Checklist klachten

Welke klachten horen allemaal bij PTSS?
(zie volledige criteria in ► H. 3, ► par. Posttraumatische stressstoornis)
A; Meegemaakt trauma
B; Intrusies
C; Vermijding
D; Verandering in cognities en stemming
E; Arousal en reactiviteit
F; Langer dan één maand
G; Lijdensdruk en/of disfunctioneren

Welke vormen van dissociatie zijn er?
(zie volledige criteria in ► H. 3)
Dissociatieve reactie (onderdeel criterium B PTSS)
Dissociatieve amnesie (onderdeel criterium D PTSS)
Depersonalisatie (onderdeel subtype PTSS)
Derealisatie (onderdeel subtype PTSS)

Niet iedereen heeft of houdt klachten na een trauma. Cliënten vragen zich soms af: "Waarom heb ik steeds nachtmerries? Mijn vrienden die in hetzelfde kamp zaten, gaan gewoon door met hun leven." Of je klachten langer dan één maand aanhouden en disfunctioneren veroorzaken, kan samenhangen met vele factoren. Je kunt een indeling maken in factoren voor, tijdens en na het trauma (pre-, peri- en post-trauma) die van invloed zijn op het ontstaan en in stand houden van klachten. Je kunt dan denken aan de factoren voorafgaand aan het trauma, zoals de verhouding tussen draagkracht en draaglast, persoonlijkheid en de aanwezigheid van andere stressoren, aan de factoren tijdens het trauma, zoals dissociatie, of na het trauma zoals het ontbreken van steun, moeten vluchten naar een ander land. Als je diagnostisch onderzoek hebt gedaan en je hebt stilgestaan bij de levensloop, heb je enig zicht gekregen op de samenhang van verschillende factoren die van invloed zijn geweest op het ontwikkelen van klachten. Je kunt deze puzzelstukjes meenemen in het opstellen van je (beschrijvende) diagnose, die je kunt vertalen voor de cliënt in een casusconceptualisatie. Je kunt deze voorleggen aan de cliënt voordat je het behandelplan maakt.

7.2.2 Voorlichting over (de functie van) dissociatie

Als je hebt stilgestaan bij trauma en de gevolgen van trauma, kun je vervolgens uitleg geven over dissociatie. Als je samen met je cliënt in kaart hebt gebracht welke trauma's iemand heeft meegemaakt en op welke momenten hij heeft gedissocieerd, kun je de verdedigingscascade uitleggen. Het helpt de cliënt om te begrijpen waar zijn klachten vandaan komen en kan plaatsen dat dissociatie een onderdeel kan zijn van een stressreactie. Zo kunnen vrouwen die een seksueel trauma hebben meegemaakt zichzelf verwijten dat ze niet konden bewegen, hoewel ze eigenlijk letterlijk verstijfd waren van angst. De therapeut legt het uit aan de hand van de ervaring van de cliënt en kan de verdedigingscascade op een whiteboard of een groot wit vel tekenen. In het navolgende gesprek met Pieter wordt duidelijk hoe dit kan:

T: We hebben nu samen besproken dat je toen het gebouw begon te trillen, eerst heel erg schrok, en je op het moment dat je die brokstukken op je af zag komen, verstijfde. Alsof je niet meer kon bewegen, en dat je je van daarna niets meer kunt herinneren. Je hebt gehoord dat het gebouw instortte, maar je herinnert je pas weer iets vanaf het moment dat je in het ziekenhuis wakker werd.
C: (knikt, kijkt weg, een beetje angstig)
T: Je reactie tijdens dit ongeval is goed te begrijpen als je weet hoe mensen doorgaans reageren onder hoge stress.
C: Hoe kan dat dan?
T: Ik teken hier op het bord hoe dat gaat. We noemen dat de verdedigingscascade. Met langs de verticale lijn het niveau van spanning van laag tot hoog en op de horizontale lijn de tijd. Kijk maar met me mee. Als er gevaar dreigt, zal iemand eerst snel om zich heen kijken, stoppen en het gevaar inschatten. Dit kan alleen als daar ook tijd voor is. Je alarmsysteem slaat aan, als het ware. De spanning loopt op. Hierna zal iemand vluchten of vechten om het gevaar het hoofd te bieden. Lukt dat niet, dan loopt de spanning nog verder op en kan iemand verstijven, je bent wel heel gespannen, maar kunt je niet verroeren. Dit kan heel beangstigend zijn. Als de spanning nog verder oploopt, kan het zelfs voorkomen dat het omslaat, dat je helemaal verslapt, en in het ergste geval verlies je het contact met het hier en nu en val je flauw.
C: Achteraf dacht ik: wat stom, waarom ben ik niet opzij gesprongen? Ik kon me niet bewegen. Dat is wat ik weet.
T: Ja, je verstijfde, je alarmsysteem stond zo op scherp dat je niet meer kon bewegen. Dat is een veelvoorkomende reactie onder stress.

Wat is de functie van dissociatie?

Je kunt de functie van dissociatie illustreren door te laten zien wat het verschil is tussen toen en nu. Je kunt dit bespreken en bijvoorbeeld laten zien op een whiteboard.
TOEN
Trauma > machteloosheid > dissociatie > overleving

NU
Herinneringen trauma > machteloosheid > dissociatie > bescherming tegen overweldigende gevoelens > disfunctioneren

Ten tijde van het trauma had dissociatie een functie, namelijk overleving. In de eerste periode na het trauma hadden de traumaklachten ook een functie, zoals aanmoedigen van verwerking. Zo kan vermijding van bepaalde plekken of bepaalde gedachten kort na het trauma een cliënt helpen om te doseren, en stap voor stap te verwerken. Maar als het aanhoudt, is dat anders. Net als vermijding, zijn alle klachten die bij PTSS horen, zoals die er nu zijn, lang nadat het trauma voorbij is, belemmerend voor iemands functioneren. Cliënten willen het liefst het trauma en dus ook hun intrusies van het trauma (klacht PTSS) vermijden of wegmaken. Waar de cliënt het trauma niet aankon en zich machteloos voelde, kan hij zich ook machteloos voelen ten aanzien van de herinnering of de herbeleving. Dissociatie als de stress oploopt, leidt ertoe dat de cliënt de overweldigende gevoelens die worden opgeroepen door de herinnering even uitschakelt. In ► H. 2 beschreven we al dat niet iedereen even gevoelig is voor dissociatie. Het is goed mogelijk om aan cliënten uit te leggen dat dissociatie een reactie kan zijn onder stress, waar niet iedereen even gevoelig voor is. De therapeut kan dan, als daar behoefte aan is, stilstaan bij de relatie tussen hechting, persoonlijkheidsontwikkeling en de gevoeligheid om te dissociëren. De therapeut kan dit doen door de bouwstenen van draagkracht toe te lichten. In het gesprek met Janneke wordt duidelijk hoe dit kan:

C: Waarom heb ik dit? Niet iedereen is zo vergeetachtig als ik en gaat lopen dwalen.
T: Niet iedereen is even gevoelig voor dissociatie. Dat hangt af van je aanleg, hoe je opgroeit als kind en wat je allemaal meemaakt onderweg. Dat vormt je persoonlijkheid en hoe je reageert op nieuwe ervaringen. We hebben vaak gesproken over je levensgeschiedenis en de dingen die zijn voorgevallen.
C: (knikt)
T: Je vertelde dat je een angstig kind was, je hebt veel traumatische ervaringen meegemaakt met je broer, je vader was heel streng en je moeder was er niet om je te helpen. Deze ervaringen komen nog vaak terug in je nachtmerries. Je merkt nog steeds dat je heel snel bang bent als iemand zijn stem verheft en je voelt je dan verlamd. Je vertelt hoe moeilijk het was om voor jezelf op te komen, je hebt eigenlijk nooit geleerd hoe dat kan.
C: Ja, ik kon geen kant op vroeger. Zo voelde het tenminste.
T: Je voelt je niet zo opgewassen tegen geweld en kunt moeilijk grenzen aangeven. Je merkt dat je er soms ook van in de war raakt, en niet meer goed weet wie het goed met je voor heeft.
C: Ja, dat klopt. Zo gaat het meestal.

T: Je kunt zeggen dat je temperament of aanleg, angstgevoeligheid, en je nare ervaringen in je jeugd de ontwikkeling van draagkracht of stevigheid om met spanning om te gaan hebben belemmerd. De draagkracht is hoeveel je kunt hebben. Zeg maar de fundamenten van je huis. Als je je als kind angstig en onveilig hebt gevoeld, je maakte veel dingen mee waarbij je het gevoel had dat je geen kant op kon, dan mis je een veilige basis. Je huis staat dan niet zo stevig. En bij nieuwe stress, merk je na alles wat je hebt meegemaakt, dat je snel uit evenwicht raakt.
C: Dus je bedoelt, het verschil tussen een huis op houten palen of op een betonvloer?
T: Zo kun je het omschrijven. Om toch met spanning om te gaan, reageer je op een manier die je je onbewust eigen hebt gemaakt en die vroeger goed heeft gewerkt. Een manier om te reageren kan dissociatie zijn. Dat was vroeger mogelijk de enige optie om de klappen van je vader niet te voelen. Nu heb je er vooral last van. Maar als je in een stressvolle situatie terechtkomt, kun je opnieuw gaan dissociëren.

7.2.3 Voorlichting over behandeling

Nadat de cliënt meer weet over de traumagerelateerde klachten en dissociatie, en begrijpt wat de functie is (geweest) van dissociatie kun je vervolgens bespreken op welke manier deze klachten en problemen in de traumabehandeling aan bod komen. Je kunt iemand vragen samen te vatten wat hij heeft onthouden over de relatie tussen het trauma en zijn klachten, de functie van dissociatie en de manier van omgaan met zijn klachten. Je kunt bespreken wat traumabehandeling is, hoe je samen omgaat met dissociatieve reacties die kunnen optreden en stilstaan bij de wil en tegelijkertijd de angst voor verandering.

Wat kan traumabehandeling betekenen?

De behandeling van eerste voorkeur volgens verschillende richtlijnen en de zorgstandaard is imaginaire exposure. Deze vorm van behandeling is het meest onderzocht en blijkt nog altijd de meest effectieve behandeling te zijn. Er zijn inmiddels verschillende varianten van behandeling waarbij exposure gebruikt wordt. Naast klassieke exposure vanuit cognitieve gedragstherapie, is er Narratieve Exposure Therapie (NET) en de Beknopte Eclectische Psychotherapie voor Posttraumatische Stressstoornis (BEPP). Er is ook evidentie voor het behandelen van PTSS met EMDR. In de keuze voor de traumabehandeling speelt de voorkeur van de cliënt een grote rol. Het is belangrijk om de verschillende vormen van traumabehandeling uit te leggen en in samenspraak met de cliënt een keuze te maken.

Als je de keuze al gemaakt hebt, of de cliënt is geïndiceerd voor een bepaalde vorm van traumabehandeling, kun je voorlichting geven over wat de behandeling inhoudt, wat zij kan oproepen en vooral wat zij kan opleveren. De verschillende vormen van traumabehandeling hebben gemeenschappelijk dat cliënten stilstaan bij de oorzaak van hun PTSS-klachten. In plaats van te blijven vermijden aan de trauma's te denken, wordt van de cliënten gevraagd dat zij juist de trauma's doorwerken. Als je hebt gekozen voor een exposurebehandeling leg je uit dat dit betekent dat cliënten in detail zullen gaan praten over de trauma's en deze weer heel levendig zullen gaan ervaren tijdens de therapiezitting. En dat ze naar alle waarschijnlijkheid ook nog na afloop van de zitting daar veel over blijven nadenken of zich angstig, boos of verdrietig zullen voelen. Je legt uit dat het vermijden van de herinnering aan de trauma's juist de spanning doet toenemen en dat de onverwachte intrusieve herbelevingen of nachtmerries waarin de herinnering iemand als het ware overvalt, aanwezig blijven. Je legt uit dat door in te zoomen op de traumatische ervaring tijdens de therapie, de ervaring zelf niet zal veranderen, maar de emoties die worden opgeroepen door deze ervaringen wel beduidend minder kunnen worden, waardoor de noodzaak om te vermijden aan het trauma te denken ook weer afneemt. Cliënten zullen zich dan minder overvallen voelen door gefragmenteerde herinneringen en heel heftige emoties. De traumatische herinnering zal meer gaan lijken op een gewone, weliswaar heel nare, herinnering. Traumabehandeling is een zware therapie en vraagt veel van de cliënt. Iemand moet als het ware door de zure appel heen bijten. In de voorlichting over traumabehandeling kun je de vergelijking maken met een wond. Zo lang iemand klachten heeft, is de wond open, ontstoken en deze geneest niet door hem af te dekken met verband. Sterker nog, de wond kan dan nog meer gaan ontsteken. De wond moet eerst worden schoongemaakt, voordat deze kan helen. Het schoonmaken van de wond is doorgaans een pijnlijk proces, maar nodig om de wond te laten genezen. Nadat de wond is schoongemaakt, kan deze gaan herstellen. Als de wond genezen is, blijft er vaak wel een litteken achter, wat soms irriteert, of jeukt. Maar dat is altijd beter dan een open wond.

Als je deze vergelijking maakt, kunnen cliënten meestal wel begrijpen wat het nut is van traumabehandeling en wat het zo moeilijk, maar noodzakelijk maakt. Als je de uitleg helder, rustig en duidelijk vertelt, vergroot dit het vertrouwen van de cliënt in jou als therapeut. Het leggen van de werkrelatie waarin de cliënt jou als authentiek, betrouwbaar en oprecht ervaart en een heldere uitleg over klachten en problemen kan (de invloed van) eerdere barrières voor het aangaan van de behandeling verminderen en de angst voor verandering of weerstand doen afnemen. Je hebt dan een gezamenlijke basis voor je behandeling, kunt behandeldoelen formuleren en verder met de voorbereiding op de traumaverwerking. In de voorlichting over de behandeling aan Pieter ging dat als volgt:

T: Pieter, vandaag wil ik samen met je doornemen wat traumabehandeling is en wat het voor jou kan betekenen.
C: Mag ik dan direct een vraag stellen?
T: Ja, natuurlijk.
C: Klopt het dat ik alles weer opnieuw naar boven moet halen?
T: Ja. (ziet teleurstelling op Pieter zijn gezicht) Hoe is dat voor jou om te horen?
C: Ik dacht het al, maar ergens hoopte ik nog op een andere manier om hier weer bovenop te komen.
T: Ben je bang dat er iets gebeurt als je de nare ervaringen weer opnieuw ophaalt uit je herinnering?
C: (...) Ik denk dat ik dan niet meer kan stoppen met huilen.
T: Ik zal je wat vertellen over traumabehandeling in het algemeen en de traumabehandeling BEPP die jij gaat volgen in het bijzonder. Traumabehandeling is erop gericht de traumaverwerking van de ingrijpende gebeurtenissen weer op gang te brengen. Je probeert nu vooral niet te denken aan de ervaring en deze te vermijden, maar het blijft je toch achtervolgen en overvalt je in herbelevingen en nachtmerries. Je hebt verteld dat je erg gespannen raakt wanneer je terugdenkt aan het incident waarbij je in levensgevaar was, het gebouw instortte en Klaas blijvend gewond raakte. De spanning kan dan bijvoorbeeld zo hoog worden dat je een grote hoeveelheid alcohol neemt om de gevoelens te dempen.
C: Ja, het is mij allemaal te veel, ik weet gewoon niet hoe ik het anders kan doen.

T: Heel begrijpelijk. Gedurende de traumabehandeling zul je in detail gaan praten over de gebeurtenissen en dit niet langer vermijden. Hierdoor zal de spanning die de herinneringen aan deze ingrijpende gebeurtenissen met zich meebrengen mogelijk eerst toenemen, maar vervolgens juist verminderen. Je leert om de emoties die deze herinneringen bij je oproepen te hanteren. Je zult merken dat je dan minder wordt overvallen door de herinneringen. Er zijn verschillende vormen van traumabehandeling en jij hebt verteld dat je voorkeur uitgaat naar BEPP.
C: Ja, dat leek mij het beste passen. Dat vind jij toch ook?
T: Veel traumabehandelingen zijn effectief en de BEPP is er daar één van. De BEPP past goed bij je klachten en je hulpvraag. De BEPP-behandeling die jij gaat volgen bestaat uit ongeveer zestien sessies en vijf onderdelen. Allereerst wil ik graag met jou en je vrouw een afspraak maken om voorlichting te geven over de klachten en de behandeling. Hierna volgt de fase van exposure waarin de herinneringen opgehaald worden. (therapeut legt vervolgens de BEPP stap voor stap uit) Wat vind je van deze uitleg?
C: Ik begrijp deze uitleg en ik vind het ook fijn dat er een begin en een eind zit aan deze therapie.

Behandelplan

Nadat iemand de uitleg begrepen heeft, en alle vragen zijn beantwoord, kun je het behandelplan opstellen. In het behandelplan leg je de afspraken vast over de behandeling en aan welke klachten en problemen je aandacht zult besteden. Je formuleert concrete behandeldoelen.

Concrete behandeldoelen

Het is belangrijk om bij de start van de behandeling concrete doelen te bespreken.
SMART betekent: Specifiek, Meetbaar, Acceptabel, Realistisch en Tijdgebonden.
Houd hierbij rekening met:
De mogelijkheden van de afdeling en/of regio
De verhouding draagkracht-draaglast van de cliënt
De diverse rollen in het leven (werkende, ouder)
De intrinsieke motivatie van de cliënt
De intrinsieke veiligheid die de cliënt ervaart

Bij het bespreken van de behandeldoelen van Pieter ging dat als volgt:

T: Pieter, we zijn nu het behandelplan aan het maken waarin de BEPP-therapie een essentieel onderdeel vormt. Ik wil ook graag behandeldoelen met je maken. Kun jij vertellen welke doelen deze behandeling heeft?
C: Ik wil weer kunnen functioneren zoals ik altijd deed.
T: Wat is daarvoor nodig?
C: Dat ik kan verwerken wat ik heb meegemaakt en dat ik weer goed kan slapen.
T: Oké, laten we deze doelen uitschrijven. Je wilt de traumatische ervaringen waar je last van hebt verwerken, je wilt je nachtrust verbeteren?
C: Ja, dat is wel mijn bedoeling.
T: Laten we proberen dit in het behandelplan nog concreter te maken. We zullen dit zo concreet mogelijk beschrijven en daarbij de doelen zo haalbaar mogelijk formuleren. We kunnen dan ook aangeven wanneer je dat bereikt wilt hebben.

Traumaverwerking
S: Praten over heftigste traumatische ervaringen, emoties uiten die daarbij horen
M: Sessie 1–5 van BEPP
A: Ja
R: Ja
T: Na vijf sessies behaald
Nachtrust
S: Nu slaap ik vier tot vijf uur per nacht. Ik wil weer acht uur per nacht slapen
M: Slaapdagboek bijhouden
A: Met zeven uur slaap per nacht zou ik tevreden zijn
R: Ja
T: Na twaalf sessies behaald

7.3 Casusconceptualisatie

Als je cliënt voldoende informatie heeft over de klachten, over dissociatie en wat de behandeling zal inhouden, je afspraken hebt gemaakt over de doelen van de behandeling, kun je de problemen in onderlinge samenhang op een rij zetten. Een casusconceptualisatie is een werkmodel dat je aan het begin van de behandeling, maar ook gedurende de behandeling gebruikt om de problemen te verhelderen en samen met je cliënt te bespreken waar je aan werkt en waarom. Gaandeweg de behandeling kun je deze aanvullen of bijstellen op basis van hetgeen er tijdens het therapeutisch proces naar voren komt. De manier waarop je de casusconceptualisatie maakt, hangt af van de gekozen therapievorm. Zo zijn er verschillende werkmodellen voor bijvoorbeeld schematherapie of cognitieve gedragstherapie (CGT). In een CGT-behandeling maak je vaak een holistische theorie (HT). De HT is een hypothese over de samenhang van de problemen van je cliënt. Een HT stel je op om een goed beeld te krijgen van de samenhang tussen de ontwikkeling van de cliënt, zijn persoonlijkheid en de klachten die hij ervaart. Het is een laagdrempelige manier om veel informatie op een overzichtelijke manier te structureren (Orlemans, 1987). We geven hier een voorbeeld van een HT van de behandeling van Janneke die voor haar PTSS-klachten IE zal volgen.

Holistische theorie van Janneke

structurele kwetsbaarheid of historie	instrumentele kwetsbaarheid of persoonlijkheidskenmerken	klachten en problemen
persoonsfactoren: Janneke vertelt dat zij als kind al angstig en verlegen was.	kerncognities: Ik ben niets waard, ik ben niet goed genoeg.	stressoren: Janneke leeft geïsoleerd. Haar zorgen om haar dochter houden haar veel bezig. Ziekmelding op werk.
omgevingsfactoren: Vader, moeder, drie broers. Vader was dominant, streng. Moeder was lief, maar depressief en niet beschikbaar. Janneke is misbruikt door haar halfbroer.	copingstrategieën: Vermijdend en afwachtend	beschermende factoren: Janneke heeft een heel goede band met haar dochter. Janneke heeft tevens een konijn waar ze met veel aandacht voor zorgt.

structurele kwetsbaarheid of historie	instrumentele kwetsbaarheid of persoonlijkheidskenmerken	klachten en problemen
De ex van Janneke mishandelde haar, lichamelijk en psychisch, gedurende hun relatie en huwelijk.	zelfbeeld: Ik weet niet wie ik ben, ik ben perfectionistisch op mijn werk, ik ben een beschermende moeder maar ik ben geloof ik niet veel waard.	gevolgen: De concentratieproblemen, nachtmerries, dwalingen en angsten breken Janneke op. Janneke heeft zich ziekgemeld op het werk. Haar dochter heeft tegen haar gezegd dat ze hulp moet zoeken.
	leefregels: Ik probeer te doen wat mijn dochter en baas nodig hebben, niemand heeft last van mij, ik wil geen ruzie en ik wil niemand tot last zijn.	

7.4 Omgaan met klachten

Na deze voorlichting, het bespreken van de casusconceptualisatie en het behandelplan, is het vervolgens belangrijk om stil te staan bij hoe iemand omgaat met de klachten, emotieregulatie en hoe iemand beter kan slapen. Je kunt dit in de voorbereidende fase van de behandeling aandacht geven, in het bijzonder als het gaat om complex trauma of bij cliënten met beperkte draagkracht. Na de voorlichting over klachten na trauma, en wat de functie is van dissociatie, is het belangrijk om stil te staan bij hoe iemand omgaat met de gevolgen van het trauma. Op het meemaken van traumatische ervaringen heb je een beperkte invloed. Ter illustratie: natuurlijk kun je ervoor kiezen niet midden in de nacht alleen door een park te fietsen, maar het is een feit dat maar in 19% van de gevallen seksueel geweld door een onbekende gepleegd wordt (De Haas, 2012). Dit geweld wordt vaker door een bekende gepleegd. Je hebt weinig invloed op het meemaken van een trauma, maar op hoe je omgaat met de klachten die je ervaart na het trauma, ook wel coping genoemd, heb je daarentegen wel invloed.

Je verkent samen met je cliënt hoe hij in het verleden met zijn klachten na het trauma is omgegaan en hoe hij er nu mee omgaat. Als je in de diagnostische fase al hebt uitgevraagd welke emotieregulatievaardigheden en coping iemand heeft, kun je dit in herinnering brengen en vervolgens verder uitleggen wat coping is.

Je vertelt dat coping een individuele of persoonlijke manier is om om te gaan met negatieve aspecten van de omgeving en de interne dreiging gevormd door stress te minimaliseren (Amir et al., 1997; Fleming et al., 1984). Je vertelt dat coping aangewend wordt om je aan te passen na de ervaring van een psychologisch ernstig trauma, en de emoties die worden opgeroepen te hanteren. Je legt uit welke copingstijlen er zijn, zoals beschreven in ▶ H. 4. Je noemt voorbeelden uit de praktijk. Je vraagt verder uit welke copingstijlen je cliënt eventueel nog meer gebruikt, naast de al genoemde coping. Je kunt samen met de cliënt bespreken in welke mate deze coping adaptief of maladaptief is. Copingstrategieën die behulpzaam zijn voor het hanteren van spanning zijn: ontspanningsoefeningen, steun zoeken bij anderen en erover praten, afleiding zoeken, geruststellende gedachten herhalen, geen aandacht geven aan de catastroferende gedachten, zoals dat bij mindfulness wordt geleerd. Wat niet behulpzaam is, is het gebruik van middelen, piekeren, je in beslag laten nemen door de problemen of de situatie gaan vermijden of wegstoppen. Als je hoort dat de cliënt vooral maladaptieve copingstijlen gebruikt, stel je vragen over alternatieven. Leer je cliënt rekening houden met zichzelf en anders omgaan met zichzelf en zijn tijdelijke beperkingen. Een voorbeeld: als je na een lelijke val een polsbreuk hebt opgelopen en bent gegipst, dan start het leren omgaan met deze beperking. Het is niet zo dat je met een gipsarm niet meer kunt functioneren, maar het is ook niet zo dat je alles kunt. Maar leg ook uit dat je niet wilt dat de cliënt zelfbeschadigend gedrag toepast (bokjespringen met een gebroken pols). Probeer het gebruik van adaptieve coping aan te moedigen, passende bij de persoonlijke situatie van de cliënt. We beschrijven hieronder hoe de coping is besproken met Grace.

Emotieregulatievaardigheden van Grace.
T: Als je zo bang bent, wat doe je dan om je weer wat beter te voelen?
C: Wat ik doe? Ik zou niet weten wat ik moet doen. Ik blijf op mijn kamer, ik slik soms pillen. Het is het enige waardoor het stopt. Als ik geen medicatie zou nemen, dan weet ik het niet. Ik pieker veel, ik kan het niet uit mijn hoofd zetten.
T: Zijn er dingen die je helpen om rustig te worden of je wat afleiding geven?
C: Als ik niet kan stoppen met denken, dan ga ik soms koken. Ik kan heel goed koken. Maar dat gaat soms ook mis. Dan eet ik alles achter elkaar op. Ik kan dan alles wat ik kan vinden in een half uur opeten.
T: Hoe vaak heb je eetbuien?
C: Soms.
T: Is dat een keer per week, of meerdere keren of elke dag?
C: Nee, een of twee keer per week. Ik herinner me het ook niet altijd. Dan vind ik een lege koelkast, terwijl ik toch dacht dat ik eten had gekocht. Ik ben dan weer tijd kwijt.
T: Wat moeilijk moet dat zijn, als je je dat niet meer kunt herinneren. De keren dat je je de eetbuien wel herinnert, wat doe je daarna?
C: Niets. Ik voel dan niets meer.
T: Zijn er nog andere dingen die je probeert om met je klachten om te gaan?
C: Soms, dan…
T: Ja, dan…?
C: Ik krab mezelf dan soms met mijn nagels, totdat het bloedt.
T: Je vindt het moeilijk om te vertellen?
C: Ja, soms weet ik het gewoon even niet meer. Ik voel me dan zo slecht. En dan voel ik soms mijn lichaam ook niet. Dan doe ik dat soms.
T: Wat goed dat je me dit vertelt. Ik denk dat het voor de behandeling heel belangrijk is als we samen kijken naar wanneer je de neiging hebt om dit te doen, zodat we kunnen bespreken hoe je dit kunt stoppen en je helpen je beter te gaan voelen. We gaan er dan zo nog verder over praten. Zijn er nog andere dingen die je doet?
C: Ik schrijf veel dingen op, of ik zet het in de telefoon. Anders vergeet ik afspraken en ben ik hier echt niet op tijd.
T: Zoals je vertelt, heb je een aantal manieren die je helpen met je klachten om te gaan, zoals het gebruik van medicatie, dingen opschrijven, je gaat soms koken en dat geeft je afleiding. Maar je noemt een aantal manieren die je niet goed helpen en waar je ook last van hebt, zoals eetbuien, en krabben. Om met iets dat niet werkt te stoppen, is het belangrijk om na te denken over een andere manier om met stress om te gaan, een alternatief. Het is dus belangrijk om voor de eetbuien en het krabben na te denken over een alternatief.

C: Ik zou niet weten hoe. Ik voel me soms zo slecht.
T: Dan weet je je geen raad. Het is belangrijk om op een andere manier met de stress om te gaan, zodat je niet zoveel spanning voelt dat je gaat krabben. Je hebt al met onze PMT'er verschillende manieren besproken om je minder gespannen te voelen. Kun je me vertellen wat je met haar hebt besproken?
C: Ja, ze heeft me een grondingsoefening geleerd. En de bodyscan. Ik heb ook afgesproken dat ik ga wandelen, als mijn hoofd vol is.
T: Laten we eens samen nadenken over wat je kunt doen als je spanning voelt en je je lichaam niet meer voelt en wat je dan kunt doen.
C: In Nederland is mijn huid erg droog geworden, ik wrijf veel over mijn huid, en als ik stress heb, dan voel ik niets meer. Dan voel ik mijn lichaam niet en ga ik krabben.
T: Je wrijft over je huid. Is er een manier waarop je dan in plaats van jezelf pijn te doen, je op een positieve manier je huid kunt verzorgen?
C: Ik kan mijn huid insmeren met kokosolie. Ik heb geen kokosolie, maar Anne wel.
T: Als je dan de neiging krijgt om te gaan krabben, kun je kokosolie gebruiken, waarmee je op een andere manier weer contact voelt met je lichaam. Mogelijk kun je Anne vragen of zij kokosolie in huis heeft en of je deze mag gebruiken.
C: Ik ga het haar straks vragen.

7.4.1 Skills Training for Affective and Interpersonal Regulation (STAIR)

STAIR is een interventie van acht tot tien sessies ontwikkeld door Cloitre et al. (2002) en bedoeld om de copingvaardigheden en het stressmanagement te verbeteren. Elke sessie heeft eenzelfde opbouw: de therapeut geeft psycho-educatie, en laat de vaardigheid zien, de cliënt oefent met de vaardigheid en krijgt huiswerk mee. Uit onderzoek van MacIntosh et al. (2018) blijkt dat bij 85 cliënten met vroegkinderlijk misbruik in de voorgeschiedenis het STAIR-aanbod positieve resultaten laat zien. Emotieregulatieproblemen, interpersoonlijke problemen en PTSS-symptomen waren verminderd.

7.4.2 Verbeteren van de slaap

Iemands emotieregulatie kan vooruitgaan als hij ook iets beter kan slapen. Het zijn nachtmerries die iemand uit de slaap houden bij PTSS, hij kan lang wakker liggen en piekeren, of angstig zijn om te gaan slapen, vooral uit angst dat de nachtmerries weer terugkeren. Als je overdag erg moe bent, is de stress van alledag soms al te veel. Zoals we eerder hebben besproken kan slaaptekort van invloed zijn op dissociatieve klachten en deze uitlokken (Van der Kloet et al., 2012). Het is daarom aan te bevelen om bij de start van de behandeling ook het verbeteren van de slaap aandacht te geven door het dag-nachtritme en een betere slaaphygiëne te bespreken. Dit kan besproken worden in het begin van de therapie, in de ondersteunende begeleiding of via een e-healthmodule parallel aan de traumabehandeling.

7.5 Voorbereiding op traumabehandeling: omgaan met dissociatie

Cliënten die gevoelig zijn voor dissociatie, zullen mogelijk meer dan andere cliënten opzien tegen de traumabehandeling, omdat zij bij spanning meer dissociatieve klachten ervaren en dat voor hen beangstigend kan zijn. Het is daarom belangrijk om uitleg te geven over hoe met dissociatieve klachten om te gaan tijdens de traumabehandeling. Het betekent niet dat deze klachten al onder controle moeten zijn. Een goede voorbereiding is desondanks wel belangrijk. Zo kun je de voorwaarden scheppen waardoor iemand over de drempel stapt, barrières overwint, niet afhaakt na de eerste zitting en zich serieus genomen voelt, en stagnatie tijdens de behandeling kan worden voorkomen.

Je begint met een samenvatting en bespreekt wat je tot nu toe al in kaart hebt gebracht, zoals wat voor type dissociatieve klachten je cliënt heeft. Ook heb je de functie van deze klachten uitgelegd. Je kunt vervolgens uitleggen hoe je in de traumabehandeling zult omgaan met deze klachten. Je legt uit dat dit vaker voorkomt en dat je samen met cliënt probeert dit in goede banen te leiden.

Je bespreekt dat je verwacht dat cliënten ook tijdens de zittingen dissociatieve klachten ervaren op het moment dat de spanning te veel oploopt. Je legt het Tolerantievenster uit. Dit doe je door het Tolerantievenster te laten zien op bijvoorbeeld een whiteboard. In ► H. 2 staat een plaatje van het Tolerantievenster dat je kunt gebruiken om het voor je cliënt te verduidelijken. Als je dit visueel maakt, door het te tekenen, zal iemand het ook beter begrijpen en onthouden.

Je vertelt dat als de spanning niet te verdragen is dat iemand kan gaan dissociëren. Het bespreken van trauma's zal een aanleiding kunnen zijn om te gaan dissociëren, en iemand kan uit contact raken. Dissociatie herkennen is een eerste stap in de behandeling ervan. Je verkent welke signalen iemand laat zien of zelf voelt die een voorbode zijn voor dissociatie. Signalen die veel voorkomen als iemand gaat dissociëren zijn onder meer uit contact gaan, gaan staren, gapen, zich afwenden, stukken overslaan in het verhaal, minder coherent gaan vertellen of het verhaal onderbreken, geen affect laten zien of zelfs enige onverschilligheid in hoe iemand zijn verhaal vertelt.

Voorbereiding op traumabehandeling van Janneke
T: Wat me in onze gesprekken is opgevallen, is dat je als je te veel in spanning raakt, je je blik afwendt, je naar beneden gaat kijken.
C: Ja?
T: Merk je dat zelf?
C: Ik weet niet, maar mijn gedachten dwalen weg. Ik merk wel dat ik een benauwd gevoel krijg, alsof ik me niet meer kan bewegen.
T: Dus voordat je gedachten wegdwalen, merk je dat je je benauwd voelt, en je je niet meer kunt bewegen. En ik merk dan dat je wegkijkt, je meer in jezelf keert.
C: Ja, dat kan, dat laatste weet ik niet zo.
T: Dit zijn voor ons dan signalen dat je het contact met het hier en nu dreigt te verliezen.
C: Soms overvalt het me. Dat gebeurt hier, maar ook thuis.
T: Ja, nu voel je je erdoor overvallen, daarom is het zo belangrijk dat we de signalen dat je dit ervaart goed in kaart brengen, om je zo te helpen je er minder door overvallen te voelen.

C: Ik weet niet of dat lukt.
T: We gaan eraan werken. Het herkennen van de signalen van dissociatie is een eerste stap in de behandeling ervan. Dus voordat je gedachten wegdwalen, merk je dat je je benauwd voelt, en je je niet meer kunt bewegen. En ik merk dan dat je wegkijkt, je meer in jezelf keert. Zijn er meer signalen, wat er gebeurt of wat je voelt of opmerkt, voordat je wegdwaalt?
C: Ik voel de stoel niet meer.
T: Die is ook belangrijk. Dus de belangrijkste signalen die we nu kennen zijn: een benauwd gevoel, niet meer goed kunnen bewegen of de stoel niet meer voelen. Ik merk het doordat je wegkijkt. Als je echt helemaal het contact met het hier en nu kwijt bent, zie ik dat aan je doordat je gaat staren, je niet meer reageert op mijn vragen en heel stil, bijna bevroren in de stoel zit. Nu we dit in kaart hebben gebracht, kunnen we samen kijken op welke momenten dit het meest voorkomt. Het gebeurt meestal niet zomaar uit het niets, maar is een reactie op een uitlokkende situatie, een gevoel dat we bespreken, of in het dagelijks leven op iets dat je hoort, ruikt of ziet wat je aan je traumatische ervaring doet denken.

Je bespreekt vervolgens op welke momenten cliënt en jij verwachten dat dissociatie zal optreden. Het gaat er dan om dat cliënt zich bewust wordt van de situaties waarin hij meer dan op andere momenten dissocieert. Het is namelijk zo dat er doorgaans specifieke uitlokkende momenten zijn, maar dat die voor cliënten niet duidelijk zijn. Zij voelen vooral geen grip op hun klachten en dat maakt het nog beangstigender dan het al is. Als je met je cliënt kunt bespreken dat er specifieke uitlokkers zijn, en deze op een rij zet, geeft dat houvast. Als dissociatie zich voordoet in jouw therapiekamer, kun je dit samen in de therapiesessie analyseren, of bij de start van de volgende sessie. Je kunt het inzicht van cliënt vergroten door vragen te stellen over het begin, midden en einde van het dissociatieve moment. Wat was de trigger? Het gaat dus in eerste instantie om uitlokkende momenten tijdens de therapie, maar het is belangrijk dat cliënten ook gaan merken dat er in het dagelijks leven uitlokkers zijn.

T: Janneke, je merkt dat we soms heel goed in staat zijn om moeilijke ervaringen te bespreken, of de ervaringen van alledag. Maar soms wordt het je te veel en dan neig je te gaan dissociëren. Dat gebeurt niet zomaar op elk moment in het gesprek. En ik vermoed dat het je thuis ook niet elk moment van de dag gebeurt. Er is meestal een aanleiding of uitlokkende gebeurtenis, of iets wat je hoort of ziet of ruikt wat de klachten uitlokt.
C: Ik heb het gevoel dat het me juist zomaar overkomt. Het overvalt me. Ik heb het regelmatig ook thuis.
T: Ik snap heel goed dat je het ervaart alsof het je zomaar overkomt, dat moet heel beangstigend zijn. Als we nu eens kijken naar ons laatste gesprek. Je vertelde me dat je nadat je het nieuws over het ongeluk had gezien ineens een heel stuk tijd kwijt was. Kan het zijn dat er iets op het nieuws was dat je terugbracht naar het verleden?
C: Het nieuws. Het ging over een ongeval, ik zag ambulances. Op de tv hoorde ik sirenes. Daarna was ik het kwijt.
T: Het kan dus zijn dat het zien van ambulances en het horen van sirenes een herinnering wakker roepen en zo je dissociatie uitlokten.
C: (knikt)

T: Wat me toen ook opviel tijdens het laatste gesprek, was dat je heel goed kon vertellen over je moeder en wat je meemaakte op de basisschool. Maar zodra we over je vader en het ongeluk gingen praten, leek je ineens even weg te zijn en stokte je verhaal.
C: Ja dat is wel zo. Over sommige ervaringen kan ik inderdaad beter praten. Ik moet niet gaan praten over mijn vader, dan gaat het mis.
T: Als we dat weten, kunnen we daar rekening mee houden in de behandeling.

Na het in kaart brengen van uitlokkende situaties of waarnemingen, bespreek je vervolgens welke manieren er zijn om dissociatie te voorkomen, of te beperken, zodat iemand weer terugkeert naar het hier en nu. Het sleutelwoord is activatie. In ▸ H. 8 beschrijven we de vormen van activatie en wat helpend is om dissociatie in goede banen te leiden en hoe je hierover afspraken kunt maken met je cliënt en hoe dit tijdens de traumabehandeling ingezet kan worden, zodat de traumabehandeling zijn vaart niet verliest.

Literatuur

Amir, M., Kaplan, Z., Efroni, R., Levine, Y., Benjamin, J., & Kotler, M. (1997). Coping styles in post-traumatic stress disorder patients. *Personality and Individual Differences, 23*(3), 399–405.

Brand, B. L., Schielke, H. J., Putnam, K. T., Putnam, F. W., Loewenstein, R. J., Myrick, A., Jepsen, E. K. K., Langeland, W., Steelde, K., Classen, C. C., & Lanius, R. A. (2019). An online educational program for individuals with dissociative disorders and their clinicians: 1-year and 2-year follow-up. *Journal of Traumatic Stress, 32*(1), 156–166.

Cloitre, M., Koenen, K. C., Cohen, L. R., & Han, H. (2002). Skills training in affective and interpersonal regulation followed by exposure: A phase-based treatment for PTSD related to childhood abuse. *Journal Consult Clinical Psychology, 70*, 1067–1074.

Cloitre, M., Courtois, C. A., Ford, J. D., Green, B. L., Alexander, P., Briere, J., Herman, J. L., Lanius, R., Stolbach, B. C., Spinazzola, J., Van der Kolk, B. A., Van der Hart, O. (2012). The ISTSS Expert Consensus Treatment Guidelines for Complex PTSD in Adults. Retrieved from ▸ https://istss.org/home

De Haas, S. (2012). Seksueel grensoverschrijdend gedrag onder jongeren en volwassenen in Nederland. *Tijdschrijft voor Seksuologie, 36*, 136–145.

De Jongh, A., Resick, P. A., Zoellner, L. A., Van Minnen, A., Lee, C. W., Monson, C. M., Foa, E. B., Wheeler, K., Broeke, E., Feeny, N., Rauch, S. A. M., Chard, K. M., Mueser, K. T., Sloan, D. M., Van der Gaag, M., Rothbaum, B. O., Neuner, F., De Roos, C., Hehenkamp, L. M. J., & Bicanic, I. A. (2016). Critical analysis of the current treatment guidelines for complex PTSD in adults. *Depression and Anxiety, 33*(5), 359–369.

Fleming, R., Baum, A., & Singer, J. E. (1984). Toward an integrative approach to the study of stress. *Journal of Personality and Social Psychology, 46*(4), 939–949.

MacIntosh, H. B., Cloitre, M., Kortis, K., Peck, A., & Weiss, B. J. (2018). Implementation and evaluation of the Skills Training in Affective and Interpersonal Regulation (STAIR) in a community setting in the context of childhood sexual abuse. *Research on Social Work Practice, 28*(5), 595–602.

Orlemans, J. W. G. (1987). Modellen voor probleemkeuze en functieanalyse. In J. W. G. Orlemans, P. Eelen & W. P. Haaijman (Red.), *Handboek voor Gedragstherapie* (pag. A.17-1/A.17-27). Van Loghum Slaterus.

Van der Kloet, D., Giesbrecht, T., Lynn, S. J., Merckelbach, H., & De Zutter, A. (2012) Sleep normalization and decrease in dissociative experiences: Evaluation in an inpatient sample. *Journal of Abnormal Psychology, 121*(1), 140–150.

Behandeling van trauma en dissociatie

Samenvatting

De behandeling richt zich in eerste instantie op traumaverwerking. Een goede voorbereiding kan bijdragen aan het gevoel van veiligheid, vertrouwen, de motivatie en het goed verlopen van de traumabehandeling. Voorafgaand aan de behandeling spreek je af hoe je met je cliënt tijdens de traumabehandeling dissociatie zult hanteren. Activatie is het sleutelwoord. Zodra je signaleert dat iemand gaat dissociëren, kun je met verbale, motorische of zintuigelijke activatie iemand binnen de optimale bandbreedte van het Tolerantievenster houden of terugbrengen. Je zult merken dat iemand gaandeweg de traumabehandeling meer controle gaat ervaren over dissociatie. De traumabehandeling zelf heeft eveneens een positieve invloed op de emotieregulatie van de cliënt. Naarmate iemand de oorzaak van de klachten heeft verwerkt, vervalt de noodzaak tot dissociatie en ervaart hij meer grip.

De la Rie en Snip-van Wageningen, *Trauma en dissociatie*,
https://doi.org/10.1007/978-90-368-2711-9_8

8.1 Inleiding

Onze belangrijkste boodschap van dit hoofdstuk over de behandeling van psychotrauma en welke vorm van dissociatie dan ook, is: behandel volgens de zorgstandaard en stel een behandeling niet uit met steunende contacten. De dissociatie van de cliënt herkennen en begrijpen, en afspraken maken over hoe om te gaan met dissociatie hoort bij de start van de behandeling. Als dissociatie tijdens de behandeling optreedt, kun je met de cliënt bespreken op welke manier je hem kunt ondersteunen het contact met het hier en nu, zichzelf of de omgeving te herstellen. Het sleutelwoord is activatie. Je kunt in de voorbereidingsfase afspreken welke vorm van activatie het meest aansluit bij de cliënt.

8.2 Omgaan met dissociatie bij een traumabehandeling

In de voorbereiding op de traumabehandeling heb je stilgestaan bij de uitleg van de klachten en wat de behandeling kan betekenen. Je hebt besproken wanneer dissociatie optreedt en hoe de cliënt dit merkt en hoe jij als therapeut dit kunt merken, zoals we beschreven in ▶ H. 7. Vervolgens leg je uit dat je je cliënt tijdens de traumabehandeling wilt ondersteunen om dissociatie te voorkomen en op het moment dat dissociatie optreedt weer wilt terugbrengen in het hier en nu, of het contact met het lichaam herstellen bij iemand die depersonaliseert. Je wilt ervoor zorgen dat iemand de trauma's kan verwerken en daartoe is het nodig dat iemand binnen de optimale bandbreedte van het tolerantievenster blijft. Je wilt ook dat iemand enige regie gaat ervaren over zichzelf en invloed kan uitoefenen op de klachten en symptomen, waar hij doorgaans juist machteloosheid ervaart. Je cliënt zal de ervaring hebben dat dissociatie kan optreden alsof het hem overvalt en kan zich al minder machteloos voelen als iemand leert dat dissociatie te maken heeft met een reactie op triggers en samenhangt met angst. Je cliënt zal ook weten dat dissociatie minuten tot uren kan duren, maar uiteindelijk vanzelf weer verdwijnt. Dat neemt niet weg dat de angst voor het optreden van dissociatie, het gevoel geen grip te hebben en niet weten wanneer of waarom hij dissocieert en hoelang dit wel niet kan duren, beangstigend kan zijn, de drempel om de behandeling aan te gaan verhoogt en traumaverwerking kan belemmeren. Je legt uit wat dissociatie is en dat het samenhangt met angst. Je maakt ook afspraken met de cliënt over wat je inzet op het moment dat iemand dreigt te dissociëren of dissocieert. Je bespreekt welke vormen van activatie het meest passend zijn bij de cliënt. Je zet deze interventies in tijdens de zitting om de dissociatie te voorkomen of zo kort mogelijk te laten duren, waarna je verdergaat met de traumabehandeling.

8.2.1 Verbale activatie

Verbale activatie is het gebruik van woorden, de cliënt aanspreken om hem weer in het hier en nu te halen. Dit is een directieve coachende manier om dissociatie tegen te gaan. Je spreekt iemand aan, je noemt iemands naam, je eigen naam, stelt concrete korte vragen, of benoemt waar iemand is, met wie en welke dag het is.

> *C: Ik zie hem weer voor mij staan, het is alsof (...)*
> *(de cliënte gaat staren en is even stil)*
> *T: Wil je mij aankijken? Kijk nu eens rond in mijn therapiekamer, vertel mij eens waar we zijn en welke dag het is.*
> *C: Ik ben (locatie) en het is vandaag (datum).*
> Je kunt daarna weer teruggaan naar traumaverwerking:
> *T: We werken vandaag met een herinnering van toen, in welk jaar vond deze herinnering plaats?*

8.2.2 Motorische activatie

Naast verbale activatie is motorische activatie zeer behulpzaam. Steeds meer methodieken van traumabehandeling nemen dit op in hun behandelprotocol (zoals bij EMDR met de V-step of Tap-techniek) en ook steeds meer behandelprogramma's nemen motorische activatie tijdens en direct na de traumabehandeling op in hun aanbod. Motorische activatie betekent in beweging komen op het moment dat iemand bijna dissocieert. Het kan zijn dat iemand erbij gebaat is om zijn voeten op de grond zetten, te gaan verzitten, of te gaan staan en door de kamer te lopen. Dissociatie gaat gepaard met een vasovagale reactie, met verslappen en uit contact gaan en je kunt dit tegengaan door iemand er actief bij te houden en te laten bewegen. Therapeuten zijn doorgaans erg vindingrijk in manieren om cliënten erbij te houden en beweging te stimuleren. Zo kun je ook een balletje gooien of laten stuiteren, of je cliënt in een stressbal laten knijpen.

C: Het was zo zwaar (…)
T: Ik zie dat je de zwaarte van toen weer voelt, zullen we even een rondje door de ruimte lopen?
C: Ja, ik weet niet of dat mij lukt (…)
T: Sta maar op, heel goed, loop maar een rondje.
C: Gelukkig (kijkt naar buiten)
T: We blijven nog even lopen, kun je vertellen wat je nog meer voelde op dat moment?

8.2.3 Visuele activatie

Bij het praten over traumatische ervaringen ligt het ervaren van een herbeleving op de loer waardoor je soms een cliënt kunt aanleren om ook af en toe met de ogen te knipperen en de aandacht van de ogen te verleggen door 'ergens anders' naar te kijken.

Veel therapeuten zullen herkennen dat cliënten vaak naar een bepaald punt in de therapiekamer staren wanneer zij over moeilijke ervaringen vertellen, dit kan een moment helpend zijn, focus geven op de innerlijke beleving en regulatie daarvan. Wanneer je als therapeut merkt dat de regulatie stokt of het uiten van de ervaring stokt en het staren of gedrag wijst op uit contact gaan, kun je een visuele activatie inzetten. Je vraagt dan aan iemand zich te oriënteren en om zich heen te kijken. Als iemand benoemt wat hij ziet, brengt hem dat in het hier en nu.

C: Ik weet het niet.. (maakt zin niet af)
T: Mahmoud, wil je mij aankijken?
C: (staart naar een punt in de kamer)
T: Mahmoud, kijk eens naar mij. Heel goed, hier ben ik. Kijk eens heel goed rond in mijn kamer en benoem wat je ziet.
C: (kijkt rond) Ik zie een tafel, twee stoelen.
T: Heel goed, je was even aan het staren, daarom is het goed dat je nu weer even goed rond hebt gekeken en weet waar je bent.
C: Ik weet niet wat er precies gebeurde, maar het klopt dat ik even weg was.
T: We gaan verder. Je vertelde… En wat gebeurde er daarna?

8.2.4 Activatie van andere zintuiglijke ervaringen

Je kunt ook andere zintuigen aanspreken om iemand te activeren tijdens een traumabehandeling, en tactiele, gustatieve en olfactorische ervaringen aanbieden.

Tactiele activatie is activatie van de tastzin. Het gaat dan bijvoorbeeld om aanraking, zoals een hand op iemands schouder. Terughoudendheid is hierbij geboden. Als therapeut is het belangrijk om de juiste afstand-nabijheid te bewaken, vooral omdat cliënten met traumagerelateerde dissociatie in hun verleden trauma's kunnen hebben meegemaakt, waarbij juist aanraking op een zeer negatieve manier is ervaren. Je kunt beter tactiele activatie inzetten door de cliënt zelf iets te laten vasthouden of aanraken. Zo kan iemand een elastiekje om de pols doen, waar hij aan kan trekken. Een koud voorwerp dat iemand kan vastpakken, een stressbal in verschillende vormen waar hij in kan knijpen, worden ook veel gebruikt.

Je kunt ook de smaak of reukzin activeren, respectievelijk gustatieve activatie en olfactorische activatie. Het kan voorkomen dat een cliënt door een bepaalde smaak of bepaalde geur van toen dissocieert. Therapeuten die veelvuldig werken met cliënten die last hebben van traumagerelateerde dissociatie hebben vaak een doosje pepermunt en een aromaflesje met lavendelgeur of muntolie op hun kamer staan. Een cliënt kan ook zelf een geur kiezen die hem helpt om het contact met het hier en nu niet te verliezen.

8

T: Janneke, probeer in het hier en nu te blijven terwijl je terugdenkt aan deze herinnering van toen. Mark (naam stiefbroer) is hier niet. Wil je het flesje muntolie pakken? Ruik daar maar aan.
C: (ruikt aan het flesje, haar gezicht ontspant en ze kijkt weer met een heldere blik naar de therapeut)
T: Heel goed. Je vertelde dat hij je hand vastpakte, wat gebeurde er toen?

8.2.5 Afspraken over activatie tijdens traumabehandeling

Als je als therapeut samen met de cliënt steeds meer zicht krijgt op de dissociatieve symptomen, kun je afspraken maken over wat je gaat doen tijdens de zitting om dissociatie te voorkomen of te kunnen stoppen als het optreedt, om te kunnen werken aan de traumabehandeling. De eigen regie van de cliënt helpt om het gevoel van controle te versterken. In het volgende gesprek met Grace zie je hoe je zo'n gesprek kunt voeren.

T: Je merkt dat je dissocieert op het moment dat we praten over het moment dat je je zo in een hoek gedreven voelde en geen kant op kon.
C: (knikt)
T: Ik merk nu ook dat je wat stil wordt en wegkijkt. Alleen al het noemen van deze gebeurtenis roept veel op. En op momenten dat dat gebeurt, kun je verschillende dingen doen.
C: (blijft stil)
T: Grace, kun je me aankijken.
C: Sorry, ik hoorde je even niet.
T: Je merkt hoe snel het kan gebeuren dat je even uit contact raakt. Alleen al het noemen van deze gebeurtenis roept veel op, maar als ik je naam noem ben je er weer.

C: (knikt)
T: Als je merkt dat het te moeilijk wordt, kan ik dus je naam noemen, zeggen waar je bent en met wie. Als je me aankijkt, zie je dan ook waar je bent. Er zijn veel verschillende manieren om de dissociatie te voorkomen of je weer snel terug te brengen naar het hier en nu. Ik zal een paar voorbeelden noemen. Wat mogelijk is, is dat je in deze stressbal knijpt als je spanning voelt oplopen, of even opstaat, je even beweegt of we gaan even lopen. Het kan zijn dat het je helpt om te gaan bewegen. Voor anderen helpt het om een sterke prettige geur te ruiken, zoals parfum of menthol, iets wat verfrissend is en je als het ware wakker schudt. Weer anderen helpt het om met de therapeut heel goed om zich heen te kijken en te benoemen wat je ziet, zodat je je op het hier en nu oriënteert. We hebben dat eerder samen een keer gedaan. Het gaat erom dat we samen afspreken wat jij het prettigst vindt op het moment dat het gebeurt.
C: Ik denk dat het goed is als ik even opsta. Dan voel ik mijn benen weer. Ik heb in een eerder gesprek gemerkt dat me dat hielp.
T: Oké, dan doen we dat. Stel dat dat niet lukt, wat zouden we nog meer kunnen doen?
C: Ik heb altijd een zakdoekje bij me dat me doet denken aan mijn oma. Het ruikt zo naar de kruiden die mijn oma vroeger gebruikte. Dat geeft me een prettig gevoel en dat zou ik ook kunnen gebruiken om niet weg te raken.
T: Dat lijkt me ook een goede manier om je in het hier en nu te houden. Laten we afspreken dat als we de signalen merken van dissociatie, ik begin met je naam te noemen en je vraag even je benen te bewegen en op te staan. Als je het zakdoekje bij de hand houdt, kun je, als bewegen moeilijk is, dan het zakdoekje pakken.
C: Oké.
T: We weten nu welke signalen van dissociatie er zijn, op welke momenten je geneigd bent om te dissociëren en wat we eraan kunnen doen. Dat betekent dat we goed voorbereid zijn voor de traumatherapie. Ik stel voor dat we daar de volgende keer mee beginnen.

8.2.6 Bevorderen van emotieregulatie

Naast concrete afspraken over activerende interventies die je kunt toepassen op het moment dat dissociatie optreedt of dreigt op te treden, kun je iemand ondersteunen binnen het Tolerantievenster te blijven door stil te staan bij het hanteren van emoties. Wanneer een cliënt heftige emoties gaat beleven waarvan hij niet weet hoe deze te reguleren of te uiten, kan dit leiden tot dissociatie. Je kunt bevorderen dat iemand meer controle krijgt over zijn gevoelens en er minder vaak dissociatieve momenten optreden door het ervaren van gevoelens te normaliseren en te valideren. Dit kan ook door hem aan te moedigen om negatieve gevoelens te verdragen en hem te leren ruimte te maken voor deze heftige gevoelens en voor het uiten ervan.

Voorbeelden:
“Het lijkt alsof je je doodsbang voelt, klopt het dat deze gevoelens van toen nu weer voelbaar zijn?”
“Je leeft nog, kijk maar om je heen, je hebt het overleefd.”
“Ik zou denk ik ook ongelooflijk boos zijn, klopt het dat jij deze boosheid ook voelt?”
“Als die boosheid er nu uit kon, wat zou je dan doen?”
“Stamp maar met je benen op de grond, laat de boosheid er maar uit.’
“Wat een verdriet en eenzaamheid heb jij gevoeld.”

Er zijn verscheidene oefeningen die iemand kan doen om emoties te leren hanteren, en waardoor iemand niet te zeer overweldigd wordt door zijn emoties. De genoemde oefeningen worden veel gebruikt in de behandeling van alle cliënten die moeite hebben met emotieregulatie, niet alleen bij cliënten die dissociëren (Stöfsel & Mooren, 2017). We beschrijven de oefeningen die wij het meest gebruiken.

Oriëntatie in tijd, plaats, persoon

Bij het begin van een sessie en bij de afsluiting van een sessie kan een oriëntatieoefening een onderdeel zijn. Vraag de cliënt zijn voeten naast elkaar op de grond te zetten, door op beide voeten te gaan staan, contact te maken met de schoenen op de grond, de ruimte al dan niet lopend in zich op te nemen, te vertellen waar hij is en mogelijk specifieke kenmerken van jou of de therapieruimte te benoemen.

Veilige-plekimaginatie

Een veilige plek in gedachten ervaren kan heel waardevol zijn voor cliënten die veel onveiligheid hebben ervaren of nog steeds ervaren. De veilige plek kan een herinnering zijn aan een vroegere gebeurtenis, maar het kan ook een fantasieplek zijn waar iemand nooit geweest is, wat iemand nooit ervaren heeft of wat mogelijk niet bestaat. Het belangrijkste is dat het voor de cliënt een veilige plek is. Niet een beetje veilig, maar zo veilig mogelijk. De cliënt mag ook alles bedenken om het zo veilig mogelijk te maken.

T: Eerder hebben we het gehad over de 'veilige-plekoefening', ik wil je daar vandaag mee laten kennismaken. Als ik het heb over een veilige plek, welke beelden of gedachten komen er dan bij jou op? Wat is voor jou een veilige plek? Kun je dat kort omschrijven?

Bij het inbeelden van de veilige plek is het belangrijk om goed contact te maken met het hier en nu, de plek waar iemand zich bevindt.

T: Laten we even rechtop op onze stoel zitten, voeten op de grond, rug tegen de rugleuning, schouders ontspannen en handen op de bovenbenen. Kijk nog even goed rond in de kamer. Als je het wilt mag je je ogen sluiten, als je dit liever niet doet dan mag je naar je handen kijken die rusten op je bovenbenen.

Vervolgens vraag je je cliënt om stap voor stap de veilige plek te beschrijven. Je vraagt iemand om in zijn verbeelding een plek op te roepen in zo veel mogelijk detail en laat deze beschrijven. Je stelt aanvullende vragen om het te verlevendigen. Je wilt weten of het een bestaande herinnering is of een fantasie. Je vraagt de zintuigelijke ervaringen uit: zien, horen, voelen, ruiken, proeven. En je vraagt alle omgevingsfactoren uit: Is de cliënt alleen, zijn er anderen? Welk moment van de dag is het, is het licht, donker, warm, koud, is er wind? Je ondersteunt het gevoel van veiligheid: Het is veilig, je voelt je geborgen, is er nog iets nodig om je een groter gevoel te geven van veiligheid? Je hoeft niets te doen, te denken of te zeggen. Wees je bewust van deze veilige ervaring.

Veilig object

Vanwege de aard van de traumatisering, de hechting of vroege kindervaringen kan de stap naar het oproepen van een veilige plek in de eigen binnenwereld moeilijk zijn. Als het de cliënt niet lukt om in de binnenwereld een veilige plek te verbeelden, kun je ook veilig object overwegen. Is er iets dat cliënt altijd bij zich draagt om het gevoel van veiligheid te ervaren? Of is er in de therapiekamer een object dat de cliënt een herkenbaar en veilig gevoel geeft? Soms is het even hardop zoeken samen met de cliënt. Wat symboliseert voor de cliënt veiligheid? Het kan een afbeelding zijn of een object, zoals een bloem of een kussentje. Het gebruik van zo'n voorwerp kan een manier zijn om de spanning te reguleren, het lijkt op een transitional object, waarmee je je veilig kunt voelen. Het uiteindelijke doel is dat iemand, als de spanning beter te hanteren is, dit gevoel van veiligheid verinnerlijkt en de cliënt het voorwerp niet meer nodig heeft.

Transitional object

Een transitional object is een voorwerp dat het kleine kind altijd bij zich heeft of in de buurt heeft, wat een gevoel van veiligheid en vertrouwdheid biedt op angstige momenten zoals de separatie van de vertrouwenspersonen bij het slapengaan. Het representeert de moeder en overbrugt de overgang tussen binnen- en buitenwereld. Op de kleuterschoolleeftijd neemt de behoefte van het kind aan zo'n transitional object af: de overgang naar een betrekkelijke autonomie is dan gemaakt en moeder is geïnternaliseerd.

Winnicott, D. W. (1953). Transitional objects and transitional phenomena; a study of the first not-me possession. *The International Journal of Psychoanalysis, 34,* 89–97.

Resource Development and Installation (RDI)

Een techniek die ontwikkeld is in het kader van EMDR is het toepassen van een RDI-protocol waarmee je een interne hulpbron van de cliënt gaat installeren (Ten Broeke et al., 2015) Deze hulpbron kan vervolgens door de cliënt opgeroepen worden in een situatie waarvoor hij angstig of gespannen is. De probleemsituatie van de cliënt zou ook het aangaan van de traumabehandeling kunnen zijn. De hulpbron in de vorm van een eigenschap die daarbij passend is om te installeren is bijvoorbeeld durf of moed. Vervolgens koppel je aan deze eigenschap een positieve herinnering waarbij je de cliënt vraagt om aan deze herinnering terug te denken. Je vraagt dan naar associaties en vervolgens laat je de cliënt in de probleemsituatie stappen en vraagt hem of hij zich nu anders voelt in de probleemsituatie.

Contraconditionering

Als iemand herinnerd wordt aan een trauma, wordt het angstnetwerk geactiveerd en dit raakt doorgaans aan een bepaald thema, bijvoorbeeld hulpeloosheid. Door contraconditionering kun je deze ervaring hanteren door stil te staan bij ervaringen die een tegengesteld thema oproepen (Korrelboom & Ten Broeke, 1998). Dat is in dit geval bijvoorbeeld zelfvertrouwen of autonomie. Door te denken aan het gevoel van zelfvertrouwen en autonomie voelt iemand zich sterker. Je vraagt de cliënt aan een situatie te denken waarin hij zich vol zelfvertrouwen voelde en stelt vragen, waardoor hij dit zo gedetailleerd mogelijk voor zich kan gaan zien. Je kunt vragen of iemand gaat zitten of staan in de houding waaruit dat zelfvertrouwen spreekt. Zo ervaart hij dit gevoel ten volle. Als hij in staat is dit gevoel op te roepen, vraag je de cliënt te denken aan de traumatische ervaring en tegelijkertijd het gevoel van zelfvertrouwen te behouden. Zo leert de cliënt vervolgens dit 'tegenthema' in gedachten en beleving op te roepen, als hij denkt aan de ervaring waarin hij hulpeloosheid heeft ervaren. Dit biedt tegenwicht tegen de ervaren hulpeloosheid en leidt tot minder angst voor de herinnering. Je kunt dit gevoel verankeren door iemand een gebaar te laten maken, bijvoorbeeld duim en wijsvinger op elkaar houden.

Je laat het goede gevoel oproepen en koppelt het aan dit gebaar, zodat iemand als hij dit gebaar maakt, ook sneller in staat is weer dat goede gevoel op te roepen.

APPS

Er is een aantal podcasts en apps die kunnen ondersteunen bij het integreren van de veilige-plekimaginatie of mindfulness-oefeningen in het dagelijks leven van de cliënt. Afhankelijk van de taal en het niveau van de cliënt kun je samen op zoek gaan naar een passend aanbod in deze vorm van ondersteuning.

Het gebruik van metaforen of symbolen

In een traumabehandeling kunnen herinneringen en associaties door elkaar lopen, evenals de bijbehorende emoties. Je kunt dit beperken door het gebruik van metaforen of symbolen. We noemen drie voorbeelden.

Stopteken: Spreek met je cliënt af dat een stopteken met handgebaar ingezet kan worden om een denkbeeldige stop op andere opkomende herinneringen uit te voeren.

8

Afstandsbediening: Werken met herinneringen kan in een metafoor omschreven worden als werken met foto's of fotoboeken of werken met filmpjes die opgeslagen liggen in het geheugen. Als je dat zo hebt besproken, ligt het voor de hand om een afstandsbediening als metafoor in te zetten, al dan niet denkbeeldig, om samen met de cliënt bij dreigende overspoeling op 'stop' of 'pauze' te drukken zodat er gefocust kan worden op de herinnering waarmee gewerkt wordt.

Houten kist: Een houten kist is een metafoor die gebruikt kan worden bij opkomende indringende herinneringen waarmee op dat moment niet gewerkt wordt. Je vraagt iemand om zich voor te stellen dat hij deze herinneringen voor de zitting in de kist stopt, die eventueel met een (denkbeeldige) sleutel extra verzegeld kan worden, zodat deze de sessie niet kunnen beïnvloeden. Deze metafoor kun je ook gebruiken als er tijdens de zitting andere herinneringen naar voren komen.

8.3 Wat je vooral niet moet doen

Er is ook een aantal zaken die je vooral niet moet doen, omdat dit niet ten goede komt aan het proces. Je moet niet stoppen met de behandeling en niet stoppen met exposure of triggers (laten) vermijden. Je streeft naar verwerking en wilt niet meegaan in de angst en vermijding. Door iemand te ondersteunen om met zijn angsten om te gaan, krijgt de cliënt een corrigerende ervaring en wordt de verwachting dat iemand de angst voor de herinnering aan het trauma niet aankan, bestreden. Stoppen of onderbreken kan de verwachting van de cliënt bevestigen dat de herinnering aan de trauma's niet te verdragen is en iemand nooit meer kan herstellen van zijn klachten. De bevestiging van deze verwachting wil je voorkomen.

Het is ook niet verstandig om ontspanningsoefeningen aan te bieden. Dissociatie hangt samen met overmodulatie en een vasovagale reactie, waarbij iemand een lagere bloeddruk heeft, een lagere hartslag en kan flauwvallen (Vermetten et al., 2012). Activatie is dan aangewezen, en gaat overmodulatie tegen door ervoor te zorgen dat er voldoende arousal is.

8.4 Psychotherapeutische behandeling van PTSS met traumagerelateerde dissociatie

In de zorgstandaard voor psychotrauma en stressgerelateerde stoornissen komt naar voren dat psychotherapeutische behandelingen de behandeling van eerste keuze zijn. Alle genoemde behandelingen vereisen een training. In de volgende paragrafen beschrijven we de behandeling van onze vier cliënten.

Farmacotherapie

In de zorgstandaard voor psychotrauma en stressgerelateerde stoornissen staat beschreven dat farmacotherapie geen behandeling van eerste keus is voor PTSS en eventueel dissociatieve klachten. Wel kan farmacotherapie een goede ondersteuning zijn in de behandeling van onze cliënten als psychotherapie bij herhaling niet aanslaat of als er sprake is van comorbiditeit. Dit kan bijvoorbeeld bij een comorbide depressieve stoornis. Als er voor PTSS farmacotherapie wordt overwogen, wordt geadviseerd te starten met een selectieve serotonineheropnameremmer, een zogeheten SSRI (Vermetten, 2017). Een psychiater kan tijdens een medicatieconsult advies geven over het al dan niet toevoegen van psychofarmaca aan de behandeling.

8.4.1 De behandeling van Janneke: PE

De behandeling van Janneke start met Prolonged Exposure (PE) of Imaginaire Exposure (IE). Dit is een goede behandeltechniek voor de behandeling van PTSS en behandeling van eerste keuze bij PTSS.

PE/IE

Algemene omschrijving

Prolonged exposure (PE) is een goede behandeltechniek voor de behandeling van PTSS. Het is ontwikkeld door Foa en anderen en goed onderzocht (Foa et al., 2007). Het gaat ervan uit dat door het emotioneel verwerken, emotional processing, van de angstige ervaring de PTSS-klachten zullen verminderen. Hiertoe wordt het angstnetwerk geactiveerd. Het is de behandeling van eerste keuze in de richtlijnen en zorgstandaard voor PTSS.

Tijdens imaginaire exposure wordt de traumatische gebeurtenis in detail besproken. Het gaat om het gecontroleerd herhaalde herbeleven van de nare herinneringen aan traumatische gebeurtenissen in de veilige omgeving van de therapiekamer. De therapeut bewaakt het proces en zorgt ervoor dat de cliënt stap voor stap de hele herinnering in details bespreekt en beleeft. De gebeurtenis, de emoties, gedachten en lichamelijke ervaringen worden daarin meegenomen. De cliënt vertelt de nare herinnering bij voorkeur met de ogen dicht en in tegenwoordige tijd. Tevens worden er idealiter audio-opnamen gemaakt van de sessie zodat de cliënt de blootstelling thuis kan herhalen. De verwachting is dat door herhaalde blootstelling de angst afneemt. De imaginaire exposure kan gecombineerd worden met exposure in vivo waarbij de cliënt zaken meeneemt die een trigger zijn en doen denken aan de situatie, zoals een kledingstuk of een foto (Van Minnen & Arntz, 2011).

Wetenschappelijke evidentie
Cliënten met PTSS en dissociatieve klachten kunnen effectief behandeld worden voor hun PTSS met IE/PE (Hagenaars et al., 2010; Van Minnen et al., 2016; Wolf et al., 2015). Wolf et al. (2016) onderzochten of er verschillen zijn in effectiviteit van PE tussen mensen met PTSS en mensen met PTSS en het dissociatieve subtype. Er werd een klein verschil in klachtenafname op de PTSS-score gevonden, maar voor beide groepen was de behandeling effectief te noemen. Hagenaars et al. (2010) onderzochten het effect van dissociatie en depressieklachten op de behandeleffectiviteit van PE bij PTSS. Daaruit bleek dat cliënten baat hebben bij een exposurebehandeling; ook bij een hoge score op dissociatieve en depressieve klachten kan het angstnetwerk geactiveerd worden. Het blijkt dat de dissociatieve klachten ook afnamen na een succesvolle PTSS-behandeling (Van Minnen et al., 2015).

Literatuur om verder te lezen
Boek: Foa, E.B., Hembree, E.A. & Rothbaum, B.O. (2007). *Prolonged Exposure Therapy for PTSD. Emotional Processing of Traumatic Experiences. Therapist Guide.* Oxford University Press.
Boek: Minnen, A. van & Arntz, A. (2011). Protocollaire behandeling van patiënten met een posttraumatische stressstoornis: (Imaginaire) exposure. In: G. Keijsers, A. van Minnen & K. Hoogduin (red.), *Protocollaire behandelingen voor volwassenen met psychische klachten I.* Boom Cure and Care.

IE/PE en dissociatie
Het uitgangspunt bij IE/PE is dat de traumatherapie en het verwerken van trauma's zelf de emotieregulatie bevordert. Immers, door de angstige herinneringen niet langer te vermijden, kan de angst uitdoven en worden angstige verwachtingen uitgedaagd. Het is belangrijk om de exposure niet te stoppen als iemand dissocieert. Als dat gebeurt, kun je benoemen dat de angst oploopt en eventueel de naam van de cliënt noemen, en het verschil tussen de herbeleving aan een herinnering nu en het trauma toen benoemen. Je kunt iemand geruststellen door dissociatie te normaliseren (het hangt samen met de angst, daarvoor doen we exposure), of aanmoedigen ("ik weet dat je me kunt horen, je doet het goed, het gaat je lukken"). In IE/PE kun je de cliënt met open of gesloten ogen de imaginaire exposure laten doen. Angstige en snel ontregelde cliënten kunnen met open ogen imaginaire exposure doen.

8

In de eerste zitting is aan Janneke de therapie uitgelegd en is stilgestaan bij haar neiging tot dissociatie in reactie op trauma. Ze is bang dat ze gaat dwalen als ze aan het trauma herinnerd is en na de sessies de weg naar huis niet meer kan vinden. Haar angst voor dissociatie wordt besproken en de werking van de exposure uitgelegd, waarbij de therapeut erbij stilstaat dat juist door de exposure de dissociatie kan gaan afnemen en zij meer grip zal ervaren op de klachten. De mogelijkheid tot het volgen van een intensieve therapie, hetzij twee keer per week, hetzij een kortdurend klinisch traject waarbij zij in korte tijd klachtenvermindering kan verwachten, is aan haar voorgelegd. Zij kiest ervoor om twee keer per week te komen. De therapeut bespreekt dat als zij gaat stilstaan bij de trauma's zij mogelijk ook kan dissociëren en samen zetten ze op een rij waar dat aan te merken is. Janneke heeft van haar dochter gehoord dat ze dan zo'n afwezige blik heeft, ze niet meer reageert op vragen en haar gezicht een strakke uitdrukking heeft. Ze weet het zelf niet zo goed. De therapeut zal zodra deze merkt dat ze wat afwezig kijkt of haar gezicht verstrakt, proberen haar tijdens de therapie erbij te houden door haar aan te spreken, haar zich goed te laten oriënteren op wat in de kamer te zien is en haar te vragen haar voeten te bewegen. Om dissociatie tijdens de therapie te beperken, besluit Janneke ook een flesje muntolie bij zich te dragen, omdat een sterke geur haar 'wakker' kan houden en besluit zij om tijdens de zittingen een elastiekje om haar pols te houden, waar ze af en toe aan kan trekken als ze merkt dat de spanning te veel wordt. Hoewel ze aanvankelijk tijdens de intake en diagnostische fase haar dochter niet wilde meenemen, is ze nu minder terughoudend om haar dochter erbij te betrekken. Ze komt de eerste paar keer met haar dochter naar de instelling en de therapeut maakt kennis met Julia en bespreekt ook met Janneke en Julia samen wat de therapie inhoudt. Julia wil haar moeder graag helpen en zegt haar te kunnen brengen zolang dat nodig is. Ze snapt dat haar moeder emotioneel raakt, want ze weet hoe haar vader was.

De volgende zitting wordt een overzicht gemaakt van traumatische ervaringen, zowel de mishandelingen door haar partner als het misbruik worden opgeschreven. Janneke verstart en ze vergeet haar elastiekje. De therapeut spreekt haar aan en wijst haar op de muntolie. Dit helpt haar om er weer bij te komen. De volgende keer starten de therapeut en Janneke met de ervaring waarin ze het meest angst heeft beleefd: toen ze dacht dat haar partner haar zo mishandelde, dat zij dacht hij haar zou ombrengen. De doodsangst voelt ze in elke vezel van haar lichaam, zo zegt ze. Ze is bang dat haar dochter ook zo'n slechte man zal treffen. De therapeut start met de exposure, en bespreekt de ervaring in detail. Janneke dissocieert herhaaldelijk, maar het lukt haar om toch binnen korte tijd weer terug te keren naar het hier en nu, met het elastiekje, maar ook door zich steeds opnieuw goed te oriënteren en even haar voeten op de grond te zetten.

T: Ik zie dat je het moeilijk vindt om hier weer aan terug te denken. Probeer erbij te blijven. Trek maar aan het elastiekje.
C: Elastiekje? Ja.
(zucht)
T: Je ziet dat hij op je afkomt. Wat gebeurt er daarna?
C: Hij heeft zo'n gemene blik in zijn ogen.
(staart in de verte)
T: Janneke, ik zie dat je wegdwaalt, kijk me aan. Je bent nu hier bij mij in de kamer, niet daar bij je ex-man. Je kunt je voeten op de grond zetten en even goed om je heen kijken naar wat je ziet in deze kamer.
C: (kijkt op, zucht en kijkt rond)
T: Goed zo. Realiseer je maar weer waar je bent. Dan gaan we verder. Je ziet hem op je afkomen met een gemene blik in zijn ogen. Wat zie je nog meer?

Ze neemt de audiotapes mee en belooft deze te beluisteren. De keer daarna blijkt echter dat ze dit twee keer heeft gedaan en daarna is gaan dwalen en ze durfde er niet meer naar te luisteren. Janneke voelt angst om verder te gaan, maar wil toch graag behandeling. De exposure aan deze ervaring wordt herhaald en het lukt Janneke om erbij te blijven. De therapeut vraagt de cliënte om iets mee te brengen naar de volgende zitting wat haar doet denken aan haar partner. De vierde zitting heeft de cliënte wel naar de tapes geluisterd. Zij heeft een foto van haar ex mee, en de trui die ze droeg tijdens de mishandeling. Als de exposure wordt herhaald, zakt de spanning. Dissociatie komt niet voor tijdens de zitting. Janneke is verbaasd en verrast. De volgende zittingen worden besteed aan andere mishandelingen en dan de misbruikervaringen. Tijdens de exposure dissocieert Janneke opnieuw, zo ernstig dat ze de volgende keer niet komt. Ze heeft alleen maar gehuild, vertelt ze door de telefoon. De therapeut moedigt haar aan om te komen en nu iets mee te nemen dat haar herinnert aan haar stiefbroer. Ze komt en kan alleen maar huilen. De therapeut geeft ruimte voor haar verdriet. De barrières die ze voelde aan het begin van de therapie, de angst voor dissociatie, maar ook schaamte over wat er is gebeurd komen naar voren. Ze merkt dat de niet-oordelende houding van de therapeut haar helpt om toch in meer detail te gaan praten over wat er is gebeurd en de vermijding te doorbreken. Hierna wordt exposure aan een misbruikervaring gedaan, waarbij Janneke naar de foto van haar broer kijkt. Ze vertelt hoe bang ze was en in een hoek wegkroop om maar niet gezien te worden. De therapeut vraagt haar om de houding aan te nemen van toen en Janneke wordt weer zeer angstig. De therapeut vraagt door en in detail loodst ze Janneke door haar angstige ervaring heen. Ze dissocieert, maar als de therapeut haar aanspreekt en haar zich laat oriënteren in de kamer is ze weer in het hier en nu. Janneke kan alleen maar huilen, maar voelt ook woede naar haar stiefbroer. Ze voelt walging als ze weer terugdenkt aan wat hij heeft gedaan. De muntolie helpt haar om in het hier en nu te blijven. Dit was de zwaarste sessie. De keer daarna vertelt Janneke dat ze zich herinnert dat zij vaak wegliep van huis, om zich te verstoppen. Ze begrijpt nu beter waarom ze gaat dwalen en vindt het hierdoor ook minder beangstigend. De volgende keren komt ze alleen naar de exposurezittingen. Ze dissocieert niet meer. Nachtmerries en herbelevingen zijn verminderd, ze voelt meer regie. Volgens de CAPS is de PTSS in remissie. Janneke is wel nog enorm angstig en bezorgd en de somberheid is onverminderd aanwezig. De angst in contact met anderen belemmert haar en ze neigt snel tot piekeren. Ze vindt het ook moeilijk om haar dochter los te laten en te vertrouwen op haar eigen vaardigheden. De therapeut bespreekt de holistische theorie met haar zoals deze was gemaakt aan het begin van de behandeling en ze kijken naar wat er is veranderd. Janneke merkt dat ze nog vasthoudt aan haar leefregels en haar kernovertuigingen haar nog belemmeren. Er wordt besloten om haar een individuele psychotherapie aan te bieden gericht op haar angst en somberheid en zelfbeeldproblematiek. Janneke hoopt dat ze gaandeweg de behandeling kan starten met re-integratie op het werk en ze wil zich buiten haar werk om ontwikkelen met name door bestaande contacten met kennissen te versterken en door ontspannende activiteiten op te starten, alleen en met anderen.

8.4.2 De behandeling van Pieter: BEPP

Voor de start van de BEPP-behandeling bespreekt de therapeut met Pieter wat de voor- en nadelen zijn van het alcoholmisbruik en wat een alternatieve coping kan zijn. Hij krijgt een consult bij een psychiater, die medicamenteuze ondersteuning bespreekt, waarover de psychiater voorlichting geeft. Pieter heeft de voorkeur om zelfstandig te pogen zijn alcoholgebruik te staken en alternatieve coping aan te leren. Hij bespreekt met zijn therapeut hoe hij de alcohol afbouwt en welke copingvaardigheden hij kan aanwenden als hij de neiging heeft zich te verdoven. Daarna kan de BEPP starten.

BEPP

Algemene omschrijving

Beknopte Eclectische Psychotherapie voor PTSS is een vorm van psychotherapie waarbij het behandelprotocol bestaat uit een fase van exposure en een fase van betekenisgeving. Het is net als andere vormen van exposuretherapie een effectieve behandeling voor PTSS en opgenomen in de richtlijn. Het BEPP-protocol bestaat uit zestien sessies met de volgende onderdelen: psycho-educatie, imaginaire exposure, schrijfopdrachten, het meebrengen van memorabilia (herinneringsvoorwerp), betekenisgeving en tot slot een afscheidsritueel.

Er zijn inmiddels twee aangepaste varianten van het BEPP-protocol: de Beknopte Eclectische Psychotherapie voor traumatische rouw (BEP-TG) en de Beknopte Eclectische Psychotherapie voor moreel trauma (BEP-MT).

Wetenschappelijke evidentie
De therapeutische ervaring is dat deze behandeling goed toe te passen is bij PTSS waaronder dissociatieve klachten en eventueel met het dissociatieve subtype. De behandeling is tot nu toe nog niet onderzocht bij de behandeling van cliënten met PTSS en het dissociatief subtype. Wel is deze behandeling goed onderzocht bij patiënten met PTSS (Gersons et al., 2000; Lindauer et al., 2005). De BEP-TG is onderzocht en de BEP-MT is in ontwikkeling (De la Rie et al., 2021; Smid et al., 2015).

BEPP en dissociatie
De temporisering van de imaginaire exposure van de BEPP die in stappen verloopt, draagt eraan bij dissociatie goed te kunnen volgen en te interveniëren waar nodig. Er kan voor gekozen worden met open en gesloten ogen de imaginaire exposure te volgen.

In de eerste sessie van de BEPP bespreekt de therapeut met Pieter en zijn echtgenote wat de therapie inhoudt en welke fasen in de therapie er zijn. De alcoholproblemen worden besproken en het gezamenlijke plan om hiermee om te gaan wordt besproken. Annemiek en Pieter wordt verteld welke mogelijke effecten de behandeling kan hebben op het klachtenbeloop van Pieter. Annemiek is heel betrokken. Ze hoopt echt dat Pieter weer de oude wordt.

De exposurefase blijkt zwaar voor Pieter, hij zegt na de eerste exposuresessie dat hij bang is dat zijn tranen niet meer kunnen stoppen, hij voelt zich emotioneel incontinent en heeft het gevoel zijn mannelijkheid te verliezen. Het begrip van de therapeut vindt hij steunend. In de daaropvolgende exposuresessie ervaart Pieter voor het eerst een opluchting, er komt letterlijk een diepe zucht en hij gaat wat lichter naar huis. De week daarna is een ander bijna dodelijk incident opgedoken in zowel de gedachten als de intrusies van Pieter. Hij is wat meer gaan drinken en slaapt slechter. De therapeut merkt op dat zijn coping een barrière vormt voor het proces en staat stil bij zijn motivatie. Nadat dit is besproken, wordt de exposure op de noodlottige brand voortgezet. Tijdens deze eerste fase van de behandeling nemen de klachten toe. Annemiek, de echtgenote van Pieter, belt ongerust nadat Pieter die ochtend derealisatie had ervaren. Hij zou iets afgeven bij zijn zoon die vlakbij de kazerne woont. Hij kwam vijftien minuten later dan verwacht toch aan bij zijn zoon, minuten waarin Annemiek en hun zoon elkaar hadden gebeld. Annemiek stond uiteindelijk in de schuur om Pieter op de fiets te gaan zoeken, toen haar zoon belde dat zijn vader er was. Annemiek ging opgelucht weer naar binnen. Pieter was gespannen, bleek en angstig. Hij had geen gevoel in zijn benen gehad tijdens het fietsen, alsof hij los van zichzelf stond. De wereld leek als een waas, onwerkelijk en hij dacht steeds aan instortende gebouwen. De therapeut vertelt Annemiek dat ze de bezorgdheid zal bespreken met Pieter, die haar cliënt is, en dat ze samen kunnen bespreken of ze nog een keer een driegesprek willen. Annemiek zucht. Dat wil ze liever niet.

In de daaropvolgende sessie bespreekt de therapeut met Pieter het telefoontje van Annemiek, en haar bezorgdheid. Hij schrikt, Annemiek had het hem niet verteld, maar hij voelt het ook als betrokkenheid. De therapeut bespreekt met Pieter de functie van dissociatie en geeft hem opnieuw psycho-educatie. De gevoelens van depersonalisatie en derealisatie vindt Pieter erg beangstigend. De therapeut legt uit dat de klachten hem angst inboezemen en dat de klachten aan het begin van de traumabehandeling weliswaar kunnen toenemen, maar dat hij gaandeweg de traumaverwerking zal merken dat ook de derealisatie en depersonalisatie afnemen.

T: Je voelt je dan weer net zoals toen tijdens de brand. Je voelt opnieuw die angst tijdens de traumatherapie en dat kan daarna een tijd aanhouden. Het klopt dat je klachten eerst toenemen voordat ze afnemen. Je merkt dat nu inderdaad. Het heeft tijd nodig voordat je klachten kunnen afnemen.
C: Ik wil dat niet. Ik wil er gewoon niet meer aan denken.
T: Ja, kon dat maar, dat je ervan af was door er gewoon niet meer aan te denken.
C: Ik weet ook wel dat dat niet zo is, maar ik vind het zo vreselijk. Het is alsof ik in een wolk loop en ik voel mezelf helemaal niet meer. Alsof ik er niet bij ben.
T: Ik kan me voorstellen dat dat beangstigend is. Als je verder bent met de traumabehandeling zul je merken dat ook deze klachten gaan afnemen. Je kunt intussen wel één en ander doen als je thuis bent om meer contact te blijven voelen met je lichaam.
C: Hoe dan?
T: Je kunt thuis meer gaan bewegen. Er zijn oefeningen die je helpen je meer bewust te zijn van je lichaam. Ik zal je er een aantal uitleggen.

Pieter deelt de informatie met Annemiek en voelt weer wat meer vertrouwen om verder te gaan met de exposure. Om meer in contact blijven met zichzelf en de omgeving, spreken zij af dat hij gedurende de week, twee keer per dag, in de ochtend en de avond, luistert naar een mindfulness-app, namelijk de bodyscan, om contact te maken met zichzelf en zijn lichaam en dat hij overdag meer gaat bewegen, met gerichte oefeningen. Voor de schrijfopdracht tijdens de exposurefase besluit Pieter twee brieven te schrijven. Hij schrijft allereerst een brief aan Klaas waarin hij onder andere zijn schuldgevoelens uit. Het lucht hem op en denkt erover om Klaas een keer te bezoeken om met hem over de ervaring te praten. Hij schrijft vervolgens een brief aan zijn tien jaar geleden overleden vader, een destijds gepensioneerde politieagent. Hij vertelt zijn vader over zijn gevoelens, dat hij bewondering heeft voor hem als ouder maar ook als geüniformeerde en dat hij zijn steun nu mist. Hij had zo graag in zijn voetsporen getreden en het ongeval waarbij hij de man niet heeft kunnen redden voelt als falen. Hij voelt opnieuw de angst en onmacht, zoals tijdens de brand. Even lijkt Pieter weer terug te vallen in alcoholmisbruik, maar met hulp van Annemiek laat hij dat toch achterwege. Bij de volgende zitting neemt hij memorabilia mee. De memorabilia zijn de krantenartikelen over de brand. Pieter leest deze voor en het emotioneert hem. Hij voelt enorm veel verdriet. Naarmate de exposure vordert, nemen de dissociatieve klachten af. Uiteindelijk wordt de exposurefase na zes zittingen goed afgesloten. In de volgende fase van betekenisgeving vertelt Pieter veel over de band met zijn vader, hoe hij tegen hem opkeek en zo graag had gewild dat zijn vader hem nog had kunnen zien als brandweerman, ook in uniform. Hij merkt gaandeweg dat hij zich daar erg aan vasthield, hij vergeet bijna dat hij niet alleen brandweerman was, maar ook partner, vader en vriend. De vriendschap met Klaas heeft hij verspeeld, zo vermoedt hij. Hij besluit Klaas te bezoeken en het gesprek geeft hem meer rust. Klaas verwijt hem niet zoveel als hij zichzelf verwijt. Klaas vertelt hem ook details over de brand, waardoor hij beseft dat hij weinig voor de man in het gebouw had kunnen betekenen. Toch knaagt het nog. Hij kan het moeilijk loslaten. De therapeut bespreekt met Pieter wat het betekent

Figuur 8.1 Brieven schrijven BEPP

als hij het wel los zou laten. Hij realiseert zich dat hij bang is om een fout te maken, een grotere fout met misschien nog wel catastrofalere gevolgen. Zijn angstige verwachtingen weerhouden hem ervan om weer aan het werk te gaan en worden uitgedaagd. Pieter gaat weer eens op het werk koffiedrinken en denkt erover om af en toe eens langs te gaan. Hij krijgt weer oog voor de toekomst. Hij voelt zich beter en bespreekt dit ook met Annemiek. Zijn kinderen merken dat hij weer wat vaker kan lachen en minder afwezig is. Voor het afscheidsritueel plant Pieter een strandwandeling met zijn gezin.

Bij de nameting met de CAPS-5 blijkt dat de klachten van Pieter aanzienlijk zijn afgenomen, de resterende klachten voldoen niet meer aan de diagnose PTSS met dissociatief subtype. Hij functioneert beter. Na een follow-upgesprek na drie maanden blijken de klachten nog steeds verminderd en wordt de behandeling afgesloten (fig. 8.1).

Valkuilen tijdens traumabehandeling

Je bespreekt tijdens een traumabehandeling in detail de traumatische ervaringen met je cliënt. Als een cliënt dissocieert, of heeft gedissocieerd tijdens het trauma is de herinnering aan dat trauma gefragmenteerd. Op geleide van de vragen krijgt iemand beter toegang tot de contextuele details van de ervaring en zal de ervaring meer op een 'gewone herinnering' gaan lijken, zij het dan een heel nare herinnering. Intrusies, herbelevingen en nachtmerries nemen immers af als de herinnering minder gefragmenteerd is en beter geïntegreerd.

Maar een cliënt herinnert zich lang niet alles, en elke keer dat een herinnering wordt besproken is de manier waarop iemand zich dat nu herinnert een reconstructie van de ervaring van toen. Het is dan ook niet een-op-een dezelfde ervaring als toen.

Bij ernstig getraumatiseerde cliënten met dissociatie kan het zijn dat iemand echt stukken kwijt is en aanvankelijk weinig coherent kan vertellen over deze ervaring. Als therapeut volg je de cliënt en blijf je dicht bij wat de cliënt nog wel weet. De neiging om te gaan 'helpen', te gaan gissen of te gaan invullen – het zal wel ongeveer zo zijn verlopen – of suggestieve vragen te stellen zijn valkuilen die je te allen tijde moet vermijden. Je stelt concrete en open vragen naar de context. Je kunt bijvoorbeeld vragen: wat was de kleur van de trui van de man? Maar niet: was de kleur van zijn trui rood? Je kunt echt alleen uitgaan van wat iemand nog wel weet. Is iemand echt een stuk kwijt, dan vraag je: wat is het eerste dat je je wel weer herinnert?

Als het gaat om trauma's in de vroege kindertijd, in de eerste levensjaren waarin de taal nog niet beschikbaar was, is het vooral de taak van de therapeut de overweldigende angst die de cliënt ervaart te vatten en te benoemen als angst en zo op een beter te verdragen wijze terug te geven, ook wel containment genoemd. Het gaat erom een corrigerende ervaring in het contact met de therapeut na te streven. De aard van de trauma's op heel jonge leeftijd kan niet onder woorden gebracht worden, maar de beleving kan wel omgezet worden in mentale processen, zoals denken. Je gaat dan ook niet gissen naar wat er dan gebeurd had kunnen zijn, of waar de cliënt bang voor of door is geweest, maar je richt in de behandeling dan vooral op de beleving, zodat de angst kan afnemen of hanteerbaar wordt.

8

8.4.3 De behandeling van Mahmoud: NET

Mahmoud neemt deel aan de dagbehandeling waarin NET opgenomen is als traumagerichte behandeling. Deze dagbehandeling beslaat één vaste dag in de week, voor de periode van één jaar, opgedeeld in drie fasen van vier maanden. In de eerste fase staat voorbereiding op de traumatherapie centraal. Het is een multimodaal programma met groepspsychotherapie (waarin het onderlinge vertrouwen centraal staat), psychomotore therapie (PMT), beeldende therapie, sociotherapie en psycho-educatie (waarin het versterken van coping- en emotieregulatievaardigheden centraal staan) worden aangeboden (De la Rie et al, 2020).

De eerste fase van de behandeling

In het mentorcontact met de regiebehandelaar wordt stilgestaan bij emotieregulatie en in het bijzonder de dissociatieve klachten. De situaties waarin Mahmoud triggers ervaart, worden in kaart gebracht en hij bespreekt wat hem helpt om hiermee om te gaan. Hij leert bij PMT zijn spanning in zijn lichaam beter te voelen. Hij leert een oriëntatieoefening te doen, goed om zich heen te kijken, te benoemen wat hij ziet. Hij kan een veilige plek oproepen die hij verbeeldt in beeldende therapie. Het gaat om een fictieve plek, die hem enigszins doet denken aan een berglandschap waar hij als kind met zijn vriend een keer geweest is. Hij kiest ook een afbeelding met een typisch Nederlands beeld als achtergrond op zijn telefoon: tulpen. Als hij op straat dreigt te verdwalen in zijn gedachten, kan hij door naar deze afbeelding te kijken zich realiseren waar hij is, en beter in het hier en nu blijven. De maatschappelijk werkster helpt Mahmoud in deze fase om zich te oriënteren op activiteiten in zijn woonplaats. Mahmoud wil aanvankelijk niet naar buiten. Hij bespreekt wel dat hij op termijn kan beginnen met fitness, hij durft het zeker niet aan om in groepsverband te gaan sporten. Gedurende deze eerste vier maanden verandert Mahmoud zichtbaar, hij kent alle namen van de betrokken therapeuten en de groepsgenoten, maakt korte praatjes over het weer of dagelijkse bezigheden, altijd positief en met humor. Zijn lichaamshouding en gelaatsuitdrukking tonen een groot verschil. Hij gaat na vier maanden naar fase 2 waarin hij NET aangeboden krijgt (fig. 8.2).

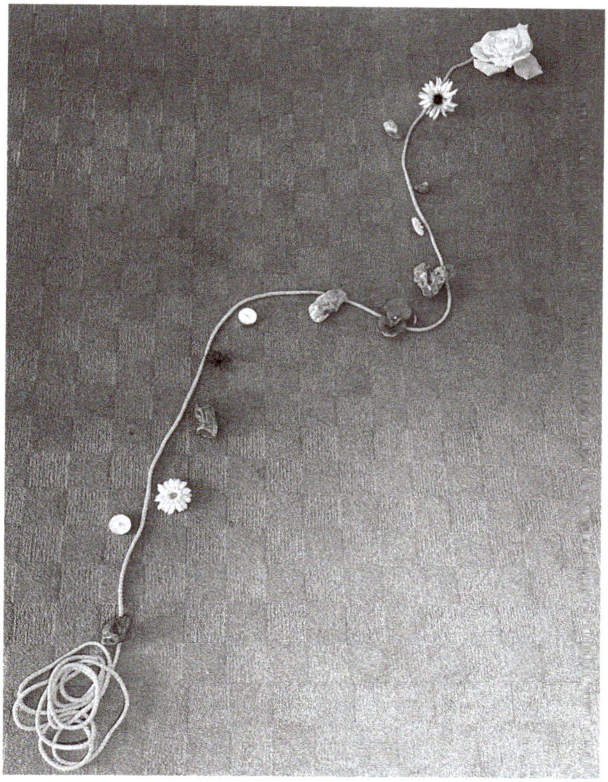

Figuur 8.2 Levenslijn NET

NET

Algemene omschrijving

Narratieve Exposure Therapie is een vorm van exposurebehandeling die als effectieve behandeling is opgenomen in de richtlijn van de behandeling van een PTSS (APA, 2017). In deze therapie wordt een levenslijn gelegd met bloemen en stenen die symbool staan voor de goede en slechte gebeurtenissen in iemands leven. De therapeut bespreekt vervolgens de ervaringen chronologisch, waarbij er aandacht is voor zowel de goede als slechte gebeurtenissen. Traumatische ervaringen (de grote stenen) worden via exposure in detail besproken, waarbij traumatische gebeurtenissen vanuit het heden in de verleden tijd worden verteld. De therapeut schakelt tussen toen en nu en tussen zogeheten warme (emotionele) en koude (contextuele) herinneringen. Het angstnetwerk wordt geactiveerd en de traumatische ervaring in het autobiografische geheugen geïntegreerd. Het tempo van schakelen tussen toen en nu, en tussen koud en warm, kan het reguleren van dissociatie bevorderen. NET begint met een zitting waarin de levenslijn gelegd wordt, daarna zijn de zittingen steeds hetzelfde gestructureerd, met het bespreken van de levensgeschiedenis als rode draad. Eerst wordt het verslag van de vorige sessie voorgelezen en wordt stilgestaan bij de reacties hierop, waarna een volgende episode in het leven wordt besproken, met exposure aan de volgende steen. In de laatste zitting wordt het gehele narratief voorgelezen en krijgt de cliënt het verslag mee naar huis.

8

Wetenschappelijke evidentie
NET is veel onderzocht en is bewezen effectief voor verschillende doelgroepen (Lely et al., 2019). Halvorsen et al., (2014) onderzochten de invloed van de dissociatieve klachten derealisatie en depersonalisatie op het therapie-effect van Narratieve Exposure Therapie en 'treatment as usual'. De aanwezigheid van dissociatieve klachten bleek geen effect te hebben op het therapieresultaat van beide op exposure gebaseerde interventies.

Literatuur om verder te lezen
Boek: Jongedijk, R. (2021). *Levensverhalen en Psychotrauma, Narratieve Exposure Therapie in theorie en praktijk.* Boom uitgevers.
Boek: Neuner, F., Elbert, T., & Schauer, M. (2020). *Narrative exposure therapy for PTSD.* In L. F. Bufka, C. V. Wright, & R. W. Halfond (Eds.), *Casebook to the APA Clinical Practice Guideline for the treatment of PTSD* (p. 187–205). American Psychological Association.

NET en dissociatie
De wijze waarop de therapeut bij imaginaire exposure van de NET schakelt tussen toen en nu, en koude en warme aspecten, draagt bij aan het reguleren van het spanningsniveau en daarmee het voorkomen van dissociatie. Wanneer iemand dreigt te dissociëren kan de therapeut sneller schakelen tussen toen en nu of tussen koud en warm. Het is ook mogelijk om een trauma eerst globaal en de tweede keer in meer detail te bespreken.

De tweede fase van de dagbehandeling

In de tweede fase van de dagbehandeling is de NET een vast onderdeel van de therapiedag, waarbij de andere non-verbale therapieën de traumaverwerking ondersteunen. Mahmoud ziet als een berg tegen de NET op, hij wil lang van tevoren weten wie zijn therapeut wordt voor deze therapie. Bij de kennismaking is hij zeer gespannen en aanvankelijk twijfelt hij of hij met de therapeut in gesprek wil over zijn trauma's. Gaandeweg voelt hij zich rustiger worden. Mahmoud vindt de sfeer heel prettig en het bevalt hem ook dat de therapeut heel rustig met hem praat. Ze bespreken dissociatie en Mahmoud vertelt wat hij in fase 1 heeft geleerd. De therapeut maakt afspraken over wat ze zullen doen als dissociatie tijdens de behandeling optreedt, namelijk dat ze hem nadrukkelijk aanspreekt, dat ze hem aanmoedigt zich te oriënteren en dat hij gaat lopen in de kamer. Hij krijgt ook een stressbal om in te knijpen. In de volgende zitting legt Mahmoud samen met de therapeut de levenslijn met stenen en bloemen voor alle nare en mooie herinneringen die hij heeft. De mooie herinneringen betreffen zijn vriendschappen en het gezin van zijn beste vriend bij wie hij vaak kon zijn, het behalen van zijn diploma en de eerste tijd als student. De traumatische ervaringen die hij neerlegt als stenen betreffen: bombardement tijdens de oorlog, mishandeling door zijn vader, de arrestatie in de studententijd en meerdere stenen voor zijn ervaringen in de gevangenis, en de angstige vlucht naar Nederland. Zodra hij de ervaringen in de gevangenis moet benoemen, pakt hij de stressbal. Hij gaat sneller ademhalen en zijn verhaal stokt. De therapeut noemt zijn naam, en zegt hem even op te staan en een rondje in de kamer te lopen. Zijn adem wordt rustiger en zij kunnen samen de levenslijn verder leggen. Er zijn in totaal zestien NET-sessies, waarvan één sessie gewijd is aan de levenslijn en twaalf sessies aan exposure, en in twee zittingen worden tussenliggende perioden besproken ten behoeve van het narratief, de laatste zitting betreft het teruglezen van het gehele verslag.

Mahmoud heeft het in deze tweede fase zwaar. Het bespreken van zijn jeugdervaringen en de angst tijdens het bombardement, en de dreiging van zijn vader maken veel los. Naast angst is er veel verdriet en het gevoel in de steek gelaten te zijn. Hij realiseert zich hoe alleen hij zich heeft gevoeld. Hij merkt dat de spanning toeneemt tijdens de sessies, maar ook nog in de dagen erna en hij neigt tot terugtrekken, vermijding, wantrouwen, en het onderdrukken van emoties waardoor een boze en geladen Mahmoud zichtbaar wordt. Hij wordt aangemoedigd zijn gevoelens te uiten. Als de periode in de gevangenis besproken wordt, komt hij een paar keer niet naar de therapie. Hij wordt uitgenodigd om opnieuw te komen en als hij komt, is hij wanhopig. De nachtmerries zijn toegenomen. De therapeut stelt Mahmoud voor om de behandeling te intensiveren, door twee keer per week te komen. Hij wijst dit af, maar belooft wel om nu elke keer wel te komen. Het wordt een moeilijke fase in de therapie. Mahmoud dissocieert snel tijdens de zittingen en zijn verhaal is soms moeilijk te volgen en erg gefragmenteerd. De therapeut past de afspraken toe die zijn gemaakt. Zodra hij dissocieert, spreekt ze hem aan, moedigt hem aan om even te gaan lopen en praat intussen door.

T: Je hoorde de sleutel in het slot. Wat dacht je toen?
C: Ik dacht daar zijn ze weer.
T: Mahmoud, ik merk dat je voor je uit gaat staren, hoor je mij?
C: (reageert niet)
T: Mahmoud, ik weet dat je me kunt horen. Kun je even in je stressbal knijpen en met je voeten bewegen?
C: (knijpt in de stressbal, maar kijkt glazig voor zich uit)
T: Je kunt even opstaan en loop maar even heen en weer.
C: (staat op en loopt heen en weer, balt zijn vuist)
T: Oké, we spraken net over het moment dat je de sleutel in het slot hoorde gaan.
C: Ja, ze kwamen binnen en ik kreeg een blinddoek voor mijn ogen. Toen kreeg ik een duw.
T: Iemand gaf je een duw. Hoe ging dat?
C: In mijn rug. Het stak. Ik kon niet goed lopen. Ze bleven me in de rug duwen.
T: Ze? Hoeveel mannen waren er?
C: Twee, het waren twee mannen. Ze droegen zwarte kleding.
(gaat weer zitten)
T: Wat dacht je toen?
C: Ik dacht: kom ik hier ooit nog wel uit?

Niet alle ervaringen in de gevangenis worden besproken, er worden categorieën gemaakt van typen ervaringen, waarbij steeds de ergste ervaring met imaginaire exposure wordt doorgewerkt of de ervaring die in de nachtmerries terugkeert. In de andere therapieën concentreert hij zich op het verbeelden van deze akelige ervaringen en bij PMT richt hij zich op het hanteren van zijn spanning. Hij voelt steun van zijn lotgenoten en dat motiveert hem om naar de behandeling te komen. Het lukt Mahmoud bij één steen niet om in één zitting de exposure volledig te doen. Zijn schuldgevoelens zijn een barrière voor hem. Mag hij wel beter worden, terwijl anderen zijn omgekomen? Hij kan het niet verdragen dat hij is doorgeslagen. Het lukt uiteindelijk om dit bespreekbaar te maken, maar de pijn daarover is er daarna niet minder om. Het blijft knagen, maar hij kan er nu wel over praten. De steen wordt vervolgens in twee zittingen besproken, met de meeste details in de tweede zitting. Dissociatie is verrassend genoeg goed te hanteren, en in de tweede zitting blijft Mahmoud er goed bij. Hij voelt veel verdriet en huilt om het verlies van zijn kameraden. Na het doorwerken van deze steen, blijken de stenen daarna goed te bespreken in de zittingen. Dissociatie neemt af, het is nauwelijks nog nodig om Mahmoud terug te brengen naar het hier en nu en hij blijft de laatste fase van de therapie goed in contact. De nachtmerries nemen af en hij herstelt sneller na de exposure. Hij voelt nu meer verdriet en soms komt er een gevoel van razernij naar boven, boosheid op het systeem. Als het gehele verslag wordt voorgelezen in de laatste zitting, dissocieert hij niet meer. Hij kan het verhaal horen, en voelt zich ook gehoord door de therapeut, die hem als een 'getuige' een aantal maanden heeft vergezeld in het bespreken van zijn levensloop.

De derde fase van de behandeling

In de derde fase komt er meer ruimte om ook bij andere gevoelens stil te staan. Hij merkt dat hij in PMT met zijn boosheid en opgekropte gevoelens kan leren omgaan. In de andere therapieën richt hij zich op herstel. Hij gaat nu wel naar fitness en vertelt op een dag dat hij iemand ontmoet heeft in de sportschool en afgesproken heeft om samen te trainen, hij laat weer zijn humoristische kant zien in de groep. De PTSS-klachten zijn grotendeels afgenomen (gemeten met de CAPS-5). Dissociatie is verminderd. Na de dagbehandeling besluiten de NET-therapeut en Mahmoud om poliklinisch de behandeling te vervolgen, gedurende een half jaar. De doelen van deze behandeling betreffen zijn angst en somberheidsklachten, waarbij het aanhoudende schuldgevoel, de angst voor het oordeel van anderen, de angst voor zijn eigen boosheid, en het weer kunnen aangaan en onderhouden van betekenisvolle relaties centraal staan. Er wordt gekozen voor interpersoonlijke psychotherapie (IPT).

8.4.4 De behandeling van Grace: EMDR

Grace start met de therapie bij de onderzoeker en dat betekent dat ze al goed met elkaar hebben kennisgemaakt, er zicht is op de coping van Grace, en er al een goed beeld is wanneer Grace dissocieert en hoe. Er wordt gekozen om schematherapie en EMDR te combineren, waarbij schematherapie zich richt op de schemamodi en imaginaire rescripting wordt gebruikt voor de traumatische ervaringen in de vroege jeugd. Dit wordt beschreven in ▶ par. 9.2.1. De latere ervaringen, in het bijzonder de ervaringen tijdens de gedwongen prostitutie, die aanvankelijk het meest terugkeren in haar nachtmerries, worden behandeld met EMDR. Parallel aan de traumatherapie krijgt Grace lichaamsgerichte therapie aangeboden waar emotieregulatievaardigheden en het omgaan met dissociatie veel aandacht krijgen.

Het begin van de therapie is moeizaam. Grace is angstig en vermijdend. Er is twijfel over de haalbaarheid van de therapie. Er worden meerdere gesprekken gepland om stil te staan bij de motivatie en wat het betekent om therapie te volgen in de westerse gezondheidszorg. Haar angst voor voodoo is een belangrijke barrière voor de therapie. Haar angstige gedachten over voodoo worden besproken en hoe ze zich tegen haar angsten kan beschermen, zodat ze zich wat vrijer voelt om open te zijn in de therapie. De mogelijkheid van EMDR blind to therapist, waarbij ze niet precies hoeft te vertellen wat er is gebeurd, wordt opengehouden, maar niet meteen genoemd. Geleidelijk krijgt Grace meer vertrouwen. Ze maakt samen met de therapeut een haalbaar plan voor de therapie, haar dagritme en coping worden besproken en Grace begint met de lichaamsgerichte therapie naast de psychotherapie gericht op haar emotieregulatievaardigheden. Voor de start van de EMDR bespreekt de therapeut met Grace hoe ze zullen omgaan met dissociatie tijdens de therapie en wat haar helpt om in het hier en nu te blijven. In EMDR wordt de V-step, waarbij iemand afwisselend met linker- en rechtervoet stappen zet, alsmede het vergroten van de werkbelasting door het aanbieden van verschillende soorten stimuli (klikjes, tappen) ingezet om het proces te bespoedigen en dissociatie tegen te gaan (Koopmans & De Jonghe, 2016). De therapeut spreekt af dat zij als de cliënt toch dissocieert, haar aanspreekt, vraagt te gaan staan en de V-step voordoet. De V-step zorgt ervoor dat haar lichaam actief blijft en de kans op somatoforme dissociatie vermindert. Ze spreken af dit te zullen toepassen tijdens de EMDR. EMDR wordt uitgevoerd met als werkgeheugenbelasting zowel de oogbewegingen (door de hand te volgen) als tappen.

EMDR

Algemene omschrijving

EMDR is in 1987 ontstaan terwijl Francis Shapiro, een Amerikaanse psychologe, tijdens een wandeling in een park ontdekte dat zij een ingrijpende herinnering plotseling anders beleefde. Zij bracht dit in verband met de oogbewegingen die zij had gemaakt vanwege de felle zon. Ze ontwikkelde EMD, eye movement desensitisation en bracht in 1989 een eerste door haar zelf uitgevoerde studie uit waarin cliënten na één sessie niet meer voldeden aan de PTSS-diagnose. Deze nieuwe behandelmethode, waarin exposure werd toegepast in combinatie met een afleidende taak (de oogbewegingen), gaf een nieuwe kijk op traumabehandeling. EMDR heeft zich de afgelopen decennia ontwikkeld tot een evidence-based traumabehandeling voor PTSS en wordt daarnaast breed toegepast bij andere psychische en lichamelijke klachten en stoornissen. Wanneer een cliënt met traumagerelateerde klachten of comorbide problematiek ontregelt door de herbelevingen die onvrijwillig optreden, is EMDR een effectieve behandelmethode om deze herbelevingen te verminderen.

Wetenschappelijke evidentie

Er is veel onderzoek gedaan naar de effectiviteit van EMDR bij de behandeling van diverse psychische stoornissen, maar vooral bij PTSS. EMDR is een bewezen effectieve behandeling. EMDR is tevens onderzocht bij cliënten met PTSS en het dissociatieve subtype, en daarin eveneens effectief (Zoet et al., 2018).

Literatuur om verder te lezen

Website: ► www.emdr.nl: de website voor alle EMDR-protocollen en -toepassingen.
Boek: Gonzales, A. & Mosquera, D. (2020) EMDR bij complex trauma en dissociatie; *de progressieve benadering*. Uitgeverij Mens!: Eeserveen.
Boek: Oppenheim, H.J.,& Hornsveld, H. (2016). EMDR praktijkboek deel II: toepassingen voor nieuwe patiëntengroepen en stoornissen. Pearson Benelux.

EMDR en dissociatie

EMDR omvat diverse manieren om kwetsbare cliënten die snel overspoeld raken, en dus ook degenen die dan dissociëren, te behandelen. Zo is er de genoemde V-step, die activeert en eraan bijdraagt dat iemand binnen de optimale bandbreedte van de WoT blijft. In een overzichtsartikel zetten Geurink & Oppenheim (2015) aandachtspunten op een rij voor EMDR bij cliënten met overspoelende herinneringen. Het 'clusteren' van herinneringen biedt uitkomst. Als er sprake is van overspoeling kan overgegaan worden op 'branden blussen'. Er wordt direct overgegaan op toepassing van EMDR op het overspoelende beeld. De spanning is dan zo hoog dat de SUD 10+ is en de NC binnen het controledomein valt. Er kan meteen worden overgegaan tot desensitisatie. Bij het blussen van deze branden is het niet noodzakelijk dat de therapeut doorgaat tot SUD=0. Het doel is vooral de ergste spanning van de verschillende beelden te verminderen, ook wel 'toppen snellen' genoemd. Ook kan de EMDR-therapeut bij kwetsbare cliënten variëren in de 'breedte van de associaties'. Bij toenemende instabiliteit kunnen therapeut en cliënt afspreken om de associaties te beperken tot alleen de associaties die betrekking hebben op het targetbeeld. Naarmate dit beter lukt kunnen tijdens de zitting de associaties worden verbreed naar het cluster van de ervaring, of de 'film' van de ervaring.

De herbelevingen en nachtmerries van Grace gaan het vaakst over de periode in de gedwongen prostitutie. Er wordt afgesproken om met EMDR de ervaringen in de periode van drie jaar te verwerken. De flashbacks en nachtmerries die het meest belastend zijn worden als eerste behandeld.

Grace heeft direct bij het scherpstellen van de eerste traumatische gebeurtenis moeite om zich te verwoorden, haar mond verstijft, haar ogen verstarren en in haar lijf is de spanning zichtbaar aan het rondtollen. Grace wordt gestimuleerd om zich vanuit het hier en nu te verwoorden en stil te staan bij de lichamelijk sensaties van nu, waarna wordt overgegaan op de desensitisatie.

T: Grace, we hebben net stilgestaan bij de nachtmerries die je de afgelopen week hebt gehad waarbij je één nachtmerrie heel levendig voor de geest staat en toen je terugdacht aan deze nachtmerrie over deze traumatische herinnering begon je ook even te dissociëren.
C: Ja, ik ga proberen niet te staren. (kijkt therapeut aan)
T: Heel goed. Kun je je nog herinneren wat ik vorige week heb verteld over EMDR?
C: Ja, dat filmpje (animatie over EMDR) herinner ik mij nog.
T: We gaan vandaag met de EMDR beginnen met de herinnering waar je zo'n nare nachtmerrie over had deze week (intrusieroute). Ik wil je vragen te staan. Herinner je nog de V-step die ik heb voorgedaan?
C: Ja. (cliënt begint te stappen)
T: Heel goed. Ga zo door. Ik ga straks een aantal vragen stellen over jouw herinneringen aan de gebeurtenis waaraan we gaan werken....
(samen wordt het beeld scherp gesteld)
T: (…) Volg mijn hand.
C: (zucht)
T: Je doet het heel goed, ga zo door, blijven stappen (therapeut stapt mee).

Er wordt vooral EMDR gericht op de beelden die de meeste spanning geven, met in eerste instantie alleen associaties die samenhangen met het targetbeeld. Als er tijdens de zittingen toch sprake is van dissociatie wordt Grace gevraagd om te gaan staan en de V-step te zetten. De handbewegingen die zij met haar ogen moet volgen zijn snel, soms golvend, diagonaal; alles om haar erbij te houden en voldoende te belasten zodat de desensitisatie kan plaatsvinden. De eerste keren dissocieert zij regelmatig. Als Grace de keer daarop weer komt, is zij bang en verdrietig, omdat haar asielaanvraag is afgewezen. Even dreigen haar actuele omstandigheden een barrière te vormen voor het therapeutisch proces, maar een maatschappelijk werker zal Grace ondersteunen met haar problemen in de procedure en de therapeut gaat verder met de EMDR. Gaandeweg de sessies, vanwege de vertrouwdheid met de techniek, maar vermoedelijk ook door de therapeutische relatie, kan zij stilstaan bij haar moeilijkste trauma, haar geheim, dat wat er niet mag zijn maar toch is. Het lukt Grace om meer woorden te geven aan het beeld van de herinnering, aan haar emoties, aan de beleving van toen en aan dat wat het in het hier en nu met haar doet.

De therapeut betrekt de lichaamstaal van Grace in de behandeling, de therapeut vraagt bijvoorbeeld aan Grace: wat voel je in je lichaam? Grace zegt regelmatig dat zij zich zo misselijk voelt. Zij wordt zich door lichaamsgerichte therapie, parallel aan de traumabehandeling, meer bewust van haar gevoelens en kan deze beter differentiëren. Tijdens de EMDR wordt Grace met cognitive interweaves (CI) er dikwijls aan herinnerd dat er een verschil is tussen toen en nu, dat zij vanuit veiligheid terugkijkt naar een herinnering. Zij wordt hiermee ook aangemoedigd haar boosheid te uiten. De boosheid mag er eerst niet zijn, omdat, zo blijkt later, Grace bang is de controle over zichzelf te verliezen en gek te worden en anderen pijn te doen. Maar de boosheid is non-verbaal zichtbaar, de therapeut benoemt wat ze ziet en vraagt aan Grace: ben je boos? En wanneer Grace dit bevestigt, vraagt de therapeut haar waar deze voelbaar was (haar handen). De therapeut vraagt als CI: wat zou je met je handen willen doen? Ze kan zich daarop concentreren waarna een nieuwe set wordt toegepast. Grace verliest soms haar gevoel voor tijd en plaats en lijkt één keer te blijven hangen, ze lijkt op de rand te lopen van toen en nu.

De spanning (SUD) over deze traumatische herinneringen neemt tijdens de EMDR-sessies duidelijk af. Na deze fase van EMDR wordt nogmaals een CAPS-5 afgenomen waaruit blijkt dat de klachten ten aanzien van de traumatische ervaringen in de prostitutie aanzienlijk zijn afgenomen. De behandeling voor de traumatische ervaringen in de jeugd en de gevolgen die dat heeft gehad voor haar zelfbeeld, beeld van anderen en de wereld wordt voortgezet met ImRs en SFT.

EMDR Woede, Wrok en Wraak-protocol

Er is in een EMDR-behandeling de mogelijkheid om het Woede, Wrok en Wraak-protocol in te zetten. (Veerbeek, 2019). Een trauma kan leiden tot angst en verlammende machteloosheid, maar ook tot machteloze woede. Deze woede kan zo groot zijn dat je wraak wilt nemen. Het is dan alsof er een emmer vol boosheid overloopt. De emmer van boosheid staat centraal in de EMDR-zitting en je nodigt iemand uit om zich de fantasie van wraak in de imaginatie voor te stellen waarbij je tegelijkertijd tikjes of oogbewegingen aanbiedt. Je kunt dit protocol gebruiken of als CI de boosheid laten verbeelden (Oppenheim, 2015). Je bevordert zo de emotieregulatie. Dit kan een positief effect hebben op (zelf)destructief gedrag, en de neiging tot dissociatie.

8.5 Hoog intensieve traumatherapie

In meerdere instellingen wordt tegenwoordig een vorm van hoog intensieve traumatherapie aangeboden. Dit wil zeggen dat cliënten voor een korte tijd van een week of een paar weken klinisch worden opgenomen en dan dagelijks meerdere keren een sessie exposure of EMDR volgen, soms aangevuld met een non-verbale of een bewegingstherapie zoals traumasensitieve yoga of PMT. De voordelen van deze vorm van therapie is dat bij ernstige klachten na trauma's iemand het vooruitzicht wordt geboden om in korte tijd klachtenvermindering te gaan ervaren. De klinische setting is een veilig kader, waardoor ook cliënten met ernstige emotieregulatieproblemen en dissociatie niet naar huis gaan, maar kunnen worden opgevangen door een begeleider die hen ondersteunt. Er zijn meerdere studies die laten zien dat deze vorm van behandeling effectief is (Ehlers et al., 2014; Zepeda-Mendez et al., 2018; Van Woudenberg et al., 2018). Het vraagt wel een sterke motivatie om zo'n traject aan te gaan. De voorbereiding voor deze therapie en de vervolgbehandeling wordt bij complex trauma door de verwijzer verzorgd.

Literatuur

American Psychiatric Association (2017). Clinical practice guideline for the treatment of Posttraumatic Stress Disorder (PTSD) in Adults.

De la Rie, S. M., Smid, G., Van Est, L., Bisseling, E., & Boelen, P. (2020). Feasibility of Narrative Exposure Therapy in an outpatient day treatment program for refugees: improvement in symptoms and global functioning. *European Journal of Psychotraumatology, 11*, 1–14.

De la Rie, S. M., Van Sint Fiet, A., Bos, J., Mooren, N., Smid, G., & Gersons, B. (2021). Brief eclectic psychotherapy for moral trauma: Treatment protocol description and a case study. *European Journal of Psychotraumatology, 12*, 1–11.

Ehlers, A., Hackmann, A., Grey, N., Wild, J., Liness, S., Albert, I., Deale, A., Stott, R., & Clark, D. M. (2014). A randomized controlled trial of 7-day intensive and standard weekly cognitive therapy for PTSD and emotion-focused supportive therapy. *American Journal of Psychiatry, 171*(3), 294–304.

Foa, E. B., Hembree, E. A., & Rothbaum, B. O. (2007). *Prolonged exposure therapy for PTSD*. Oxford University Press.

Gersons, B. P., Carlien, I. V., Lamberts, R. D., & Van der Kolk, B. A. (2000). Randomized clinical trial of brief eclectic psychotherapy for police officers with posttraumatic stress disorder. *Journal of Traumatic Stress, 13*(2), 333–347.

Geurink, M., & Oppenheim, H. (2015). Eerst stabiliseren of direct traumabehandeling: Een schijndiscussie? *EMDR Magazine, 8*, 18–21.

Gonzales, A., & Mosquera, D. (2020). *EMDR bij complex trauma en dissociatie; de progressieve benadering*. Uitgeverij Mens!

Hagenaars, M. A., Van Minnen, A., & Hoogduin, C. A. L. (2010). The impact of dissociation and depression on the efficacy of prolonged exposure treatment for PTSD. *Behaviour Research and Therapy, 48*, 19–27.

Halvorsen, J. O., Stenmark, H., Neuner, F., & Nordahl, H. M. (2014). Does dissociation moderate treatment outcomes of narrative exposure therapy for PTSD? A secondary analysis from a randomized controlled clinical trial. *Behaviour Research and Therapy, 57*, 21–30.

Jongedijk, R. (2014). *Levensverhalen en Psychotrauma, Narratieve Exposure Therapie in theorie en praktijk*. Boom uitgevers.

Koopmans, J., & De Jonghe, A. (2016). Behandelsessie van een jonge vrouw met ernstige PTSS na langdurig en extreem seksueel geweld. *EMDR Magazine, 12*, 10–13.

Korrelboom, K., & Ten Broeke, E. (1998). Trauma, geheugen en contra-conditionering van UCS-representatie. *Directieve Therapie, 18*(3), 217–233.

Lely, J. C. G., Smid, G. E., Jongedijk, R. A., Knipscheer, J. W., & Kleber, R. J. (2019). De effectiviteit van narratieve exposure-therapie: Een review, meta-analyse en meta-regressie-analyse. *European Journal of Psychotraumatology, 10*(1), 1550344.

Lindauer, R. J. L., Gersons, B. P. R., Van Meijel, E. P. M., Blom, K., Carlier, I. V. E., Vrijlandt, I., & Olff, M. (2005). Effects of brief eclectic psychotherapy in patients with posttraumatic stress disorder: Randomized clinical trial. *Journal of Traumatic Stress, 18*(3), 205–212.

Neuner, F., Elbert, T., & Schauer, M. (2020). Narrative exposure therapy for PTSD. In L. F. Bufka, C. V. Wright, & R. W. Halfond (Eds.), *Casebook to the APA Clinical Practice Guideline for the treatment of PTSD* (pp. 187–205). American Psychological Association.

Oppenheim, H. (2015). PTSS-behandeling bij een vrouw met een dissociatieve stoornis. *EMDR Magazine, 7*, 16–18.

Oppenheim, H. J.,& Hornsveld, H. (2016). EMDR praktijkboek deel II: Toepassingen voor nieuwe patiëntengroepen en stoornissen. Pearson Benelux.

Shapiro, F. (1989). Eye movement desensitization: A new treatment for post-traumatic stress disorder. *Journal of Behavior Therapy and Experimental Psychiatry, 20*(3), 211–217.

Smid, G., Kleber, R., De la Rie, S. M., Bos, J., Gersons, B., & Boelen, P. (2015). Brief Eclectic Psychotherapy for Traumatic Grief (BEP-TG): Toward integrated treatment of symptoms related to traumatic loss. *European Journal of Psychotraumatology*, 1–11.

Stöfsel, M., & Mooren, T. (2017). *Trauma en Persoonlijkheidsproblematiek*. Bohn Stafleu van Loghum.

Ten Broeke, E., De Jongh, A., Hornsveld, H., & Beer, R. (2015). Het RDI protocol. In E. Ten Broeke, E. De Jongh & H. J. Oppenheim (Eds.). (2016). *Praktijkboek EMDR*. Pearson Benelux.

Van Minnen, A., & Arntz, A. (2011). Protocollaire behandeling van patiënten met een posttraumatische stressstoornis: (Imaginaire) exposure. In G. Keijsers, A. Van Minnen & K. Hoogduin (Red.), *Protocollaire behandelingen voor volwassenen met psychische klachten I*. Boom Cure and Care.

Van Minnen, A., Vleugel, B., Van den Berg, D., Van den Bont, P., De Roos, C., Van der Gaag, M., & De Jongh, A. (2016). Trauma-focused treatment is equally effective for psychotic patients with the dissociative subtype of PTSD as for those without this subtype. *British Journal of Psychiatry, 209*(4), 347–348.

Van Minnen, A., Zoellner, L. A., Harned, M. S., & Mills, K. (2015) . Changes in comorbrd conditions after prolonged exposure for PTSD: A literature review. *Current Psychiatry Reports, 17*, 1–16.

Van Woudenberg, C., Voorendonk, E. M., Bongaerts, H., Zoet, H. A., Verhagen, M., Lee, C. W., Van Minnen, A., & De Jongh, A. (2018). Effectiveness of an intensive treatment programme combining prolonged exposure and eye movement desensitization and reprocessing for severe post-traumatic stress disorder. *European Journal of Psychotraumatology, 9*(1), 1487225.

Veerbeek, H. (2019). EMDR Protocol Gerichte Boosheid : (Woede, Wrok en Wraak). ▸ http://www.hermanveerbeek.com/wp-content/uploads/2019/05/EMDR-Protocol-Gerichte-Boosheid_mei_2019.pdf.

Vermetten, H. G. J. M. (2017). Stand van zaken van de farmacotherapie voor PTSS, deel I, overzicht en update. *Psyfar, 12*(2).

Vermetten, H. G. J. M., Vermetten, E. (2012). Neurobiologie van posttraumatische stressstoornissen. In E. Vermetten, R. J. Kleber & O. Van der Hart (Red.), *Handboek posttraumatische stressstoornissen* (pag. 241–261). De Tijdstroom.

Wolf, E. J., Lunney, C. A., & Schnurr, P. P. (2015). The Influence of the dissociative subtype of posttraumatic stress disorder on treatment efficacy in female veterans and active duty service members. *Journal of Consulting and Clinical Psychology, 13*, 95–100.

Wolf, E. J., Lunney, C. A., & Schnurr, P. P. (2016). The Influence of the dissociative subtype of posttraumatic stress disorder on treatment efficacy in female veterans and active duty service members. *Journal of Consulting and Clinical Psychology, 13*, 95–100.

Zepeda Méndez, M., Nijdam, M. J., Ter Heide, J. J., Van der Aa, N., & Olff, M. (2018). A five-day inpatient EMDR treatment programme for PTSD: Pilot study. *European Journal of Psychotraumatology, 9*(1), 1425575.

Zoet, H. A., Wagenmans, A., Van Minnen, A., & De Jongh, A. (2018). Presence of the dissociative subtype of PTSD does not moderate the outcome of intensive traumafocused treatment for PTSD. *European Journal of Psychotraumatology, 9*(1), 1468707.

Behandeling van trauma en dissociatie bij kwetsbare cliënten

Samenvatting
De behandeling van de gevolgen van psychotrauma kan voor kwetsbare cliënten met beperkte draagkracht of comorbide persoonlijkheidsproblematiek worden ingebed in een multimodale behandeling of een geïntegreerde behandeling voor trauma en persoonlijkheid. Traumaverwerking en de aanpak van traumagerelateerde dissociatie kan dan worden gecombineerd met non-verbale therapie, in het bijzonder lichaamsgerichte therapie, of hand in hand gaan met de behandeling van beperkingen in het persoonlijkheidsfunctioneren. Voor psychosociale stressoren kan maatschappelijk werk of ondersteunende begeleiding naast de traumabehandeling aangewezen zijn. Waar nodig kan het gezin erbij betrokken worden.

De la Rie en Snip-van Wageningen, *Trauma en dissociatie*,
https://doi.org/10.1007/978-90-368-2711-9_9

9.1 Inleiding

In het voorgaande hoofdstuk is besproken hoe een behandeling van PTSS kan worden uitgevoerd bij cliënten met dissociatieve klachten.

Er is bij drie van de vier besproken cliënten sprake van complex trauma waarbij de gevolgen van het trauma niet alleen de PTSS-klachten betreffen. Behandeling van PTSS kan tot klachtenreductie leiden en de emotieregulatie en het (persoonlijkheids)functioneren helpen verbeteren. Waar mogelijk is het aan te bevelen te starten met behandeling van deze PTSS-klachten.

Cliënten met beperkte draagkracht en een belaste voorgeschiedenis hebben doorgaans meerdere en langdurig bestaande problemen en dientengevolge aanhoudende disfunctionele gedragspatronen. Ze missen een veilige basis om op terug te vallen, hebben niet geleerd wat ze wel en niet kunnen verwachten van zichzelf en anderen en in de beleving is de binnen- en buitenwereld soms moeilijk van elkaar te onderscheiden. Er zijn problemen op meerdere levensgebieden. Er is kans op revictimisatie. Er kan zo'n sterke verwevenheid tussen klachten en persoonlijkheidsfunctioneren zijn, in het bijzonder bij vroege trauma's, dat er meer nodig is dan de behandeling van PTSS.

De behandeling van de gevolgen van complex trauma bij mensen met naast een PTSS een beperkte draagkracht en enige beperkingen in het persoonlijkheidsfunctioneren wordt bij voorkeur ingebed in een multimodale behandeling, poliklinisch of in een dagkliniek, zoals we in het voorgaande hoofdstuk al lieten zien. Er kan in een multimodale behandeling op verschillende manieren aandacht zijn voor onder meer emotieregulatie, verbeteren van slaap, comorbiditeit, interpersoonlijke of systeemproblemen. Je biedt naast de klachtgerichte psychotherapeutische behandeling dan bijvoorbeeld lichaamsgerichte therapie of systeemtherapie aan.

Als er ernstige beperkingen zijn in het persoonlijkheidsfunctioneren is een geïntegreerde multimodale behandeling voor trauma en persoonlijkheid aan te bevelen, met parallel aan de aandacht voor traumaverwerking een focus op persoonlijkheidsfunctioneren en problemen op verschillende levensgebieden. Je geeft dan naast of gedurende de persoonsgerichte therapie aandacht aan traumaverwerking en biedt tevens bijvoorbeeld lichaamsgerichte therapie of ondersteunende begeleiding aan. In dit hoofdstuk bespreken we hoe deze behandeling eruit kan zien.

Revictimisatie

In de wereldwijde studie van de WHO komt naar voren dat de meeste mensen op enig moment in hun leven een trauma meemaken, maar dat een deel van de bevolking blootgesteld wordt aan meerdere trauma's. Het blijkt dat het meemaken van interpersoonlijk geweld een voorspeller is voor het meemaken van latere trauma's (Benjet et al., 2016).

In een grote overzichtsstudie, een meta-analyse, naar revictimisatie, is gebleken dat degenen die als kind zijn blootgesteld aan traumatische ervaringen, namelijk seksueel misbruik, risico lopen om opnieuw een trauma mee te maken. Het gemiddelde prevalentiecijfer van revictimisatie is 47,9 % (Walker et al., 2019). Dat is hoog. Het betekent dat het risico op meemaken van nieuwe traumatische ervaringen groot is als je als kind slecht bent behandeld. Dit vraagt om een goede behandeling, die zich niet alleen richt op het verminderen van PTSS-klachten, maar ook op het versterken van de persoonlijkheid en de vaardigheden om zich in het leven staande te houden.

Een prospectieve studie liet bovendien zien dat dissociatie een mediërende rol speelt tussen het meemaken van traumatische ervaringen als kind en in het latere leven. Als je een behandeling geeft aan iemand met complex trauma en dissociatie, is het aan te bevelen om een inschatting te maken van iemands persoonlijkheidsfunctioneren teneinde het risico op revictimisatie te kunnen inschatten.

9.2 Geïntegreerde behandeling van trauma en persoonlijkheid

We beschrijven in de komende paragrafen op welke manier de behandeling voor trauma en persoonlijkheidsproblemen kan worden geboden.

9.2.1 Schematherapie met imaginaire rescripting

In schematherapie (SFT) gaat het in de eerste fase van de behandeling erom de maladaptieve schema's, dat wil zeggen de kerngedachten over het zelf, anderen en de wereld te inventariseren en om de gezonde kanten van de cliënt te versterken. De behandeling richt zich op het uitdagen van de schema's met cognitieve experiëntiële technieken, zowel denken als doen. De schema's kunnen zich herhalende en rigide gevoelstoestanden (ook wel 'modi' genoemd) triggeren, waar in de therapie veel aandacht aan wordt besteed. Doel is om de gezonde volwassene (adaptieve modus) te versterken en de andere modi (kind- en oudermodi, copingmodi) te helpen om datgene wat het schema triggert te verwerken. Een herinnering aan een trauma kan bijvoorbeeld een kwetsbaarkindmodus activeren, waardoor iemand zich alleen en verdrietig voelt. Voor deze gevoelens was vroeger vaak geen ruimte; daarom kan een andere modus, veelal de straffende-oudermodus, het afkeuren om zo verdrietig te zijn. In reactie op deze innerlijke strijd kan iemand dan proberen om zijn pijn niet te voelen door veel te gaan drinken als een coping (copingmodus). De cognitieve en experiëntiële technieken zijn erop gericht om de emoties te verwerken die worden opgeroepen als er een schema wordt geactiveerd door deze uit te dagen. Of door een stoelentechniek in te zetten waarbij je de situatie als het ware uitspeelt, zodat iemand nieuwe inzichten verwerft. Iemand staat dan vanuit verschillende kanten of modi stil bij gebeurtenissen die een bepaald schema triggeren. De trauma's kunnen door imaginaire rescripting worden verwerkt.

ImRs

Algemene omschrijving

Imaginaire rescripting (ImRs) is een techniek vanuit de schematherapie en wordt steeds meer onderzocht als op zichzelf staande behandeling voor PTSS. Bij ImRs vindt imaginaire exposure plaats en vervolgens wordt de herinnering bewerkt. De cliënt roept met behulp van de therapeut de traumatische herinnering op en vertelt in de tegenwoordige tijd wat er gebeurt. De gebeurtenis wordt zo levendig mogelijk weer herbeleefd. Het grote verschil met IE/PE en andere traumabehandelingen met exposure, is dat de herinnering op het moeilijkste moment aangepast wordt. Therapeut en cliënt kijken samen hoe de cliënt de herinnering, met alle kennis en ervaring als volwassene, de gebeurtenis van toen in de imaginatie anders kan laten verlopen. De cliënt denkt na over wat hij nodig heeft, wat hij zou willen zeggen of doen. Als het de cliënt (nog) niet lukt om de gewenste acties zelf uit te voeren, dan mag de therapeut in de imaginatie de aanpassingen uitvoeren. Vervolgens wordt dit ingebeeld en wordt het narratief afgemaakt met deze aanpassingen. Dit kan de cliënt een gevoel van kracht, troost en opluchting geven. Het kan helpen het verleden te verwerken, omdat het andere beloop aansluit bij een van de basale behoeftes, zoals de behoefte aan veiligheid, waardering of geborgenheid.
ImRS wordt toegepast binnen een SFT als traumaverwerking, maar er is ook een ImRs-protocol beschikbaar, waarbij ImRs als stand alone traumaverwerkingstherapie kan worden geboden. Het protocol bestaat uit zestien zittingen met een duur van negentig minuten per zitting.

Wetenschappelijke evidentie

Er zijn Nederlandse onderzoeken gedaan naar de effectiviteit van deze vorm van traumabehandeling, onder andere bij vluchtelingen met oorloggerelateerd trauma.

Daarin was een grote klachtenreductie zichtbaar in zowel de posttraumatische stressklachten als depressieve klachten (Arntz et al., 2013). Raabe et al. (2015) onderzochten ImRs bij cliënten met PTSS ten gevolge van chronisch seksueel of fysiek misbruik en zagen ook een forse afname in de PTSS-klachten.

Literatuur om verder te lezen
Boek: Van der Wijngaart (2020). Imaginaire rescripting: *theorie en praktijk*. Bohn Stafleu van Loghum.

9

ImRs in de behandeling van Grace

De EMDR-behandeling heeft zich gericht op de ervaringen in de prostitutie, waar de meeste nachtmerries over gingen. Bij het begin van de behandeling heeft de therapeut samen met Grace echter haar levensgeschiedenis besproken en het is gebleken dat zij al in haar jeugd veel nare ervaringen heeft meegemaakt waarin zij zich alleen en machteloos voelde. Zij voelt zich alleen, weet zich met haar emoties geen raad en voelt zich vaak waardeloos en geeft zichzelf regelmatig de schuld van wat haar overkomt. Na de EMDR wordt onderzocht welke maladaptieve schema's steeds worden getriggerd en welke modi er zijn. Er komt naar voren dat zij niet alleen een kwetsbaar-kindmodus en een boze-kindmodus heeft, die verdrietig en angstig, anderzijds boos zijn, omdat bepaalde basisbehoeften aan veiligheid, geborgenheid niet zijn vervuld in haar jeugd, maar ook een straffende-oudermodus, als het ware een internalisatie van de boze stem van haar stiefmoeder. Haar copingmodi of beschermers zijn meer vermijdende, of overcompenserende modi. Gebeurtenissen in het leven van nu worden besproken en Grace wordt zich bewuster van de modi. De triggers aan haar jeugdherinneringen leiden tot veel angst en verdriet en opnieuw tot dissociatie. De therapeut besluit om zich vooral te richten op ImRs teneinde deze ervaringen goed te kunnen verwerken.

Gedurende de SFT wordt ImRs regelmatig ingezet. Zo worden haar vroegere trauma's verwerkt. Grace werkt samen met de therapeut aan deze nare herinneringen met ImRs, waarbij ze beginnen met haar eerste herinnering. De therapeut vraagt Grace in de sessies om een nare herinnering op te halen uit het geheugen, en helpt Grace vervolgens om tijdens de imaginatie de nare situatie een ander beloop te geven die aansluit bij de (basale) behoefte van Grace. Vaak is dit de behoefte aan veiligheid, geborgenheid, aandacht of waardering.

Grace continueert ook de Psychomotore Therapie (PMT, zie ook ▶ par. 9.3.1). Te merken is dat Grace zich steeds meer op haar gemak voelt bij beide therapeuten. Ze maakt meer oogcontact, vraagt soms iets na en maakt ook soms luchtige opmerkingen over de therapieruimte of over de kleding van de therapeut. Daarnaast is het contact met haar lichaam op momenten van relatieve rust aan het groeien, ze past bepaalde oefeningen consequent toe en ontwikkelt een interesse voor hardlopen. Bij het opvanghuis zien ze ook een andere Grace, ze is vaker te vinden in de gemeenschappelijke ruimte en heeft met een medebewoonster een aantal keren samen gekookt.

Na verloop van tijd wordt opnieuw een CAPS-5 afgenomen en daaruit blijkt dat de PTSS-klachten licht verminderd zijn na de ImRs. De klachten van het D- en E-criterium zijn wat afgenomen maar de intrusies ook. Vanwege haar angst in contact met anderen, en haar negatieve zelfbeeld wordt SFT voortgezet, vanuit het modus-model om revictimisatie te voorkomen. Grace voelt dat het beter met haar gaat en ontwikkelt gaandeweg meer vertrouwen in de toekomst.

9.2.2 Mentaliseren Bevorderende Therapie

Mentaliseren Bevorderende Therapie (MBT) is een psychodynamische psychotherapie waarin iemand leert de emoties van zichzelf en van anderen te herkennen en er woorden aan te geven. MBT is ontwikkeld voor persoonlijkheidsproblematiek, maar is ook juist bij complex trauma goed toe te passen, waarbij trauma een transdiagnostische kwetsbaarheidsfactor is voor pathologie. Vanwege traumatisering en problemen in de hechting in de voorgeschiedenis, of een hechtingstrauma, zal eerst veel aandacht besteed worden aan het vertrouwen in de therapeut. De cliënt leert vervolgens te mentaliseren, dat wil zeggen, leert nadenken over het eigen gedrag en dat van een ander en op de bijbehorende gevoelens en motieven. In de therapie wordt stilgestaan bij de ervaringen waarin het mentaliseren afneemt of is uitgeschakeld. Zo kan een (re)activatie van de herinnering aan het trauma door een trigger het mentaliseren uitschakelen. Herbelevingen aan het trauma worden opgevat als de psychische-equivalentiemodus, waarin men het onderscheid tussen gevoelens binnen en de werkelijkheid buiten niet meer goed kan maken. Zo iemand heeft de ervaring alsof het trauma zich echt herhaalt. Dissociatie wordt opgevat als een alsof-modus, waarbij iemand de binnen- en buitenwereld juist uit elkaar houdt. In traumagerichte MBT gaat het om meer dan het verwerken van de trauma's zelf. Iemand leert te mentaliseren over het trauma en het onderscheid tussen toen en nu te maken in de context van een veilige relatie, zodat hij ook weer leert nieuwe relaties aan te gaan (Ingenhoven, 2015).

9.2.3 Transference Focused Psychotherapie

Transference Focused Psychotherapie (TFP) is een intensieve individuele psychodynamische psychotherapie waarbij in de relatie met de therapeut belangrijke problemen worden doorgewerkt. Overdracht (transference) staat centraal. Overdracht verwijst naar wat iemand op grond van vroegere ervaringen aan de ander toeschrijft. TFP gaat ervan uit dat de relatie met de eerste verzorgers van belang is in hoe we naar onszelf en (de relatie met) anderen kijken en hoe we die beelden van onszelf en anderen – ook wel zelf- en objectrepresentaties genoemd – opslaan in ons geheugen. Deze representaties kunnen naar voren komen of zich herhalen in de relatie met de therapeut, waarbij de cliënt gevoelens en gedachten toeschrijft aan de therapeut. Als iemand getraumatiseerd is, zullen in de overdracht gespleten zelf- en objectrepresentaties van agressie en haat worden geactiveerd. Dit kan bijvoorbeeld naar voren komen als er sprake is van daderproblematiek, zoals in de behandeling van kindsoldaten, die gedwongen waren gewelddadige dingen te doen. In TFP kan zo iemand zichzelf en de therapeut dan beurtelings identificeren als slachtoffer en dader (Draijer & Van Zon, 2013). Door dit in de zittingen te bespreken wordt in TFP de beleving van goed en fout, zwart en wit dichter bij elkaar gebracht. Zo kunnen innerlijke conflicten, fragmentaties en tegenstrijdigheden worden opgelost en kan de identiteitsintegratie toenemen en daarmee het functioneren verbeteren (Ingenhoven, 2015).

9.2.4 Dialectische gedragstherapie

In de dialectische gedragstherapie (DGT) is in de eerste fase van de therapie aandacht voor emotieregulatievaardigheden, in het bijzonder voor zover het zelfdestructief of agressief gedrag betreft. Het aanleren van vaardigheden gaat vooraf aan de fase van traumaverwerking en is een belangrijk onderdeel van de therapie (Ingenhoven, 2015). De therapie is ontwikkeld door Linehan voor ernstige borderline stoornissen, waarbij de borderlineproblematiek leidt tot destructief gedrag en crisis. Het richt zich op de instabiele identiteit, emotie- en gedragsproblemen en de interpersoonlijke problemen (Linehan et al., 1999). Iemand wordt zich tijdens de behandeling meer bewust van zijn gedragspatronen en leert vaardigheden om zijn impulsen en gedrag beter te hanteren, op een niet-(zelf)destructieve manier. Het signaleren van de gedachten en gedragspatronen, is een vaardigheid die ontleend is aan het Zenboeddhisme, met als kern: oplettendheid en aanvaarding. De vaardigheden die worden geleerd zijn gericht op het hanteren van crisis, het leren van assertiviteit en sociale vaardigheden en het verminderen van destructief gedrag door gedragsalternatieven. Er worden emotieregulatievaardigheden aangeleerd, waar ook dissociatie in kan worden betrokken. Het leren van vaardigheden kan worden gevolgd door een fase waarin ook traumatische ervaringen die soms ten grondslag liggen aan de ontregeling kunnen worden verwerkt.

9.3 Niet-verbale therapie

In de behandeling van getraumatiseerde kwetsbare cliënten, zijn niet-verbale therapieën van groot belang. Sommige trauma's worden gefragmenteerd herinnerd, of zijn zo angstaanjagend dat iemand er geen woorden voor heeft of er geen woorden voor kan vinden, of te bang is om het onbenoembare te benoemen. Maar datgene waar geen woorden voor zijn, kan wel voelbaar zijn in het lichaam. Er wordt niet voor niets gezegd dat het lichaam ook een geheugen heeft (Van der Kolk, 2016). Een niet-verbale therapie is bij complex trauma daarom erg belangrijk voor de verwerking en kan parallel aan de psychotherapie worden aangeboden.

9.3.1 Lichaamsgerichte therapie en psychomotore therapie

Het lichaam heeft een herinnering, aldus Van der Kolk in zijn boek *Traumasporen* (2016). Het lichaam draagt de sporen van de trauma's. Iemand kan pijn ervaren op plaatsen waar hij is mishandeld, verkrampt zijn of gespannen. Een bepaalde houding 'zoals toen' brengt iemand weer terug in de tijd, waardoor hij overweldigd wordt door gevoelens. En juist cliënten die last hebben van somatoforme dissociatie of depersonalisatie voelen weinig contact met hun lichaam of delen van hun lichaam. Sommigen leven vooral 'in hun hoofd'. Contact maken met je lijf, je lichaam en je geest, met jezelf is dus niet voor iedereen vanzelfsprekend. Als er pijn is of te veel pijn is geweest dan verlies je soms het contact, omdat je de pijn (onbewust) wilt vermijden, de continue spanning je opbreekt of omdat de gevoelens in je lijf je aan trauma's doen herinneren die je nooit meer wilt (her)beleven. Een lichaamsgerichte therapie is in veel gevallen van toegevoegde waarde. Hoe jonger de leeftijd waarop iemand trauma's heeft meegemaakt, hoe meer interpersoonlijk geweld hij heeft ondergaan, hoe kwetsbaarder hij is en hoe meer hij dissocieert, des te meer het aan te bevelen is om een lichaamsgerichte therapie aan te bieden naast de psychotherapie. Psychomotore therapie (PMT), Trauma Sensitieve Yoga (TSY) en mindfulness kunnen helpen om in een veilige omgeving, onder begeleiding van een professional die kennis heeft van PTSS, weer het contact met jezelf en je lichaam stap voor stap te herstellen. Ervaren, zorgen voor jezelf, omgaan met het verschil tussen toen en nu en het herwinnen van de controle zijn leerdoelen waaraan gewerkt kan worden in aanvulling of ter voorbereiding op een traumabehandeling. Psychomotore therapie richt zich op lichaamsbeleving en bewegingsgedrag. Dit kan op verschillende manieren. Cliënten kunnen worden aangemoedigd om in beweging te komen met gerichte interventies, door sport, bewegen. Zij kunnen zich ook richten op de beleving van het lichaam. Het gaat om het oefenen door spel of opstelling in een ruimte. De lichaamsgerichte interventies stimuleren dat ze (emoties en sensaties van) het lichaam en de beweging gaan ervaren, of gaan inzien of bemerken waar blokkades zijn of wat de behoeftes zijn van het lichaam. Lichaamsgerichte therapie bevordert emotieregulatie, en het leren herkennen, voelen en ervaren van emoties en hoe je binnen het tolerantievenster kunt blijven. Grondingsoefeningen kunnen in de voorbereiding of ter ondersteuning van de traumagerichte psychotherapie helpen om veiligheid te ervaren en een gevoel van controle te ervaren. In een studie van Van der Kolk et al. (2014) werd onderzocht of yoga als aanvullende interventie in de behandeling van PTSS effectief kan zijn. Daarin werd zichtbaar dat yoga niet alleen bijdraagt in de behandeling van PTSS, maar ook een bestendiger therapieresultaat geeft. De gedachte is dat yoga helpt om lichamelijke en sensorische ervaringen die geassocieerd worden met angst en hulpeloosheid te tolereren en dat het de emotionele bewustwording en affecttolerantie vergroot.

Grondingsoefening

Een grondingsoefening is een techniek met als doel om contact te maken met de aarde, verbinding te maken, gebruik te maken van de zwaartekracht, waardoor je steviger in het hier en nu kunt staan en meer in verbinding kunt komen met jezelf. Je kunt het staand of zittend doen. Vraag je cliënt om goed te gaan zitten in de stoel, contact te maken met de stoel en de grond en de verbinding te ervaren. Dit kan met de ogen dicht, maar mag ook met de ogen gericht op de bovenbenen of juist gericht op de grond om deze ervaring op die manier extra kracht bij te zetten
De aandacht richten op de grond kan samengaan met de aandacht op de ademhaling waarbij met elke ademhaling de verbinding met de grond steviger kan aanvoelen. De grondingsoefening kan ook uitgevoerd worden met een imaginatie-oefening erbij, bijvoorbeeld door de cliënt te vragen zich in te beelden dat er een draad loopt van kruin tot stuitje tot grond, die zorgt voor de verbinding met het zelf en de aarde.

9.3.2 Beeldende therapie

Beeldende therapie kan een mooie aanvulling zijn op de traumabehandeling. Soms is het moeilijk om woorden te geven of te vinden voor de traumatische ervaringen en kan het belangrijk zijn om op een non-verbale wijze te starten met de traumaverwerking. Deze vorm van therapie leert de cliënt andere manieren om met mentale stress om te gaan en gedurende het beeldend werk de stress en emoties te reguleren. Afhankelijk van de levensomstandigheden in de vroege jeugd, de hechting met de verzorgers, de culturele achtergrond en de actuele taalvaardigheid van de cliënt kan een non-verbale therapie gericht op traumaverwerking van belang zijn. Het verbeelden van de ervaringen helpt bij het zoeken naar woorden, het symbolisch denken of laat zien wat niet gezegd kan worden.

Schouten et al. (2019) onderzochten de werking van traumagerichte beeldende therapie in een pilotstudie. In de onderzochte interventie doorliepen cliënten in twaalf sessies drie fasen. In totaal participeerden twaalf cliënten in dit onderzoek, allen stonden tevens op de wachtlijst voor een traumabehandeling. In de stabilisatiefase werkte de therapeut met de cliënt aan stabilisatie en symptoomreductie, tijdens de tweede fase werd traumagericht gewerkt en de derde fase was gericht op integratie en betekenisgeving. Resultaten van deze pilotstudie laten zien dat cliënten melden dat zij meer ontspanning ervaren, zich kunnen uiten in het beeldende werk, minder last hebben van herbelevingen en ook dat zij meer vertrouwen krijgen in de toekomst. Er waren cliënten die konden profiteren van beeldende therapie in aanvulling op traumabehandeling.

Beeldende therapie wordt soms aangeboden in combinatie met traumabehandeling. Zo zijn er voorbeelden uit de praktijk waarin beeldende therapie aangeboden is naast de lopende traumabehandeling. Zo kan bijvoorbeeld naast een EMDR-behandeling een cliënt gevraagd worden het targetbeeld voor EMDR uit te tekenen, of naast een NET-behandeling het uitwerken van een 'bloem' of een 'steen'. Tijdens BEPP of BEP voor traumatische rouw (BEP-TG) kan de beeldend therapeut samen met de cliënt naar creatieve mogelijkheden zoeken tijdens de fase van betekenisgeving of bij het afscheidsritueel aan het einde van de therapie.

9.4 Ondersteuning van de behandeling

9.4.1 Maatschappelijk werk

Er gebeurt soms veel in het leven van cliënten, waardoor andere ondersteunende interventies naast de traumabehandeling wenselijk kunnen zijn. Psychosociale problemen kunnen zijn: geen werk, financiële problemen, huisvestingsproblemen, of relationele problemen. Als er psychosociale problemen meespelen die interfereren met de traumabehandeling, is het belangrijk te bespreken of het voor de cliënt nodig is dat de psychosociale problemen eerst aangepakt worden alvorens de traumabehandeling te starten.

Als de cliënt te kennen geeft dat beide zijn aandacht nodig hebben, en hij gemotiveerd is voor traumabehandeling, dan is het zeker mogelijk om tegelijk aan beide 'problemen' (het psychosociale probleem en de traumaklachten) te werken. Het is niet noodzakelijk dat deze psychosociale problemen worden opgelost voordat de traumabehandeling kan starten, iemands leefsituatie hoeft niet stabiel te zijn, of gestabiliseerd, om iemand te behandelen voor zijn trauma's. Het helpt om hier duidelijke afspraken over te maken, realistische verwachtingen ten aanzien van beide problemen uit te spreken, te verwijzen naar maatschappelijk werk voor deze psychosociale problemen en af te spreken dat de therapeut en de cliënt in hun contact focussen op de behandeling van de traumaklachten. Juist door het psychosociale probleem elders onder te brengen, kan de focus op de traumabehandeling blijven en is de traumabehandeling zo efficiënt mogelijk.

Alleen als de cliënt te kennen geeft dat het psychosociale probleem op de voorgrond staat en traumabehandeling tot die tijd niet mogelijk is, en therapeut en cliënt inschatten dat het meer dan drie maanden zal duren voordat dit probleem opgelost is, dan is het raadzaam om het contact af te sluiten en de cliënt door te verwijzen naar het Algemeen Maatschappelijk Werk in de regio, naar het Sociale Wijkteam of een andere organisatie die van toepassing is.

9.4.2 Ondersteunende begeleiding

Er zijn ook andere vormen van ondersteunende begeleiding denkbaar die het een cliënt mogelijk kunnen maken om zich te richten op traumaverwerking en traumaherstel. Daarvoor moet je als therapeut wel meedenken met de cliënt of hem informeren over de mogelijkheden in de regio. Een greep uit de mogelijkheden hierin:

- Maatjesproject
- (Hard)loopgroep
- WMO; GGZ in de wijk
- Maatschappelijke werkplaats
- Ouderbegeleiding of buurtgezinnen
- Administratieve hulp

In de ondersteunende begeleiding door bijvoorbeeld sociotherapie kan het ook gaan om het verstevigen van adaptieve copingstrategieën, of het onderzoeken van iemands sterke kanten, waarbij er in de latere fase in therapie gewerkt wordt aan de ondersteuning van het herstel.

9.4.3 Crisis- en signaleringsplan

Een crisissignaleringsplan is bedoeld voor kwetsbare cliënten die snel uit evenwicht zijn en reageren met ernstig gedrag dat gevaarlijk kan zijn voor henzelf of anderen. Het is soms onderdeel van de voorbereiding van een behandeling om met cliënten voor wie dat nodig is stil te staan bij de momenten waarin een crisis kan ontstaan en hoe zij bij zichzelf kunnen leren opmerken dat de spanning zodanig toeneemt dat zij in een crisis terechtkomen. Dit kan door na te gaan wat er gebeurd is tijdens eerdere crisissituaties. Wat gebeurde er toen en wat heeft geholpen om de crisis het hoofd te bieden? Je bespreekt met je cliënt welke signalen wijzen op een dreigende crisis, wat hij doorgaans geneigd is te doen en welke adequate copingstrategieën hij kan inzetten als alternatief. Je neemt daarin ook op wie hij kan bellen voor steun of hulp met daarbij de telefoonnummers. Je schrijft in een schrift of op een A4 de signalen op van een dreigende crisis, wat hij kan doen en wie hij kan bellen. Dit kan hij mee naar huis nemen en bij zich dragen, zodat hij het kan lezen als de nood aan de man komt. Het plan kan een cliënt houvast geven gedurende de traumabehandeling.

Een voorbeeld van een crisisplan is te vinden op de website van 113online. Hun Veiligheidsplan is afkomstig van Stanley & Brown (2012).

9.5 Traumabehandeling en het gezin

Trauma's van een gezinslid kunnen effect hebben op het hele gezin. Als het gaat om een ouder met kinderen die getroffen is, kan het de ouder belemmeren in diens ouderschap (Van Ee et al., 2012; Schechter et al., 2010). Iemand kan bijvoorbeeld niet meer werken door de trauma's en herbelevingen, waardoor er minder financiële middelen zijn om het gezin te onderhouden. In het dagelijkse contact met de ouder kunnen kinderen zich niet gezien of gehoord voelen. Dat is soms letterlijk zo, als de ouder door een herbeleving of dissociatie er geestelijk niet bij is. Er kunnen spanningen zijn in het gezin door de psychische problemen van de ouder, en soms kan de ouder het niet opbrengen om het gezin draaiende te houden. Als het gaat om jonge kinderen, kan dit hun ontwikkeling bedreigen. Het kan ook zijn dat de gezinsleden allemaal getraumatiseerd zijn. Zoals in ▶ H. 4 is beschreven, is het belangrijk om na te gaan of er een gezin is, hoe het met de gezinsleden gaat en of er ondersteuning voor het gezin nodig of wenselijk is. Als dat het geval is, zijn er bij meerdere instellingen mogelijkheden voor ondersteuning in de opvoeding, begeleiding van het gezin, systeemtherapie, multi-familygroepen of behandeling voor jeugdigen.

Traumaverwerking en ouderschap

Als er een gezin is met kinderen is het belangrijk om na te gaan wat de invloed is van de huidige klachten van de cliënt op het gezin, en de aanwezige of ongeboren kinderen in het geval van zwangerschap en wat de invloed van de traumabehandeling kan zijn in het gezin. Bespreek welke (opvoed-/gezins)ondersteuning reeds aanwezig is of nodig is gedurende de therapie. Traumaverwerking kan de therapeut voor een aantal dilemma's plaatsen, zoals in de onderstaande casus.

Susan heeft zich via de huisarts aangemeld bij de SGGZ. Ze is al drie jaar lang op zoek naar hulp, is diverse behandelingen gestart en ook weer gestopt. Zo volgde zij Hapnotherapie, ging ze een tijdje naar de POH-GGZ, bezocht zij een psychotherapeut en meldde zij zich aan bij een antroposofische kliniek. Volgens Susan hielp niets en wil ze nu echt aan het trauma werken. Tijdens de intakefase geeft Susan een summier overzicht over haar traumatische jeugdervaringen en toont zij zich gemotiveerd voor traumabehandeling. Wanneer de therapeut met haar een kennismaking heeft in het kader van de start van de behandeling vertelt Susan dat ze alleenstaande moeder is, de continue zorg voor haar kinderen (twee, vier en zes jaar) heeft, wat veel van haar vraagt en dat ze eens in de twee weken tijd denkt vrij te maken voor therapie.

Dilemma – Vragen:

- Is traumabehandeling met een frequentie van eenmaal per twee weken voldoende?
- Is het wenselijk dat de cliënt na de traumabehandeling direct weer haar verantwoordelijkheid als alleenstaande moeder moet dragen?
- Biedt een traumabehandeling van de moeder voldoende toekomstperspectief en houvast voor Susan en haar drie kinderen?

Dilemma- antwoorden:

Frequentie

In de meeste onderzoeken is de effectiviteit van traumabehandeling in het algemeen gemeten met een behandelfrequentie van ten minste één keer per week. Het is aan te bevelen om daaraan vast te houden.

Traumabehandeling en ouderschap

Veel cliënten die een traumabehandeling zijn aangegaan ervaren dat een behandelsessie veel energie kost, emotioneel belastend is en ook lichamelijk belastend kan zijn. Daarnaast vindt traumaverwerking niet alleen in de sessie plaats, maar gaat dat buiten de sessies door en wordt vanaf de eerste sessie het verwerkingsproces op gang gebracht. Uit de klinische praktijk is de ervaring dat sommige cliënten een moment van hersteltijd nodig hebben na afloop van de therapie. De aanwezigheid van een kind of kinderen, als de ouder traumabehandeling volgt en het kind in de wachtruimte wacht, wordt sterk afgeraden. Veel cliënten wachten met het autorijden naar huis, verkiezen het OV of vragen iemand hen te brengen en op te halen. Het is belangrijk om te bespreken wat iemand helpt om als ouder te (blijven) functioneren en hoe hij, waar mogelijk, een beroep kan doen op anderen ter ondersteuning.

Traumabehandeling en toekomstperspectief

De verwachting is dat na traumaverwerking de ouder meer beschikbaar kan zijn voor de kinderen en beter in staat is de ouderrol te vervullen. Het is belangrijk om de invloed van traumatisering op het gezin na te gaan en in te schatten of een vorm van ondersteuning of begeleiding nodig is. Als hier twijfel over is, kan een gezinsonderzoek of systeemtaxatie inzichtelijk maken in hoeverre dit nodig is, voordat de traumabehandeling start en waar nodig kan ondersteuning voor het gezin worden geboden.

De therapeut heeft tijdens de kennismaking met Susan besproken dat een behandelfrequentie van eenmaal per week noodzakelijk is voor het slagen van de therapie. De therapeut staat met Susan stil bij wat traumabehandeling kan betekenen en wat er nodig is om dit mogelijk te maken. Susan vertelt dat haar kinderen overdag op school zijn en haar jongste naar de kinderopvang gaat. Ze besluiten daarom dat de wekelijkse therapiesessie op maandag plaatsvindt, net nadat ze de kinderen naar de basisschool en kinderopvang heeft gebracht, om 9.00 uur in de ochtend. Wanneer de sessie rond 10.15 afgerond is, fietst Susan naar huis en heeft zij tijd voor zichzelf. Ze zal als zij zich gespannen voelt, gaan sporten of wandelen.
De therapeut bespreekt met Susan hoe het gaat in het gezin. Susan vertelt dat de oudste twee kinderen goed functioneren op school, de jongste slaapt zelfstandig, groeit goed en is twee dagen per week op het kinderdagverblijf. Er zijn geen aanwijzingen dat Susan het te zwaar heeft om goed voor haar kinderen te kunnen zorgen, ondanks haar PTSS-klachten. Ze heeft veel steun aan een buurvrouw die bijspringt als het haar even te veel wordt. De therapeut bespreekt met Susan hoe haar band is met de buurvrouw. Susan vertelt dat ze het goed kunnen vinden en dat ze haar buurvrouw zal uitleggen dat ze bezig is met haar therapie en haar vragen of zij een beroep op haar kan doen als ze het moeilijk heeft. Als de kinderen op school en de opvang zijn, blijkt Susan op deze twee dagen het huis grondig volgens een strak schema te reinigen. De therapeut bespreekt haar coping en hoe zij meer tijd voor zichzelf kan nemen en andere manieren kan vinden om haar spanning te hanteren. Doordat Susan ruimte maakt voor de therapie en voor sport past zij haar schoonmaakschema aan, waardoor het haalbaar is om te combineren. Ze heeft hierdoor meer energie om met haar kinderen naar de speeltuin of het park te gaan. Na deze gesprekken starten de therapeut en Susan vervolgens met de traumabehandeling.

9.6 Posttraumatische groei

In een aantal publicaties hebben Tedeschi et al. beschreven dat zij ook positieve veranderingen zagen na het meemaken van ernstige traumatische ervaringen (2004, 1998). Trauma's kunnen enerzijds leiden tot aantasting van ons zelfbeeld, of beeld van anderen en klachten zoals bij PTSS, maar anderzijds ook juist leiden tot een herijking van het leven, de doelen die we hebben in het leven en de betekenis die het leven voor ons heeft. Zij noemden dit posttraumatische groei na traumatische ervaringen. Posttraumatische groei kan betrekking hebben op een toegenomen besef van de eigen kracht, betere relaties met anderen, waarbij je een sterkere verbondenheid voelt met je naasten, maar ook op het openstaan voor nieuwe mogelijkheden in het leven, een grotere waardering van het leven, veranderingen in de levensvisie (andere prioriteiten) en spirituele ontwikkeling. Gersons heeft beschreven hoe na traumaverwerking mensen op een punt komen waarin zij zich 'sadder but wiser' voelen (2013). Dit past meer bij een realistisch wereldbeeld waarin geaccepteerd of aanvaard wordt dat het leven niet altijd gemakkelijk is, dat er mensen zijn die niet te vertrouwen zijn en dat wij als mens kwetsbaarheden hebben.

Na traumaverwerking is de betekenis die mensen aan het leven geven en de plek van het trauma in hun leven, alsmede het hervatten van het leven zonder of met minder klachten, net zo belangrijk als de vermindering van traumagerelateerde klachten.

Literatuur

Arntz, A., Sofi, D., & Van Breukelen, G. (2013). Imagery Rescripting as treatment for complicated PTSD in refugees: A multiple baseline case series study. *Behavior Research and Therapy, 51*(6), 274–283.

Benjet, C., Bromet, E., KAram, E. G., Kessler, R. C., McLaughin, K. A., Ruscio, A. M., Shahly, V., Stein, D. J., Petukhova, M., Hill, E. (2016). The epidemiology of traumatic event exposure worldwide: Results from the world mental health survey consortium. *Psychology and Medicine, 46*, 327–343.

Draijer, N., & Van Zon, P. (2013). Transference-focused psychotherapy with former child soldiers: Meeting the murderous self. *Journal of Trauma & Dissociation, 14*, 170–183.

Gersons, B., & Schnyder, U. (2013). Learning from traumatic experiences with brief eclectic psychotherapy for PTSD (BEPP). *European Journal of Psychotraumatology, 4*(1), 1–6.

Ingenhoven, I. (2015). The place of trauma in the treatment of personality disorders. *European Journal of Psychotraumatology*, 6(1).

Linehan, M. A., Schmidt, H., Dimeff, L. A., Christopher Craft, J., Kanter, J., & Comtois, K. (1999). Dialectical behavior therapy for patients with borderline personality disorder and drug-dependence. *American Journal on Addictions, 8*(4), 279–292.

Raabe, S., Ehring, T., Marquenie, L., Olff, M., & Kindt, M. (2015). Imagery rescripting as stand-alone treatment for posttraumatic stress disorder related to childhood abuse. *Journal of Behavior Therapy and Experimental Psychiatry, 48*(9), 170–176.

Schechter, D. S., Willheim, E., Hinojosa, C., et al. (2010). Subjective and objective measures of parent-child relationship dysfunction, child separation distress, and joint attention. *Psychiatry: Interpersonal and Biological Processes, 73*, 130–144.

Schouten, K. A., Van Hooren, S., Knipscheer, J. W., Kleber, R. J., & Hutschemaeckers, G. J. M. (2019). Trauma-focused art therapy in the treatment of posttraumatic stress disorder: a pilot study. *Journal of trauma and dissociation, 20*(1), 114–130.

Stanley, B., & Brown, G. K. (2012). Safety planning intervention: A brief intervention to mitigate suicide risk. *Cognitive and Behavioral Practice, 19*(2), 256–264. ▶ https://doi.org/10.1016/j.cbpra.2011.01.001

Tedeschi, R. G., & Calhoun, L. G. (2004). Posttraumatic growth: Conceptual foundations and empirical evidence. *Psychological Inquiry, 15*(1), 1–18.

Tedeschi, R. G., Park, C. L., & Calhoun, L. G. (Eds.). (1998). *The LEA series in personality and clinical psychology. Posttraumatic growth: Positive changes in the aftermath of crisis*. Lawrence Erlbaum Associates Publishers.

Van der Kolk, B. (2016). *Traumasporen*. Uitgeverij Mens!

Van der Kolk, B. A., West, L. J., Rhodes, A., Emerson, D., Suvak, M., & Spinazzola, J. (2014). Yoga as an adjunctive treatment for posttraumatic stress disorder: a randomized controlled trial. *The Journal of Clinical Psychiatry, 75*(6), 559–565.

Van der Wijngaart (2020). *Imaginaire rescripting: Theorie en praktijk*. Bohn Stafleu Van Loghum.

Van Ee, E., Kleber, R. J., & Mooren, T. M. (2012). War trauma lingers on. Associations between maternal PTSD, parent-child interaction and child development. *Infant Mental Health Journal, 33*(5), 459–468.

Walker, H. E., Freud, J. S., Ellis, R. E., Fraine, S. M., & Wilson, L. C. (2019). The prevalence of sexual revictimization: A meta-analytic review. *Trauma, Violence & Abuse, 20*(1), 67–80.

Behandeling van andere dissociatieve stoornissen

Samenvatting

Dissociatieve symptomen komen bij veel psychiatrische stoornissen voor. Naast de behandeling van de primaire stoornis, is het aan te bevelen om aandacht te besteden aan dissociatie en slaapproblemen die hierop van invloed kunnen zijn. De depersonalisatie-/derealisatiestoornis is vast te stellen als aparte stoornis. Deze stoornis wordt als angststoornis opgevat. Deze kan behandeld worden volgens een cognitief-gedragstherapeutisch protocol. De behandeling van de dissociatieve identiteitsstoornis kenmerkt zich door een gefaseerde behandeling waarin integratie van de verschillende delen wordt beoogd, dan wel een behandeling gericht op trauma en persoonlijkheid, zoals schematherapie.

De la Rie en Snip-van Wageningen, *Trauma en dissociatie*,
https://doi.org/10.1007/978-90-368-2711-9_10

10

10.1 Inleiding

In eerdere hoofdstukken is de behandeling van trauma met dissociatieve klachten beschreven voor cliënten met PTSS, al dan niet met het dissociatieve subtype, en voor kwetsbare cliënten met beperkte draagkracht of comorbide persoonlijkheidsproblemen. In dit hoofdstuk beschrijven we voor de volledigheid hoe dissociatieve symptomen bij psychiatrische stoornissen kunnen worden behandeld en wat er bekend is over de behandeling van de andere meest voorkomende dissociatieve stoornissen van de DSM-5. Het gaat in dit geval vooral om de depersonalisatie-/derealisatiestoornis en DIS.

10.2 De behandeling van dissociatieve symptomen bij psychiatrische stoornissen

Dissociatieve symptomen komen vaak voor bij diverse psychiatrische stoornissen (Foote et al., 2006). De behandeling van de primaire stoornis kan de dissociatieve symptomen beïnvloeden. Het kan in sommige gevallen belangrijk zijn om stil te staan bij de dissociatieve symptomen zelf. Als het bijvoorbeeld gaat om een behandeling van persoonlijkheidsproblematiek is een goede casusconceptualisatie met daarin aandacht voor de functie van dissociatie van belang. Het verminderen van dissociatie kan net als bij een traumabehandeling worden bevorderd door verbetering van de emotieregulatie en -activatie.

Als cliënten met een psychiatrische stoornis ook dissociatieve symptomen hebben, kan het belangrijk zijn om na te gaan in hoeverre de slaap is verstoord, vanwege de samenhang tussen slaap en dissociatie. Dit kan door iemand een slaapdagboek te laten bijhouden. Als het slapen ernstig verstoord blijkt, is het aan te bevelen om cliënten te helpen beter te slapen. Het normaliseren van de slaap blijkt ook de dissociatieve symptomen te verminderen (Van der Kloet et al., 2012). Een cognitief-gedragstherapeutische interventie gericht op het verbeteren van slaap-waakritme is dan aan te bevelen. Het gaat dan om herstel van het dag-nachtritme, verbetering van de slaaphygiëne en vermindering van anticipatieangst bij het gaan slapen.

10.3 De behandeling van depersonalisatie-/derealisatiestoornis

Er is weinig onderzoek gedaan naar de behandeling van depersonalisatie-/derealisatiestoornis (DPRS). Bar & Van Minnen beschrijven de DPRS als een angststoornis (2008). Er is een cognitief-gedragstherapeutisch protocol voor de behandeling van DPRS (Keijsers et al., 2017) dat gebruikt kan worden en dat in de klinische praktijk en in een beperkt aantal studies effectief is gebleken. Het CGT-model dat gebruikt wordt om DPRS te begrijpen en te behandelen is vergelijkbaar met het model om bijvoorbeeld een paniekstoornis te begrijpen. De symptomen van DPRS worden zo geïnterpreteerd door de cliënt dat er de angst is om gek te worden, de controle te verliezen of een hersenaandoening te hebben. Deze angst heeft tot gevolg dat er vermijdingsgedrag ontstaat, waardoor de symptomen in stand worden gehouden.

Het protocol bestaat uit psycho-educatie, exposure waarbij het vermijdingsgedrag wordt doorbroken, uitdagen van de catastrofale interpretaties en taak- en concentratietraining. Het is in een open studie onder 21 cliënten effectief gebleken (Hunter et al., 2003, 2005). Aangezien slaapdeprivatie of middelengebruik een uitlokkende factor kan zijn voor deze klachten, is het ook bij de DPRS van belang dit na te vragen en waar nodig te bespreken in de behandeling.

10.4 De behandeling van de dissociatieve identiteitsstoornis

DIS is de ernstigste vorm van dissociatie. Het gaat om kwetsbare cliënten bij wie sprake is van identiteitsfragmentatie en het zelfgevoel sterk wisselt. Er zijn meerdere self states met wisselende kenmerken, en evenzeer wisselende beleving. Iemand ervaart zichzelf niet als één persoon, hij beleeft verschillende kanten in zich als aparte entiteiten, met een eigen ik-perspectief. Er wordt verondersteld dat trauma's in de voorgeschiedenis samenhangen met de fragmentatie in de identiteitsbeleving. In ▶ H. 2 is besproken hoe de gevoeligheid voor dissociatie in de ontwikkeling kan ontstaan. Uit onderzoek kwam naar voren dat bij DIS sprake is van een subjectief ervaren fragmentatie (Marsh et al. 2018, 2021). In de Zorgstandaard voor Dissociatieve stoornissen worden verschillende behandelvormen genoemd. In de klinische praktijk is veel ervaring opgedaan met het gefaseerde behandelmodel voor DIS (Chu et al., 2016). Er zijn ook therapeuten die de voorkeur geven aan een behandeling gericht op persoonlijkheid, zoals SFT, MBT of TFP of een behandeling die zich direct richt op traumaverwerking, dat wil zeggen de genoemde traumabehandelingen in ▶ par. 8.4. We beschrijven hieronder beknopt wat heden ten dage de meest gebruikte behandelingen zijn.

10.4.1 Gefaseerde behandeling voor de dissociatieve identiteitsstoornis

Van oudsher is een gefaseerde behandeling, te weten stabilisatie, traumaverwerking en integratie, het uitgangspunt (Steele et al., 2017). De beleving van de cliënt, en de subjectief ervaren fragmentatie wordt als uitgangspunt genomen. De therapeutische relatie wordt gekenmerkt door een actieve coachende houding waarbij limited reparenting belangrijk is.

De eerste fase van de behandeling richt zich op het gaan ervaren van veiligheid in de therapie en het vergroten van emotieregulatie. Iemand met DIS heeft grote angst voor wat er vanbinnen leeft. Het gaat erom dat iemand de verschillende kanten of delen van zichzelf kan ervaren in het hier en nu en gaat accepteren dat ze er zijn. De cliënt wordt aangemoedigd om geleidelijk contact te maken met wat er vanbinnen gebeurt. De spanning fluctueert daarbij binnen het Tolerantievenster. Als de spanning te veel oploopt, treedt dissociatie op of wordt de gefragmenteerde zelfbeleving manifest, waardoor een andere kant of ander deel naar voren komt. De therapeut let op de non-verbale signalen, zoals het trillen van een been, motoriek, blik, verandering van stem. In de zittingen wordt gesproken met verschillende delen als deze zich presenteren. De therapeut spreekt met de verschillende delen, en vraagt naar andere delen, nodigt deze uit om in gesprek te gaan. Het bevorderen van samenwerking tussen delen, waarbij de delen met elkaar contact houden en zich bewust zijn of blijven van elkaar is van belang. Beter reguleren van spanning draagt bij aan het in contact blijven of komen met verschillende delen. Dit kan in gesprek met de therapeut, of er worden lichaamsgerichte interventies ingezet. Lichaamsgerichte therapie helpt de spanning te reguleren, contact met het lichaam te ervaren, contact met het hier en nu te bewaren en de angst voor de innerlijke wereld te verminderen (Ogden et al., 2020; Van der Kolk, 2016). Sommige therapeuten bevorderen integratie door delen uit te nodigen samen te komen in een bijeenkomst.

Als de angst voor de binnenwereld afneemt en emoties beter gereguleerd kunnen worden, wordt traumaverwerking mogelijk. Traumaverwerking kan eveneens de integratie bevorderen, doordat de angst over de traumatische beelden afneemt en iemand beter in staat is in het hier en nu te blijven. De behandeling richt zich uiteindelijk op integratie van de gefragmenteerde identiteitsbeleving en beoogt het leven leefbaar te maken.

10.4.2 Schematherapie

Er zijn meerdere behandelingen gericht op persoonlijkheid die ook worden ingezet bij de behandeling van DIS, zoals TFP en schematherapie. Vanuit de schematherapie worden de wisselingen bij DIS of de verschillende delen die iemand laat zien beschouwd als zich herhalende, rigide gemoedstoestanden of schemamodi (Johnston et al., 2009). Het is een transdiagnostisch model waarbij het uitgangspunt is dat iedereen wisselt in gevoelens, gedachten en gedrag, maar dat de ernst daarvan verschilt tussen mensen. Als iemand zich wisselend presenteert, wordt dit als een verandering van modus beschouwd. Het gevoel van discontinuïteit wordt erkend, maar de verschillende presentaties worden niet als aparte identiteiten gezien. In deze therapie is ook de subjectief ervaren fragmentatie het uitgangspunt, en geïnterpreteerd als modi met bijbehorende emoties en gedachten over het zelf en anderen (Huntjens et al., 2019). Er wordt niet met delen of 'alters' gewerkt, maar met modi, omdat er wordt verondersteld dat het expliciteren van alters bekrachtigend werkt en fragmentatie versterkt. In de schematherapie wordt gewerkt met de emoties van het gekwetste kind (kwetsbare-kindmodus). Een van de beschermers (copingmodus) die dit contact met het gekwetste kind kan belemmeren, is dissociatie. Een mogelijkheid om hiermee om te gaan tijdens de therapie, is het verwelkomen van de beschermer en dit te normaliseren, en de functie van de beschermer te bespreken. Vervolgens kan de aandacht van de therapeut zich weer richten op het gekwetste kind. Voorwaarde voor het welslagen is wel dat de emoties van het gekwetste kind binnen het Tolerantievenster te hanteren zijn. Iemand wordt bij SFT juist blootgesteld aan dat wat wordt vermeden. Traumatische ervaringen kunnen worden verwerkt door middel van imaginaire rescripting (Huntjens et al., 2019).

Met ondersteunende interventies kan de (neiging tot) dissociatie gehanteerd worden en kan de gezonde emotieregulatie aangemoedigd worden waardoor een cliënt weer binnen het Tolerantievenster komt en er verder gewerkt kan worden.

10.5 Onderzoek naar de behandeling van de dissociatieve identiteitsstoornis

Er is discussie over wat een goede behandeling voor DIS omvat en onderzoek is daarom belangrijk. Er zijn enkele niet gerandomiseerde studies gedaan naar (gefaseerde) behandeling van DIS. Deze lieten enige verbetering van functioneren zien en vermindering van klachten. Vanwege de ernst van de problematiek duren de behandelingen vaak lang. Recent verscheen een publicatie van Bakkelund et al. (2021) waarin een randomized clinical trial (RCT) naar de behandeling van DIS is beschreven. In de studie is onderzocht of voor cliënten met DIS of een anders gespecificeerde dissociatieve stoornis 20 zittingen individuele psychotherapie in combinatie met een stabiliserende groepstherapie een ander therapieresultaat gaf dan 20 zittingen alleen individuele therapie. Ze zagen bij de 59 cliënten die deelnamen aan het onderzoek dat er geen significant verschil was tussen beide condities en dat met name het psychosociale functioneren aanzienlijk verbeterde en er een gering tot geen effect was op de klachten of op zelfdestructief gedrag. In deze RCT was de Behandeling van Traumagerelateerde Dissociatie het uitgangspunt (Steele et al., 2017).

Er is momenteel een landelijk onderzoeksproject *Schematherapy in Dissociative Disorder* (Huntjens et al., 2019). De behandeling duurt drie jaar volgens het nieuw ontwikkelde protocol van SFT bij DIS; de therapeuten die aan het onderzoek deelnemen zijn getraind door internationale experts op het gebied van schematherapie bij DIS.

Literatuur

Bakkelund, H., Ulvenes, P., Boon, S., & Arnevik, E. A. (2021). Group treatment for complex dissociative disorders: A randomized controlled trial. ► https://doi.org/10.31219/osf.io/9gw57.

Bar, E., & Van Minnen, A. (2008). De behandeling van een man die van zichzelf vervreemd was. *Directieve Therapie, 28*, 146–154.

Chu, J. A., Dell, P. F., Van der Hart, O., Cardeña, E., Barach, P. M., Somer, E., Loewenstein, R. J., Brand, B., Golston, J. C., Courtois, C. A., Bowman, E. S., Classen, C., Dorahy, M., Sar, V., Gelinas, D. J., Fine, C. G., Paulsen, S., Kluft, R. P., Dalenberg, C. J., … Twombly, J. (2016). Guidelines for treating dissociative identity disorder in adults, third revision. International society for the study of trauma and dissociation. *Journal of Trauma & Dissociation, 12*, 115–187.

Foote, B., Smolin, Y., Kaplan, M., Legatt, M. E., & Lipschitz, D. (2006). Prevalence of dissociative disorders in psychiatric outcliënts. *American Journal of Psychiatry, 163*, 623–629.

Hunter, E. C. M., Baker, D., Phillips, M. L., Sierra, M., & David, A. S. (2005). Cognitive-behaviour therapy for depersonalisation disorder: An open study. *Behaviour Research and Therapy, 43*, 1121–1130.

Hunter, E. C. M., Phillips, M. L., Chalder, T., Sierra, M., & David, A. S. (2003). Depersonalisation disorder: A cognitive-behavioural conceptualisation. *Behaviour Research and Therapy, 41*, 1451–1467.

Huntjens, R. J. C., Rijkeboer, M. M., & Arntz, A. (2019). Schema therapy for Dissociative Identity Disorder (DID): Rationale and study protocol. *European Journal of Psychotraumatology, 10*(1), 1571377.

Johnston, C., Dorahy, M. J., Courtney, D., Bayles, T., & O'Kane, M. (2009). Dysfunctional schema modes, childhood trauma and dissociation in borderline personality disorder. *Journal of Behaviour Therapy and Experimental Psychiatry, 40*(2), 248–255.

Keijsers, G.,Van Minnen, A.,Verbraak, M. (Eds.). (2017). Protocollaire behandeling van cliënten met een depersonalisatie-/derealisatiestoornis. In *Protocollaire behandelingen voor volwassenen met psychische klachten 2*, 333–371. Boom uitgevers.

Marsh, R. J., Dorahy, M. J., Verschuere, B., Butler, C., Middleton, W., & Huntjens, R. J. C. (2018). Transfer of episodic self-referential memory across amnesic identities in dissociative identity disorder using the autobiographical implicit association test. *Journal of Abnormal Psychology, 127*(8), 751–757.

Marsh, R. J., Dorahy, M. J., Butler, C., Middleton, W., De Jong, P. J., Kemp, S., et al. (2021). Inter-identity amnesia for neutral episodic self-referential and autobiographical memory in Dissociative Identity Disorder: An assessment of recall and recognition. *PLoS ONE, 16*(2).

Ogden, P., Minton, K., & Pain, C. (2020). *Trauma en het lichaam. Een sensomotorische benadering van psychotherapie*. Uitgeverij Mens!

Steele, K., Boon, S., & Van der Hart, O. (2017). *Treating trauma related dissociation. An integrative approach*. Uitgeverij Mens!

Van der Kloet, D., Giesbrecht, T., Lynn, S. J., Merckelbach, H., & De Zutter, A. (2012). Sleep normalization and decrease in dissociative experiences: Evaluation in an inpatient sample. *Journal of Abnormal Psychology, 121*(1), 140–150.

Van der Kolk, B. (2016). *Traumasporen*. Uitgeverij Mens!

Zelfzorg

Samenvatting
Elke behandeling is een ontmoeting tussen twee mensen waarbij ieder eigen bagage meeneemt. De behandeling van getraumatiseerde cliënten met dissociatieve klachten kan veel oproepen bij de therapeut. Naast scholing is zelfzorg tijdens het werk daarom van groot belang. Er zijn meerdere mogelijkheden om voor, tijdens en na een sessie je eigen ervaringen, gedachten en gevoelens te hanteren en de afstand en nabijheid tot (het verhaal van) de cliënt goed te hanteren. Zo houd je voldoende ruimte voor jezelf en daarmee ook voor het proces van je cliënt. Een vitaal team ondersteunt elkaar hierin.

De la Rie en Snip-van Wageningen, *Trauma en dissociatie*,
https://doi.org/10.1007/978-90-368-2711-9_11

"De eerste keer dat ik – Elise – zag hoe een cliënte dissocieerde weet ik nog heel goed. In de pauze van een groepsbehandeling stond ik samen met een cliënt bij de koffieautomaat. Er kwam via een zijdeur een brandweerman in uniform rustig de gang op en hij liep naar de wachtruimte. Nog voordat de man de gang alweer uit was, zakte de cliënt op de grond.

Dit is dissociatie, ging er door mij heen terwijl ik de adrenaline in mijn lijf voelde. Het uniform is vast een trigger. Ze lag daar en ik nam een aantal dingen waar terwijl ik naast haar knielde: ze had zich zichtbaar niet bezeerd tijdens de langzame val, ze ademde, ze had haar ogen dicht, het leek alsof ze sliep, haar lijf ontspannen. Ik begon tegen de cliënt te praten, ik begon te vertellen wie ik was, wie zij was, waar we waren, welke dag het was. Een collega kwam naast mij op de grond zitten en we herhaalden samen de oriëntatie in tijd-persoon-plaatskenmerken. De cliënt opende haar ogen, zag ons. We spraken rustig, kalm, probeerden veiligheid en vertrouwen uit te stralen met onze woorden totdat de cliënt terugkwam in het hier en nu. Zij herinnerde zich noch de brandweerman, noch de val op de grond.

Niet alleen was mijn interesse gewekt voor dissociatie, maar ik voelde ook hoeveel het met je doet. Er ging van alles door mij heen toen ik haar op de grond zag liggen. Gemengde gevoelens van interesse, bezorgdheid, maar ook onzekerheid. Ik vond het heel fijn dat mijn collega er ook was."

11.1 Inleiding

Elke behandeling is een ontmoeting tussen twee mensen waarbij ieder eigen bagage meeneemt. De cliënt kan veel ervaren in het contact met de therapeut, gekleurd door de ervaringen in zijn voorgeschiedenis. Maar ook de therapeut kan geraakt worden door de persoon of het verhaal van de cliënt of door de wijze waarop de cliënt direct of indirect communiceert. In de navolgende paragrafen beschrijven we wat je kunt ervaren in het contact met een cliënt die dissocieert en hoe je goed voor jezelf kunt zorgen.

11.2 Ervaringen in het contact met de cliënt

Aan het begin van de behandeling kun je weerstand opmerken, ambivalentie ten aanzien van de behandeling of er kan een sterk appèl van de cliënt worden gevoeld. Soms zijn de verwachtingen van een cliënt hooggespannen en wil hij wel herstellen, maar het liefst door de trauma's te vergeten en niet door de herinneringen op te halen. Soms wil de cliënt na uitleg over de gekozen behandeling dat alleen aangaan als het daarna echt over is of noemt hij de behandeling de laatste strohalm. Als je onvoldoende voorbereid bent om weerstand, ambivalentie, het appèl dat er op je gedaan wordt en verwachtingen over en weer te bespreken in de voorbereiding van de therapie, kun je druk (blijven) voelen als therapeut of juist tegenzin om verder met iemand in gesprek te gaan.

Als de behandeling eenmaal begonnen is, kunnen de gesprekken met ernstige getraumatiseerde cliënten voor een therapeut zeer intensief zijn. Dat kan uiteenlopende reacties teweegbrengen bij de therapeut. De verhalen die mensen vertellen over wat hen is overkomen, kunnen je beeld van anderen en de wereld beïnvloeden. Het kan erg aangrijpend zijn en gevoelens van verdriet, angst of boosheid oproepen. Je kunt verhalen mee naar huis nemen, er nog over blijven nadenken na de sessie of opzien tegen de volgende. Je kunt of te betrokken raken, en te zeer gaan meeleven met de cliënt of juist afstand gaan voelen, om het verhaal niet te veel binnen te laten komen. Je kunt zelfs de neiging ontwikkelen om net als de cliënt te gaan vermijden en het er maar liever niet over te willen hebben.

Het is ook juist mogelijk dat de verhalen je in het geheel niet raken, en je als het ware net als de cliënt je gevoel loskoppelt, je 'numbing' ervaart als parallel met de beleving van de cliënt. Je kunt gaan twijfelen aan wat iemand je vertelt, of het niet invoelbaar vinden. Als je een heftig verhaal hoort en je ervaart geen empathie, is het belangrijk om te onderzoeken wat maakt dat je dat zo ervaart. Het kan wijzen op dissociatie van het gevoel bij de cliënt, maar het kan er ook mee te maken hebben dat wanneer je je niet toegerust voelt om de cliënt die regelmatig dissocieert te begeleiden, en diens verhalen van (vroeg) trauma erg indringend zijn, je een gevoel van onzekerheid en machteloosheid krijgt. Je kunt dan als het ware afstand nemen van het verhaal van de cliënt of van de cliënt zelf om dit te hanteren door bijvoorbeeld het belang van de therapeutische relatie te bagatelliseren.

We noemen de gevoelens en gedachten die worden opgeroepen bij de therapeut tegenoverdracht. Aanvankelijk werd dat wat werd opgeroepen beschouwd als gevolg van onverwerkte problemen van de therapeut zelf, maar in de loop der tijd is de opvatting verruimd en kan wat de cliënt oproept eveneens worden gezien als gevoelens en gedachten die samenhangen met de interactie tussen de therapeut en cliënt. Het is dan een gezamenlijke creatie van therapeut en cliënt (Hafkenscheid, 2015). Het is belangrijk om je dit voor jezelf bewust te zijn als je werkt met getraumatiseerde cliënten met dissociatieve klachten.

Tegenoverdracht

Julie is een 33-jarige vrouw uit Oost-Europa. Zij is slachtoffer van herhaald seksueel geweld en komt in behandeling voor de verwerking van haar trauma's. Ze heeft een individuele therapeut voor de traumabehandeling en neemt tevens deel aan een groep voor vrouwen. Ze is zwijgzaam in de groep en is er vaak niet bij. Ze valt tijdens de behandeling flauw. Dit roept zorg op bij de groepsgenoten en de therapeuten. Ze reageren met medeleven, helpen haar weer op de been. De therapeut brengt haar een kopje water en de groepsgenoten uiten zich bezorgd. Julie reageert hier flauwtjes op. De dissociatie herhaalt zich ook in latere bijeenkomsten. Het medeleven en de bezorgdheid nemen af. Er zijn groepsgenoten die irritatie uiten. Is het wel echt? Is het niet 'gewoon hysterisch' en kan ze eigenlijk wel in de groep blijven? De therapeut gaat vermoeden dat Julie op deze manier voorkomt om te praten over wat ze echt heel moeilijk vindt. Ze begint zelfs te denken dat Julie het voorwendt en er sprake is van secundaire ziektewinst. Wil ze deze behandeling eigenlijk wel? Als de therapeut dit in intervisie bespreekt, realiseert ze zich hoe ze precies zo reageert als waar Julie bang voor is. Julie is bang om niet geloofd te worden, om uitgestoten te worden door haar familie als zij zou vertellen wat haar was overkomen. Ze heeft zich altijd zo klein mogelijk gemaakt voor afwijzende reacties en zich monddood gevoeld na het trauma. In de interactie van de cliënt met de groep en de therapeut werd negatieve tegenoverdracht bij de therapeut opgeroepen die verband houdt met de problemen van de cliënt. De therapeut besluit in een individueel gesprek aan Julie voor te leggen dat ze gemerkt heeft dat ze zo angstig is in de groep en dat ze er mag zijn. Julie is opgelucht dat dit is opgemerkt. De therapeut bespreekt met Julie hoe zij erbij kan blijven en benadrukt haar sterke kanten. Ze maken afspraken over hoe om te gaan met dissociatie in de groep en bespreken dit ook met de groepsgenoten. Ze zullen haar weer op de been helpen, maar er niet al te lang bij stilstaan. Het lukt Julie vervolgens om er beter bij te zijn en meer te vertellen in de groep.

11.2.1 Eigen levenservaringen

Behalve dat de ervaringen van de cliënt en de manier waarop de cliënt met deze ervaringen en de behandeling omgaat je kunnen beïnvloeden, kunnen je eigen levenservaringen ook meespelen. We hebben allemaal kans om een traumatische ervaring op te doen en ook verlieservaringen horen bij het leven. We doen allemaal ervaringen op die ons wereldbeeld, beeld van anderen en van onszelf beïnvloeden. De mate van veiligheid en vertrouwen in onszelf, anderen en de wereld kunnen ook variëren over tijd en de leerervaringen die we opdoen beïnvloeden.

Het kan zo zijn dat een levenservaring van jou of een angst voor een bepaalde levenservaring van invloed is op de manier waarop je het contact met een cliënt ervaart en je dan mogelijk in de weg staat in het contact. Wanneer je je hier bewust van bent, kun je hier ook rekening mee houden. Er zijn collega's die bepaalde behandelingen vanwege deze (angst voor) levenservaring niet doen. Dat kan. Je kunt ook door intervisie of supervisie met collega's bespreken hoe je hiermee kunt omgaan.

11.2.2 Secundaire traumatisering

Het is bekend dat therapeuten die herhaaldelijk luisteren naar de traumatische ervaringen, en op deze manier getuige zijn van zulke ingrijpende ervaringen, hier last van kunnen krijgen. Herhaaldelijk luisteren naar gruwelijke verhalen kan ertoe leiden dat je daar zelf nachtmerries over krijgt. Figley (1983, 1995, 2017) omschreef dit als secundaire traumatisering (ST). De klachten die iemand kan krijgen, kunnen vergelijkbaar zijn met PTSS-klachten, zoals intrusies, angstaanvallen, of woede (Hunt et al., 2019). Maar ook vermoeidheid en gevoelens van uitputting of zich niet meer kunnen ontspannen komen voor. Naast ST is ook compassiemoeheid (CM) een gevolg van herhaalde blootstelling aan de traumatische ervaringen van anderen (Cross, 2019; Mento et al., 2019, 2020). CM verwijst naar spirituele, emotionele en lichamelijke uitputting van de therapeut, waardoor deze geen empathie meer kan opbrengen voor de cliënt. Het kan samenhangen met gevoelens van machteloosheid, iemand gaat zich zorgen maken over wat er allemaal wel of niet kan gebeuren, en kan gaan opzien om naar het werk te gaan. Overbelasting op het werk, in een cultuur waarin je 'flink moet zijn' of er gewoon tegen moet kunnen, kan dit in de hand werken. Dit kan lijken op burn-out, hoewel burn-out zich onderscheidt van ST en CM doordat stressoren van de werkomgeving meer centraal staan. Dit zijn stressoren zoals lange diensten, conflicten met collega's, een steeds toenemende werkdruk en personeelstekort die ervoor zorgen dat iemand opgebrand raakt en klachten gaat ervaren (Schmidt & Hagelund, 2017).

Een goede zelfzorg kan ST en CM voorkomen. Wat een goede zelfzorg is varieert van persoon tot persoon, maar ook van tijd tot tijd voor een persoon.

11

Je klachten in beeld

Er zijn diverse vragenlijsten beschikbaar waarmee je inzicht kunt krijgen in jouw klachten of die van je team.

- **Professional Quality of Life Scale (ProQol)**
  De ProQol (Stamm, 2010) is een zelfrapportagevragenlijst die compassietevredenheid en compassiemoeheid meet. De vragenlijst bestaat uit dertig items en heeft goede psychometrische eigenschappen. Deze vragenlijst meet de verhouding tussen tevredenheid en moeheid. De schaal compassiemoeheid is opgedeeld in twee subschalen: secundaire traumatisering en burn-out.
- **Secondary Traumatic Stress Scale (STSS)**
  Bride et al. (2004) ontwikkelden een vragenlijst om secundaire traumatisering bij hulpverleners te meten. Deze zelfrapportagevragenlijst bestaat uit zeventien items en heeft goede psychometrische kwaliteiten.
- **Compassion Fatigue Self Test (CFST)**
  Figley (1995) ontwikkelde deze zelfrapportagevragenlijst bestaande uit veertig vragen. De vragen adresseren zowel secundaire traumatisering als compassiemoeheid en de scores genereren een totaalscore die past bij het huidige toestandsbeeld.

- **Secondary Trauma Questionnaire (STQ)**
  De STQ is ontwikkeld door Motta et al. (2001) en is een zelfrapportagevragenlijst die bestaat uit 31 items. De psychometrische kwaliteiten zijn goed en de vragenlijst is gebaseerd op de DSM-5-criteria van PTSS. Er is een lifetime-versie en een versie waarin de afgelopen week kan worden uitgevraagd.

11.3 Voor de sessie

Je eigen attitude, kennis en kunde zijn bepalend om goed behandelingen te kunnen geven. Een moment voor jezelf nemen om daarbij stil te staan en daar de tijd voor nemen is belangrijk. Je kunt voorafgaand aan een behandeling en voor iedere sessie deze rustig voorbereiden, daar echt even de tijd voor nemen, waarschijnlijk kost het je een paar minuten die er net voor zorgen dat jij je prettiger voelt bij de start van een sessie. Deze paar minuten tussen behandelsessies van verschillende cliënten in of tussen verschillende activiteiten in, is in onze agendaplanning vaak niet vanzelfsprekend terwijl het ten behoeve van de zelfzorg wel een vanzelfsprekendheid zou moeten zijn.

11.3.1 Ken je eigen valkuilen

Je kunt met sommige cliënten beter samenwerken dan met anderen, of je kunt sommige traumatische verhalen beter verdragen dan anderen. In de voorbereiding van een behandeling is het goed om na te gaan of je een bepaalde cliënt wel of niet in behandeling wilt nemen. Als je zelf net een grote levensgebeurtenis hebt meegemaakt die lijkt op wat een cliënt je vertelt, kan dat soms te dichtbij komen en is het mogelijk niet het juiste moment om deze cliënt te behandelen en kun je dat beter aan een collega overlaten. Sommige verhalen kunnen ook meer bij je oproepen dan andere verhalen. Ook kan bepaalde (persoonlijkheids)problematiek je minder liggen of kun je door omstandigheden daar (tijdelijk) minder goed mee omgaan. Je kunt door een goede voorbereiding op de zittingen dan anticiperen op wat je gaat horen en hoe je daar tijdens en na de sessie wel mee kunt omgaan. In veel opleidingen wordt een leertherapie geadviseerd. Dit kan je helpen om beter zicht te krijgen op jezelf en hoe je in je werk staat.

11.3.2 Een duidelijk kader

Het is belangrijk dat de behandeling binnen een duidelijk kader verloopt. Een vaste tijd voor je therapie, voldoende therapietijd, een prettige (en het liefst steeds dezelfde) therapiekamer: het zijn allemaal belangrijke aspecten. Een protocol waarin je goed bent onderlegd, geeft houvast om de behandeling goed te kunnen doen. De voorspelbaarheid en duidelijkheid is ondersteunend voor het therapieproces voor zowel de cliënt als de therapeut. Je bereidt de sessie voor, zodat je weet wat je te wachten staat en besteedt aandacht aan wat er elke volgende sessie op de agenda staat. Je bespreekt het proces met je cliënt en vertelt wanneer en waarom je van een vaste afspraak afwijkt, of je vertelt bijvoorbeeld dat je anderhalf uur de tijd hebt en niet kunt uitlopen en daarom voor de zekerheid een kwartier eerder zult afsluiten.

Een duidelijk kader betekent geen keurslijf. Je hebt ook ruimte nodig om te kunnen inspelen op wat zich op dat moment aandient. Die vrijheid is nodig om je cliënt bijvoorbeeld even te kunnen laten ventileren over alledaagse stress zodat deze niet al te veel meespeelt gedurende de traumabehandeling of om nog terug te kunnen komen op het signaleringsplan en dissociatie die zich gedurende de week heeft voorgedaan. Geef jezelf en je cliënt die ruimte binnen het kader.

11.3.3 Vertrouwen

Vertrouwen hebben in de behandeling, geloven dat jouw cliënt zijn trauma's kan verwerken, is essentieel. Jouw cliënt gelooft het niet, twijfelt, trekt zich vaak genoeg letterlijk en figuurlijk ervan terug. Als jij als therapeut niet gelooft dat jij het trauma kunt aanhoren, zien en aanvoelen, dan kan dat eventueel blijken uit je lichaamshouding of taal. Cliënten kunnen onze persoonlijke draagkracht, ons vertrouwen in de techniek en onze veerkracht van de dag opmerken. Als je vertrouwen hebt als therapeut, is de eerste stap al gezet.

11.3.4 Verantwoordelijkheid

Het is belangrijk dat je goed weet welke verantwoordelijkheden je hebt en waarin of wanneer je vooral de eigen regie van de cliënt moet ondersteunen. Daar hoort bij dat je goed weet waar je wel en geen invloed op hebt. Je kunt nagaan in welke mate je je verantwoordelijk voelt en in welke mate je verantwoordelijk bent. Verantwoordelijkheid houdt ook in dat je je grenzen van professioneel handelen goed kent en respecteert.

11.3.5 Voorbeelden uit de praktijk

In de onderstaande voorbeelden lees je de ervaringen van een aantal therapeuten en hoe zij zijn omgegaan met moeilijke dilemma's in het al dan niet aangaan van een behandeling.

Suzanne: "Tijdens mijn prille zwangerschap deed ik een intake bij een cliënt die zijn dochter door verdrinking was verloren. Het was eigenlijk pas tijdens de uitwerking van de intake dat ik mij realiseerde dat ik hoofdpijn had gekregen en mij zorgen maakte over mijn aanstaande moederschap. Ik had mijn prille zwangerschap nog niet gedeeld met collega's, dus belde ik die middag een vriendin die wel op de hoogte was om even mijn verhaal en gevoelens daarbij te delen. Kon ik mijn kind in de toekomst beschermen tegen alle potentiële ongelukken? Kon ik de behandeling van deze cliënt aan? Was dat goed voor mij? Hoe zou dat zijn voor de cliënt om een steeds groter wordende buik te aanschouwen?

Een week nadat ik al deze gevoelens en gedachten besprak met die vriendin, besprak ik deze met een collega en zei ik dat ik deze cliënt niet in behandeling zou nemen."

Mariëlle: "Al een tijd merkte ik dat ik vermoeid was en niet goed kon uitrusten op mijn vrije dagen. Toen ik dit begon te merken, registreerde ik een week lang mijn vermoeidheid op vijf vaste momenten per dag, zowel op werkdagen als op vrije dagen. Ik realiseerde mij hierdoor dat ik moeite had met een bepaald type cliënt. Ik had in mijn caseload veel vergelijkbare cliënten met complexe trauma's. De taaiheid van de symptomatologie en de langdurigheid en heftigheid van de traumatisering die deze cliënten met zich meebrachten ontnamen mij wat veerkracht. Ik besloot dit te delen in het team, de afspraken met desbetreffende cliënten op advies van collega's beter te verspreiden over de week en besloot bij het aannemen van nieuwe cliënten dit type cliënt tijdelijk niet in behandeling te nemen."

Joke: "Twee jaar lang werkte ik op een afdeling waar cliënten met seksuele trauma's behandeld werden. Als beginnend therapeut wilde ik dolgraag deze doelgroep helpen en ik denk dat deze motivatie mij het eerste jaar vleugels gaf. Terugkijkend zie ik dat ik in het tweede jaar steeds meer gevoelens van machteloosheid, maar ook boosheid jegens mannen begon te ervaren. Ik raakte wat verbitterd en misschien ook wel wat afgevlakt, elke cliënt had weer een soortgelijke traumatische ervaring waarbij er vaak sprake was van een mannelijke dader. Toen ik merkte dat mijn werk mijn intieme relatie met mijn echtgenoot begon te beïnvloeden, ben ik in gesprek gegaan met een collega. Nadat ik het met deze collega besproken had, hebben we het samen in het team ingebracht. Dit gaf mij ontzettend veel opluchting en zorgde ervoor dat we als team hier maandelijks op een vast moment intervisie op planden."

11.4 Tijdens de sessie

Niet alleen voorafgaand aan de sessie is het belangrijk om je eigen grenzen in acht te nemen en goed in staat te zijn om je bewust te zijn van je eigen emoties en deze te reguleren, ook tijdens de sessie. Zorg dat je je op je gemak voelt in de spreekkamer, met je plaats in de ruimte en met je houding in de stoel. De manier waarop je je spreekkamer hebt ingericht en bijvoorbeeld waar je stoel staat ten opzichte van de cliënt kan je helpen om jezelf te positioneren, je op je gemak te voelen en voor jou en de cliënt letterlijk en figuurlijk ruimte te creëren om samen aan de slag te gaan. Soms is schrijven tijdens de therapiesessie noodzakelijk zoals bij Narratieve Exposure Therapie. Op momenten dat dissociatie dreigt of dat er sprake is van een moment van dissociatie is schrijven natuurlijk niet wenselijk. Dan is het belangrijk zo veel als mogelijk beschikbaar te zijn en contact te maken en de cliënt te helpen contact te maken met het hier en nu. Als basishouding kan het ook raadzaam zijn om contact te maken met jezelf gedurende de hele sessie door bijvoorbeeld één hand op je buik te plaatsen om je ademhaling te reguleren of door je handen op je bovenbeen te plaatsen om spanning te reguleren. Zo blijf je aanwezig op een voor jou als therapeut veilige plek of blijf je in contact met jezelf terwijl je contact maakt met de cliënt.

11.4.1 Lichamelijke houding

Je non-verbale houding en mimiek is een belangrijk aspect van een therapeutische attitude.

Gedurende traumabehandeling is je aanwezigheid belangrijk. Veel getraumatiseerde cliënten zijn gewend om te letten op onze non-verbale signalen en interpreteren deze vaak met een bril op van wantrouwen en onveiligheid. Cliënten letten doorgaans op de mimiek van de therapeut wanneer zij starten met het delen van een traumatische ervaring. Belangrijk daarbij is om mee te leven zonder mee te lijden en hier je mimiek op aan te passen.

Een ander aspect van de non-verbale houding is congruentie. Het is belangrijk dat je congruent bent en dat wat je uitstraalt of laat zien in je non-verbale houding overeenkomt met wat je zegt. Zo kan het volgende gebeuren: de therapeut merkt dat het verhaal van de cliënt haar raakt en probeert dit niet te laten merken. Ze twijfelt echter of het niet aan haar mimiek of haar ogen te zien is bij de exposure van een steen tijdens een NET-sessie. De cliënt is ten tijde van het trauma erg alleen, er was geen hechtingsfiguur of verzorgende volwassene. De therapeut besluit het in de nabespreking kort aandacht te geven.

T: Ik merkte dat jouw verhaal me heeft geraakt, zeker toen je vertelde hoe alleen je (na het trauma) achterbleef. Wat moet het moeilijk voor jou zijn geweest dat er toen geen volwassene was die jou kon helpen.
C: Ze zeiden altijd dat niemand mij zou geloven. (kijkt de therapeut onderzoekend aan) Maar als je dit zo zegt, denk ik dat jij mij wel gelooft.
T: Ik vind het heel naar voor je dat je dit hebt meegemaakt.
C: Ik had zo graag gewild, dat er toen iemand was. Dat iemand mij geloofde. (is even stil) Dit is waarom ik altijd aan Eva (dochter) vraag hoe het op school was en tegen haar zeg dat ze mij alles kan vertellen.

11.4.2 Je herpakken

Je kunt tijdens de zitting op verschillende manieren voor jezelf zorgen om verhalen niet te zeer binnen te laten komen. Je kunt je concentreren op het verhaal en je techniek, je volgt de cliënt in zijn proces en dat alleen al geeft je voldoende afgrenzing. Je kunt door eenvoudige (gedachte)oefeningen tijdens de sessie afstand en nabijheid reguleren. Je kunt bijvoorbeeld je stoel iets meer naar achteren zetten als je weet dat iemand je iets heel indringends gaat vertellen, een glazen wand visualiseren tussen jou en de cliënt of even diep ademhalen tijdens de zitting. Als je merkt dat het verhaal van de cliënt erg gruwelijk is, kun je in gedachten je voorstellen dat je een afstandsbediening hebt en dat verhaal met die afstandsbediening kunt projecteren op de muur.

11.4.3 Terugblikken

Momenten van dissociatie in de therapiekamer kunnen als zeer angstig ervaren worden. De cliënt weet niet wat er gebeurd is en jij als therapeut weet dat wel. Tijdens de zitting is het belangrijk dat de cliënt goed in het hier en nu is en niet opnieuw dissocieert. Aan het einde van de zitting is het behulpzaam om wanneer dat mogelijk is een reconstructie te maken. Bij de reconstructie gaat het niet om het trauma, maar om de beleving van het hier en nu. Dit biedt houvast, omdat de cliënt beter gaat begrijpen wat de dissociatie triggert en daardoor meer mogelijkheden heeft om een volgende keer dissociatie te voorkomen.

T: Voordat je dissocieerde zag ik jou naar het plantje kijken dat op mijn tafel staat. Weet je dat nog?
C: Ja, ik dacht aan de planten die vroeger bij ons op de vensterbank stonden.

T: Daarna zag ik dat je verder wilde praten, maar toen wat verstijfde en voor je uit bleef staren zonder te praten.
C: Ik dacht ineens weer aan hoe hij de kamer binnenkwam en naar het raam liep. Daarna weet ik het niet meer.
T: Ik heb toen een paar keer je naam geroepen en tegen je gezegd dat je op onze locatie bent, in mijn kamer en dat het vandaag een mooie zomerse dag is. Weet je dat nog?
C: Ja, ik hoorde jou ineens zeggen dat het zomer is, toen (ten tijde van het trauma) was het koud en donker, dus ik keek naar buiten en zag de zon schijnen. Toen wist ik dat het (trauma) over was.

11.5 Na de sessie

Wees je bewust van in hoeverre het nodig is om even te herstellen na een sessie. Zo kun je stress in het algemeen en secundaire traumatische stress in het bijzonder voorkomen. Het is niet aan te bevelen om therapieën kort na elkaar te plannen. Als je wat ruimte laat in je agenda, kun je je beter voorbereiden op de volgende therapie.

Het maken van de rapportage kan ervoor zorgen dat je dat wat er tijdens de sessie plaatsvond van je af kunt schrijven. Naast het schrijven van de rapportage van de sessies, is het tevens belangrijk om stil te staan bij de (lichamelijke) gevoelens die de sessie mogelijk bij jou opriep. Je kunt dan bijvoorbeeld het volgende doen:

- Neem een paar minuten de tijd om je schouders en nek los te draaien
- Ga een stukje wandelen
- Vertel een collega hoe je je voelde tijdens of na de sessie
- Luister naar muziek
- Doe een mindfulnessoefening

Van doen naar zijn

Er zijn boeken, maar ook apps die je kunt downloaden met ontspanningsoefeningen of mindfulnessoefeningen (Hulsbergen, 2016). Je kunt overwegen om met enige regelmaat aan het begin of aan het einde van de dag of tussen therapiezittingen zo'n oefening te doen. Het is bedoeld om je eigen geestesinstelling van doen naar zijn te brengen en niet als een snelle remedie voor stress in tijden van crisis. Een bekende oefening is de drie minuten ademruimte. Als je deze regelmatig inzet, merk je dat je wat meer rust kunt gaan ervaren gedurende de dag.
Een drie-minuten-ademruimteoefening kan je helpen om even een moment van rust te creëren. Je kunt deze oefening zittend uitvoeren. Ga goed zitten in de stoel met beide voeten op de grond en de armen in rust. Je staat even stil bij jezelf door waar te nemen wat er gaande is in lijf en gedachten. Gedachten, gevoelens, sensaties hoef je alleen waar te nemen en te volgen, je hoeft ze niet te veranderen. Je neemt de tijd en neemt waar wat er zoal opkomt. Vervolgens richt je je aandacht op je ademhaling. Deze ademhaling kan gevoeld worden in het hele lijf en gevolgd worden van moment tot moment, in het hier en nu. Je staat stil bij je ademhaling. Daarna verbreed je je aandacht en richt je je aandacht op het hele lichaam, lichaamshouding en de sensaties. Je ervaart dit in het hier en nu, zonder oordeel.

11.5.1 Neem jezelf serieus

Zelfzorg wordt vaak vooruitgeschoven; dat doen onze cliënten, maar dat kunnen wij als therapeut ook doen. Eerst even de registratie, eerst even die collega helpen, eerst even de mail bijwerken. Voor je het weet ben je thuis en word je aangesproken op de andere rollen die je in je leven vervult. Gedurende de werkdag opladen, tussen de overleggen en cliënten door, zit hem vaak in kleine dingen. Het is ontzettend belangrijk om zelfzorg niet van het toeval af te laten hangen maar in te bouwen in je werkdag of werkagenda. Even het raam openzetten en naar buiten kijken, even mindful genieten van een tussendoortje, een muziekje opzetten. Een paar van zulke kleine momenten kunnen ervoor zorgen dat jij je werk kunt blijven doen. Het is een mogelijkheid om een zelfzorgplan op te stellen. Hier is geen vaste leidraad voor, maar we willen je er wel een voorbeeld voor bieden. In de bijlage 2a en 2b vind je een voorbeeld van een zelfzorgplan.

11.6 De therapeut en de behandeling

De therapie is een ontmoeting tussen twee mensen. In ▶ H. 8 hebben we besproken hoe de behandeling is verlopen, vanuit het perspectief van de cliënt. In dit hoofdstuk staat de therapeut centraal. Deze paragraaf geeft de ervaringen van de therapeut weer tijdens de behandeling van de in dit boek beschreven cliënten.

11.6.1 Janneke

De therapeut was verheugd over de keuze van Janneke voor exposure. Ze merkte hoe groot de motivatie van Janneke was om, ondanks haar angst en dissociatie, haar trauma's te verwerken. De therapeut voelde wel bezorgdheid over de mogelijkheid dat Janneke in reactie op een trigger zou gaan dwalen, en merkte enige neiging tot voorzichtigheid. Door dit te bespreken met een collega, lukte het de therapeut om hier overheen te stappen. De steun van de dochter van Janneke was behulpzaam voor het welslagen van de therapie en gaf vertrouwen aan zowel Janneke als de therapeut dat er na de sessies opvang was. De imaginaire exposure aan de mishandelingen was zwaar, maar het misbruik door haar stiefbroer greep de therapeute aan. Het was voor de therapeut de eerste keer om hier in detail mee geconfronteerd te worden. Voorafgaand aan de sessie en na de sessie plande de therapeut wat extra tijd in om zich goed voor te bereiden en even te kunnen uitblazen na de sessie. Tijdens de sessie concentreerde ze zich op Janneke, en op de techniek die haar hielp het niet te veel binnen te laten komen. De foto van de stiefbroer die Janneke meenam voor de exposure in vivo was confronterend voor de therapeut. Hoe kon zo'n vrolijk lachende jongeman hiertoe in staat zijn? Ze bracht de behandeling van Janneke meermaals in tijdens het teamoverleg. Ze ervoer steun van haar collega's. In haar vrije tijd bekeek ze een documentaire over incest die haar hielp om zoiets onbegrijpelijks toch te begrijpen. Ze nam zich voor om niet te veel incestslachtoffers in haar caseload in dezelfde periode naast elkaar te behandelen. Het was voor de therapeut wel ingewikkeld dat na de verbetering van de PTSS en dissociatie, de behandeling nog niet 'klaar' was en er duidelijke beperkingen bleven in het functioneren van Janneke. De totale behandelduur van Janneke was aanvankelijk iets waarover de therapeut zich zorgen maakte. Op de afdeling waarop zij werkte was het streven zo kort mogelijk te behandelen, het liefst binnen één jaar en dat de therapeut zich hierover moest verantwoorden was aanvankelijk een zware last. Haar voorstel om individuele psychotherapie voort te zetten, werd door haar collega's ondersteund. Ze was opgelucht. Na afronding van deze therapie, kon zowel de cliënte als de therapeut tevreden terugblikken.

11.6.2 Pieter

De kennismaking met Pieter verliep prettig, maar de therapeut had wel vraagtekens bij het alcoholmisbruik. Voor de therapeut was het belangrijk om het alcoholmisbruik van Pieter te problematiseren; eerder maakte ze mee dat de therapie van een andere cliënt werd ondermijnd door alcoholmisbruik. Dit zorgde ervoor dat de therapeut destijds steeds harder ging werken, omdat de klachten van deze cliënt enkel toenamen en de therapie geen effect leek te hebben, niet wetende dat daar het alcoholmisbruik aan ten grondslag lag. Hierdoor voelde de therapeut zich destijds onbekwaam en onzeker en was deze fase van de behandeling uitputtend. Ze had er wel van geleerd en het maakte dat ze er dit keer meer vertrouwen in had dat ze het goed kon signaleren. De exposurefase was er één van doorzetten en geloof houden. De therapeut wist dat de tranen van Pieter niet zouden blijven vloeien. Ze schrok van het telefoontje van Annemiek. Ze begreep de zorgen. Had Pieter haar wel alles verteld? Moest ze niet meer doen met zijn klachten van depersonalisatie/derealisatie? Wat als hij van zijn fiets was gevallen? Ze besloot hier in de volgende zitting bij stil te staan. Ze vertrouwde erop dat gedurende de exposurezittingen ook dissociatie zou afnemen, maar dat het hem thuis kon helpen om meer contact te voelen met zijn lichaam. Het telefoontje stelde de therapeut ook voor een dilemma. Ze vond het moeilijk hoe ze moest omgaan met wat Annemiek had verteld. Ze had immers geen behandelrelatie met Annemiek en wel met Pieter. Ze besloot dit aan Annemiek uit te leggen en voor te stellen de bezorgdheid te benoemen naar Pieter en een driegesprek voor te stellen. Zo kon de therapeute dit voor beiden in goede banen leiden.

Met de schrijfopdrachten ging Pieter zelfstandig aan de slag, enig aandachtspunt was zijn oriëntatie in het hier en nu en dissociatieve symptomen te voorkomen. Ze raadde Pieter aan er in korte tijdsspanne aan te werken en het af te wisselen met beweging, een stukje wandelen. De fase van betekenisgeving was moeilijk voor de therapeut. Beide ouders van de therapeut hadden ook een geüniformeerd beroep en haar moeder was niet zo lang geleden overleden. De therapeut herkende zodoende een aantal van de thema's die Pieter inbracht. De therapeut kon meeleven met Pieter, maar was zich ervan bewust om toch focus te houden op het eigen verhaal van Pieter. Na deze sessies ging de therapeut even twintig minuten buiten wandelen. Toen ze Pieter na drie maanden weer terugzag, kon ze deze behandeling met tevredenheid afsluiten.

11.6.3 Mahmoud

De therapeut van Mahmoud maakte in de eerste fase van de dagbehandeling kennis met hem. Ze vond hem gespannen en afwerend in het contact en hij keek haar amper aan. Mahmoud was hier eerlijk over. Hij vond de therapeut te streng en zoals hij aan het begin van de NET eens hardop in de sessie zei: "Jij bent net als de mensen in de gevangenis. Je stelt te veel vragen!" Ook was er in deze eerste sessies veel weerstand van Mahmoud. De therapeut voelde zich als een 'dader' die inderdaad met alle vragen Mahmoud in de hoek dreef. Het leidde tot twijfel: moest zij dit wel doen? In gesprek met Mahmoud besprak de therapeut hoe ze merkte wat de vragen bij hem opriepen, alsof de vragen hem pijnigden. Mahmoud was verbaasd, niet gewend dat zijn angst en verdriet werd gezien door anderen. Hij onderkende dat het vooral de angst voor de herinneringen was die hem pijnigde, niet de vragen van de therapeut. De exposure verliep daarna beter, waarbij de therapeut de vragen stelde om het angstnetwerk te activeren en zich daarbij weer therapeut en niet zozeer beul voelde.

Tijdens de exposure op de martelingen was het fysiek voor Mahmoud bijna ondraaglijk. Hij dissocieerde regelmatig. De therapeut voelde zich bezorgd en besprak deze zorgen met collega's in intervisie. Daar hoorde de therapeut dat gedurende de andere therapieën op de dag de cliënt goed aanwezig was en kon herstellen van de exposuresessies. Dit was bemoedigend voor de therapeut. Ze besloot om de ergste stenen meerdere keren te bespreken. De details van de marteling waren moeilijk om aan te horen en in gedachte gebruikte de therapeut een afstandsbediening om zogezegd de ervaring op een bord te projecteren, iets meer op afstand. De lichamelijke pijn die Mahmoud toen niet voelde, mede door de dissociatie ten tijde van het trauma, voelde hij tijdens de exposure wel. Hij zei geregeld: "Ik kan niet meer" en soms ervoer de therapeut dit precies zo en dacht: het is genoeg geweest voor vandaag. De therapeut benoemde dat Mahmoud de ervaring overleefd heeft en nu ook de herinnering aan de ervaring zal overleven, en dit gaf zowel Mahmoud als de therapeut weer moed. Zijn schuldgevoelens en schaamte over het noemen van namen waren immer aanwezig, hoewel de context van de ervaring die hij doormaakte in de gevangenis en zijn machteloosheid in deze wrede omgeving hem wel hielpen om dit iets meer in perspectief te kunnen zien. De therapeut maakte na de zittingen meteen het NET-verslag, om het verhaal van Mahmoud van zich af te schrijven. Het viel de therapeut op dat door herhaald zijn ervaringen te horen, ook bij haar de lading zakte. Bij het nalezen van het gehele NET-verslag voelde Mahmoud zich opgelucht, trots en ook dankbaar voor de vasthoudendheid van de therapeut die hem door de traumatherapie had geloodst.

Ondanks dat de meeste cliënten uit zorg gaan nadat zij hebben deelgenomen aan de dagbehandeling van één jaar, was het in de behandeling van Mahmoud een logische keus van het team om de behandeling poliklinisch te vervolgen voor uiteindelijk de periode van een jaar. De vier maanden na de traumabehandeling waren te kort voor Mahmoud om de oude patronen los te laten en voldoende zelfvertrouwen op te bouwen. Inmiddels was de werkrelatie zo stevig dat het voor de hand lag dat dezelfde therapeut ook poliklinisch verder behandelde.

11.6.4 Grace

De behandeling van Grace begon moeizaam. Grace stelde zich vermijdend, angstig en afstandelijk op. De therapeut besprak met haar collega's de autonomie van Grace: wilde Grace dit wel, was ze niet toch een beetje gestuurd door het opvanghuis? Toen de therapeut met het team het toestandsbeeld van Grace besprak werd duidelijk dat het ging om een jonge vrouw met een zeer hoge lijdensdruk, vol schaamte en angst en volledig onbekend met de westerse gezondheidszorg. Er werd voorgesteld aan de therapeut om dit aan haar terug te geven en wat meer stil te staan bij wat het betekent om in behandeling te zijn, wat de regels zijn binnen de therapeutische relatie en wat de therapeut hoopt te bereiken met haar. De angst voor voodoo kende de therapeut van andere cliënten en ze kon dit goed bespreekbaar maken.

In de daaropvolgende sessies groeide de therapeutische relatie en kon worden gestart met de EMDR. Op dat moment ontving Grace een afwijzing van haar verblijfsaanvraag van de Immigratie en Naturalisatie Dienst (IND). Hierop deed Grace een groot appèl op de therapeut. De therapeut was ontzettend begaan met Grace en wist even niet hoe hiermee om te gaan. Ze voelde zich plaatsvervangend boos en onmachtig. Als ze toch eens beseften wat deze vrouw allemaal heeft meegemaakt. Nadat de therapeut op het idee kwam om een maatschappelijk werkster te vragen Grace bij de verblijfsaanvraag te begeleiden, kwam de rust en focus terug in de behandeling.

De EMDR was intensief voor de therapeut, en de heftige dissociatieve reacties maakten dat de therapeut zich af en toe machteloos voelde. Ze had het gevoel alle zeilen te moeten bijzetten om het proces te vervolgen. De PMT-therapeut werd gevraagd om eenmaal per week cliënt telefonisch te ondersteunen en haar te herinneren aan de nieuwe copingvaardigheden. De therapeut plande halverwege de EMDR een aantal intervisiecontacten in met een collega. De therapeut benoemde regelmatig in de sessies dat ze het vertrouwen had dat Grace het kon volhouden, maar twijfelde hier soms toch aan. Dat maakte de therapeut wat onzeker, want ze hoopte dat ze wel overtuigend genoeg was en geen dubbele boodschap gaf. Ze besloot om te benoemen dat het zwaar moest zijn voor Grace, dat de therapeut dat ook merkte, maar dat de ervaring leert dat je er goed doorheen kon komen. Het was voor zowel Grace als de therapeut een vertrouwenwekkende gedachte. Tijdens dit proces groeide het vertrouwen over en weer, de angst voor voodoo was naar de achtergrond verdwenen en Grace wilde na EMDR verder met de SFT. De SFT met ImRs verliep goed en gaf de therapeut veel voldoening. Het voelde heel waardevol om Grace de steun, veiligheid en geborgenheid in de rescripting aan te reiken. Het was een logische vervolgstap om de SFT hierna te vervolgen.

Er was duidelijk verbetering in klachten en functioneren, de betrokken therapeuten, de psychotherapeut, en PMT'er zagen hoe ze zich ontwikkelde. Er rees de vraag hoe lang de therapie moest duren en op welke termijn de behandeling als afgerond kon worden beschouwd. De therapeut voelde wat twijfel en vond de afstemming met de andere betrokkenen wat ingewikkelder dan in het begin. Op basis van de behandeldoelen besloten ze dat de PMT'er met haar zou gaan werken aan het voelen en stellen van grenzen, aansluitend op de SFT. De psychotherapeut zette de SFT nog enige tijd voort, met parallel daaraan de PMT.

Juridische procedures

Veel cliënten hebben te maken met instanties, bijvoorbeeld het UWV als zij in de ziektewet zitten. Asielzoekers en slachtoffers van mensenhandel hebben doorgaans een asielprocedure lopen die de IND moet beoordelen. Cliënten die ernstig getraumatiseerd zijn en last hebben van dissociatie, kunnen doorgaans hun verhaal moeilijk coherent vertellen, waardoor hun verhaal als 'ongeloofwaardig' kan worden bestempeld. Een procedure is een actuele stressor, die van invloed kan zijn op je cliënt. Je kunt bij jezelf merken dat je het, als je je betrokken voelt bij je cliënt, onrechtvaardig vindt wat hij meemaakt. Er wordt dan regelmatig een appèl op je gedaan door een cliënt. Maar niet alleen door je cliënt. Je kunt ook worden uitgenodigd door een advocaat om een brief te schrijven ten behoeve van je cliënt. Je kunt daarbij ondersteuning vragen van collega's over wat je wel en niet kunt schrijven. Een therapeut heeft beroepsgeheim en is gebonden aan beroepscodes over wat je wel en niet over een cliënt deelt met een derde, en dan alleen na schriftelijke toestemming van de cliënt. Er zijn instellingen die een diagnostisch onderzoek kunnen uitvoeren om na te gaan in hoeverre de cliënt in staat is zijn verhaal goed te vertellen en die daarover kunnen adviseren, zoals het Instituut voor Mensenrechten en Medisch Onderzoek (IMMO).

11.7 Samenwerking met collega's

In het voorbeeld van Elise aan het begin van het hoofdstuk waarin zij verrast werd door de dissociatie van de cliënt, was het fijn om met een collega te kunnen bespreken wat te doen en even te kunnen stilstaan bij de gedachten en gevoelens die deze ervaring opriep. Het is belangrijk dat je als therapeut het gevoel hebt dat je kunt aankloppen bij je collega's. Voor alle therapeuten is het belangrijk om met collega's van gedachten te kunnen wisselen in intervisie, supervisie of gewoon in intercollegiaal overleg. Als je bijvoorbeeld je gevoelens voor een sessie met een cliënt met dissociatieve klachten kunt ventileren bij een collega, verlaagt dat je spanning, vermindert het je zorgen of geeft het je extra tools in handen. Daarnaast is het fijn om open deuren te treffen op de afdeling, dit maakt intercollegiaal overleg toegankelijker. Even belangrijk is het om van elkaar te weten dat er vanwege bepaalde redenen ook altijd op dichte deuren geklopt kan worden. Bijvoorbeeld als jouw cliënt dissocieert en je na het inzetten van een aantal technieken bijval van een collega kunt gebruiken.

In teambesprekingen kun je met elkaar stilstaan bij hoe je elkaar kunt ondersteunen als je een ingewikkelde cliënt hebt. Als je met elkaar voorbereid bent, dan vergroot je de draagkracht of vitaliteit van het team als geheel en draag je met elkaar bij aan de vitaliteit van het individuele teamlid. Een 'vitaal team' is een team dat met elkaar de sfeer op het werk, en de ervaren werkdruk positief beïnvloedt. Die vitaliteit is merkbaar zowel bij ontmoetingen op de werkvloer als bij ontmoetingen in de overgangsperiode van privé naar werk. Hoe belangrijk is het om op maandagochtend kwart over acht even ontspannen bij de koffieautomaat de dag te starten met collega's met wie je kort iets kunt delen over het weekend. Of terwijl het werk van de dag opgestart wordt of tijdens de lunch. Een team wordt vitaler als er zowel aandacht gaat naar de vitaalste leden als naar de minst vitale leden. Een vitaal team is nodig als potentieel vangnet voor de leden van het team.

11.8 Nascholing

Voor alle beschreven therapieën is scholing of training noodzakelijk. Net als scholing kan het bijhouden van recente wetenschappelijke literatuur je zelfvertrouwen als behandelaar vergroten. Je kunt je bekwamer voelen in je handelen en bovendien betrokken voelen in het werkveld van traumabehandelaren in Nederland en wereldwijd. Door de (online) verbinding aan te gaan met collega's in het werkveld kan deze verantwoordelijkheid enerzijds minder zwaar aanvoelen en anderzijds kan het je werkplezier vergroten.

11.9 Aanvullende informatie

In de volgende paragrafen tref je een aantal suggesties aan voor waar je aanvullende informatie kunt vinden. Het gaat om handboeken en websites die we je kunnen aanraden en die je zo nu en dan kunt raadplegen.

11.9.1 Handboeken

- De Jong, J., & Van Dijk, R. (2020). *Handboek culturele psychiatrie en psychopathologie.* Boom De Tijdstroom.
- Eurelings-Bontekoe, E.M.H., Verheul, R., & Snellen, W.M. (2017). *Handboek persoonlijkheidspathologie;* voor opleiding, onderzoek en klinische praktijk. Bohn Stafleu van Loghum.
- Keijsers, G., Van Minnen, A., & Hoogduin, K. (2011). *Protocollaire behandelingen voor volwassenen met psychische klachten.* Uitgeverij Boom.
- Schnyder, U. & Cloitre, M. (2015). *Evidence based treatment for trauma-related psychological disorders:* a practical guide for clinicians. Springer.
- Vermetten, E., Kleber, R.J., & Van der Hart, O. (2020). *Handboek posttraumatische stressstoornissen.* De Tijdstroom.

11.9.2 Aanbevolen websites

- Nederlandstalige Vereniging voor Psychotrauma NtVP: ► www.ntvp.nl
- European Society of Traumatic Stress Studies: ► www.estss.org
- European Society for Trauma and Dissociation: ► www.estd.org
- International Society for Traumatic Stress Studies, ISTSS: ► https://istss.org/home

11.9.3 Verenigingen voor cliënten

Als je cliënt behoefte heeft aan informatie of een vereniging, voor bijvoorbeeld lotgenotencontact of informatie voor cliënten, dan zijn er verschillende mogelijkheden.

- Angst Dwang en Fobie Stichting (ADF Stichting), landelijke patiëntenvereniging die zich inzet voor mensen met angst- en dwangklachten. In de DSM-IV viel PTSS onder de angststoornissen en deze vereniging richt zich vanuit die oorsprong ook op cliënten met PTSS. De vereniging is opgericht in 1968.
- Caleidoscoop, patiëntenvereniging voor en door mensen met een dissociatieve stoornis. De vereniging is opgericht in 1994.
- MIND, landelijke stichting en maatschappelijke organisatie. Bieden cliënten en hun naasten informatie, advies en ondersteuning; online en telefonisch. De vereniging is opgericht in 1964.
- Landelijke Stichting Familievertrouwenspersonen (LSFVP), Deze stichting heeft een advies- en hulplijn speciaal voor familie en naasten van ggz-cliënten. De stichting is opgericht in 2011.

Literatuur

Bride, B. E., Robinson, M. R., Yegidis, B., & Figley, C. R. (2004). Development and validation of the Secondary Traumatic Stress Scale. *Research on Social Work Practice, 14*, 27–35.

Cross, L. A. (2019). Compassion fatigue in palliative care nursing: A concept analysis. *Journal of Hospice and Palliative Nursing, 21*(1), 21–28.

De Jong, J., & Van Dijk, R. (2020). *Handboek culturele psychiatrie en psychopathologie*. Boom De Tijdstroom.

Eurelings-Bontekoe, E. M. H., Verheul, R., & Snellen, W. M. (2017). *Handboek persoonlijkheidspathologie; voor opleiding, onderzoek en klinische praktijk*. Bohn Stafleu van Loghum.

Figley, C. R. (1983). Catastrophes: An overview of family reactions. In C. R. Figley & H. I. McCubbin (Eds.), *Stress and the family, 2* (pp. 3–20). Brunner/Mazel.

Figley, C. R. (1995). Compassion fatigue as Secondary Traumatic Stress Disorder: An overview. In C. R. Figley (Red.), *Compassion fatigue. Coping with Secondary Traumatic Stress Disorder in those who treat the traumatized*. Brunner/Mazel.

Figley, C. R., & Ludick, M. (2017). Secondary traumatization and compassion fatigue. In S. N. Gold (Ed.), *APA handbook of trauma psychology: Foundations in knowledge* (pp. 573–593). American Psychological Association.

Hafkenscheid, A. (2015). Tegenoverdracht: Van een psychoanalytisch naar een transtheoretisch concept. *Tijdschrift Voor Psychiatrie, 3*, 202–209.

Hulsbergen, M. (2016). *Mindfulness. De aandachtsvolle therapeut*. Uitgeverij Boom.

Hunt, P., Denieffe, S., & Gooney, M. (2019). Running on empathy: Relationship of empathy to compassion satisfaction and compassion fatigue in cancer healthcare professionals. *European Journal Cancer Care, 28*(5).

Keijsers, G., Van Minnen, A., & Hoogduin, K. (2011). *Protocollaire behandelingen voor volwassenen met psychische klachten*. Uitgeverij Boom.

Mento, C., Rizzo, A., & Settineri, S. (2019). Caregivers help-seeking related to physical and mental burden. *Clinical Neuropsychiatry: Journal of Treatment Evaluation, 16*(3), 135–139.

Mento, C., Silvestri, M. C., Merlino, P., Nocito, V., Bruno, A., Muscatello, M. R. A., Zoccali, R. A., & Kawai, T. (2020). Secondary traumatization in healthcare professions: a continuum on compassion fatigue, vicarious trauma and burnout. *J-Stage, 13*, 1–15.

Motta, R. W., Hafeez, S., Sciancalepore, R., & Diaz, A. B. (2001). Discriminant validation of the Modified Secondary Trauma Questionnaire. *Journal of Psychotherapy in Independent Practice, 2*(4), 17–25.

Schmidt, M., & Haglund, K. (2017). Debrief in emergency departments to improve compassion fatigue and promote resiliency. *Journal of Trauma Nursing, 24*(5), 317–322.

Schnyder, U., & Cloitre, M. (2015). *Evidence based treatment for trauma-related psychological disorders: A practical guide for clinicians*. Springer.

Stamm, B. H. (2010). *The concise ProQOL manual* (2nd ed.). Pocatello.

Leeswijzer met woorden en begrippen

Samenvatting

In deze leeswijzer tref je een overzicht van gebruikte woorden en begrippen en hun betekenis.

De la Rie en Snip-van Wageningen, *Trauma en dissociatie*,
https://doi.org/10.1007/978-90-368-2711-9_12

In deze leeswijzer tref je een samenvatting van gebruikte woorden en begrippen en hun betekenis.

Afweermechanismen
Afweermechanismen zijn gedragingen of attitudes die dienen om pijnlijke of beschamende gevoelens niet te hoeven beleven. De betrokkene is zich er niet van bewust; ze gebeuren onbewust, 'automatisch'. Ze kunnen op verschillende niveaus plaatsvinden.
Adaptief niveau: anticiperen, humor, assertiviteit, sublimeren, onderdrukken.
Neurotisch niveau (rivaliteit, autonomie): verdringen, ontkennen, rationaliseren, verschuiven. (De betrokkene verliest het contact met zijn – onbewuste – binnenwereld.)
Borderline en psychotisch niveau: symbiose, narcisme, fragmentatie, structuurloosheid. Opgeven, terugtrekken, extreem idealiseren en devalueren, splitsen, ageren, waanachtige projectie. (De betrokkene vervormt zijn besef van de realiteit.)

Anamnese
Een anamnese is een gesprek na aanmelding voor een behandeling waarbij aan de cliënt gericht vragen worden gesteld over klachten, symptomen, het functioneren en de levensloop (biografische anamnese). Het geeft weer wat een cliënt met betrekking tot de voorgeschiedenis en relevante omstandigheden van de klachten en symptomen kan vertellen.

Beknopte Eclectische Psychotherapie PTSS – BEPP
Bij BEPP wordt een cliënt in gedachten blootgesteld aan de traumatische ervaring, waarbij de traumatische ervaring stap voor stap in detail wordt besproken. Naast exposure wordt gebruikgemaakt van schrijfopdrachten (brieven schrijven) en versterking van de exposure met memorabilia. Na de fase van de exposure volgt een fase van betekenisgeving. De therapie wordt afgesloten met een afscheidsritueel. Dit alles op gestructureerde wijze volgens een protocol van twaalf tot zestien sessies.

Biomarker
Een biomarker is een biologisch kenmerk dat een maat is voor een normaal of pathologisch biologisch proces of een maat is voor een reactie op een interventie. Voorbeelden van biomarkers zijn patronen in de hersenen die zichtbaar worden door fMRI of EEG, en ook de bloeddruk, hartslag, of hormoonspiegel. Een fMRI is een functionele MRI: een onderzoeksmethode naar de hersenen, waarbij de hersenactiviteit in een driedimensionaal beeld zichtbaar wordt gemaakt op een computer. Een EEG is een elektroencefalogram waarmee de elektrische hersenactiviteit wordt gemeten.

Comorbiditeit
Comorbiditeit is de aanwezigheid van een aandoening naast een primaire, centraal staande ziekte of aandoening. Er is doorgaans een hoofddiagnose met comorbide andere diagnoses.

Differentiaaldiagnostiek
Hierbij doe je diagnostisch onderzoek naar andere te overwegen diagnoses die de aanwezige klachten of problemen kunnen verklaren.

Draagkracht
De draagkracht van een persoon is de mate waarin iemand in staat is om stressvolle omstandigheden of gebeurtenissen te hanteren. De mate van stress wordt aangeduid als draaglast. De draagkracht is doorgaans latent aanwezig en wordt pas zichtbaar als iemand geconfronteerd wordt met stress. De manier waarop iemand al dan niet in staat is zijn emoties te reguleren en of het beeld van zichzelf en de band met anderen al dan niet intact blijft, is maatgevend voor de draagkracht.

DSM-5
De *Diagnostic and Statistical Manual 5th edition* (DSM-5) wordt in Nederland gebruikt als classificatiesysteem voor psychiatrische stoornissen. De American Psychiatric Association (APA) is de uitgever van de DSM-5.

Eye Movement Desensitization and Reprocessing – EMDR
EMDR is een behandelmethode waarmee trauma's kunnen worden verwerkt. Bij EMDR wordt een cliënt in gedachten blootgesteld aan het beeld met de meeste spanning dat hoort bij een bepaalde herinnering, terwijl er tegelijk afleidende stimuli worden aangeboden (oorspronkelijk oogbewegingen) waarmee het werkgeheugen wordt belast, zodat de spanning bij de herinnering afneemt.

Gefaseerde behandeling
De gefaseerde behandeling voor complex trauma, alsmede voor ernstige dissociatieve stoornissen, zoals DIS, betreft een behandeling in drie fasen, met een stabilisatie-, traumaverwerkings- en integratiefase. De eerste fase richt zich op het vergroten van veiligheid, hechting en leren van emotieregulatie- of copingvaardigheden en op het verminderen van dissociatieve symptomen. De tweede fase richt zich op traumaverwerking en de derde fase op integratie van de dissociatieve delen.

Hechting
Hechting is de duurzame affectieve emotionele relatie tussen het kind en een ouder, opvoeder of ouders en andere belangrijke hechtingsfiguren.

Heteroanamnese
Een heteroanamnese is een gesprek met iemand die de cliënt goed kent, een belangrijke ander, waarbij je vragen stelt over de persoonlijkheid, levensloop en het functioneren van de cliënt.

ICD-11
De *International Classification of Diseases 11th edition* (ICD-11) is ontwikkeld door de Wereldgezondheidsorganisatie (WHO) en wordt in veel landen onder andere gebruikt als classificatiesysteem in de algehele (zowel somatische als geestelijke) gezondheidszorg.

Imaginaire exposure – IE
IE is een behandelmethode gericht op het verwerken van trauma's. Bij IE stimuleert de therapeut de cliënt om zich imaginair – in gedachten – bloot te stellen aan de nare herinneringen en vraagt de therapeut deze ervaring gedetailleerd te vertellen, waarmee het angstnetwerk wordt geactiveerd en het trauma kan worden verwerkt.

Imaginaire rescripting – IMRS
IMRS is een therapeutische techniek uit de schematherapie waarbij een nare gebeurtenis wordt opgehaald uit het geheugen om het verloop ervan vervolgens in verbeelding aan te passen zodat voldaan wordt aan de basisbehoeften die toen werden geschonden.

Indicatiestelling
Indicatiestelling is het vaststellen welke behandeling passend is bij de psychiatrische problemen van de cliënt, op basis van de gegevens die verkregen zijn tijdens de anamnese, observaties en diagnostiek.

Luxerende factoren
Luxerende factoren zijn factoren die de klachten hebben uitgelokt, die tot de klachten of het disfunctioneren hebben geleid, soms gezien als de directe aanleiding. Bijvoorbeeld: wegvallen van steun door overlijden of zekerheden door het verlies van een baan kan ertoe leiden dat iemand uit evenwicht raakt.

Mentaliseren
Mentaliseren is het vermogen van een persoon om zijn eigen gevoelens te begrijpen en daar woorden aan te geven en zich voor te stellen wat andere mensen kunnen denken of voelen, en begrijpen dat dit anders kan zijn dan wat de persoon zelf denkt of voelt.

Mentaliseren Bevorderende Therapie – MBT
MBT is een therapievorm waarbij de persoon geleerd wordt om te mentaliseren. Iemand leert om beter de eigen gedragingen, gevoelens en gedachten te begrijpen alsook de gedragingen, gevoelens en gedachten van anderen en de relatie met de anderen.

Multimodale behandeling
Multimodale behandeling is een behandeling waarbij in dezelfde periode of parallel aan elkaar verschillende behandelinterventies of behandelmodaliteiten worden aangeboden of gecombineerd. Het kan daarbij bijvoorbeeld gaan om een combinatie van lichaamsgerichte therapie en psychotherapie of van systeemtherapie en individuele traumaverwerkingstherapie. Zo is er aandacht voor meerdere aspecten van de problematiek van de cliënt, met oog voor de samenhang van de problemen op de verschillende levensgebieden.

Narratieve Exposure Therapie – NET
In NET wordt de cliënt gevraagd een levenslijn te leggen waarlangs hij voor alle mooie en traumatische herinneringen, respectievelijk bloemen en stenen neerlegt. Daarna wordt de cliënt in gedachten blootgesteld aan alle onverwerkte traumatische ervaringen in iemands levensloop. De andere gebeurtenissen in iemands leven worden ook besproken, maar niet in zoveel details. Door de verslaglegging van het levensverhaal wordt de

exposure versterkt en is de therapeut een getuige van iemands levensgeschiedenis. NET bevordert de integratie van traumatische ervaringen in de levensgeschiedenis.

Onderhoudende factoren
Dit zijn factoren die de klachten of het disfunctioneren onderhouden of versterken.

Overdracht
Overdracht is wat de cliënt in contact met de therapeut ervaart aan gevoelens, gedachten, wensen of verwachtingen die een herhaling kunnen laten zien van eerdere ervaringen in contact met anderen, in het bijzonder de ouders.

Persoonlijkheidsorganisatie
Een persoonlijkheidsorganisatie, zoals gedefinieerd door Kernberg, betreft iemands karakteristieke manier van reageren op interne en externe stressoren. De mate waarin iemand een stabiel zelfgevoel heeft, een duidelijk onderscheid tussen zichzelf en anderen kan maken, hoe iemand reageert op stress en de mate waarin iemand in de realiteit kan blijven, zijn bepalend voor de persoonlijkheidsorganisatie. Dit wordt doorgaans pas duidelijk naarmate er meer stress wordt ervaren.

Persoonlijkheidsfunctioneren
Het persoonlijkheidsfunctioneren betreft karaktereigenschappen en persoonlijkheidstrekken en hoe deze tot uiting komen in het dagelijks leven, zoals het zelfbeeld, de mate van zelfsturing en het vermogen om relaties met anderen aan te gaan.

Persoonlijkheidsstoornis
Een persoonlijkheidsstoornis verwijst naar psychopathologie en het classificatiemodel zoals wij deze kennen in de DSM-5. Wanneer een cliënt voldoet aan een persoonlijkheidsstoornis dan is er sprake van een aantal observeerbare kenmerken, langdurig bestaande gedragspatronen en is er tevens sprake van een disfunctioneren.

Prevalentie
De prevalentie is het aantal personen met een ziekte of stoornis op een bepaald tijdstip in een bepaalde populatie.

Predisponerende factoren
Dit zijn de kwetsbaarheidsfactoren, bijvoorbeeld hechting, persoonlijkheidskenmerken, (vroege) levenservaringen.

Prolonged Exposure
Zie imaginaire exposure. Bij prolonged exposure gaat het om herhaalde imaginaire exposure.

Psycho-educatie
Uitleg of voorlichting geven aan de cliënt of een belangrijke ander over de psychische klachten, omgaan met psychische klachten en de behandeling met als doel dat de klachten beter begrepen worden en dat de omgang met de klachten verbetert.

Re-enactment
Iemand ervaart opnieuw het trauma-scenario in beleving en gedrag, en handelt zoals men deed of heeft ervaren tijdens het trauma, zonder dat iemand zich het verband met het trauma bewust is.

Sociocognitieve verklaringsmodel van dissociatie
In dit model wordt verondersteld dat het ontstaan van structurele dissociatie niet zozeer het gevolg is van traumatische ervaringen, maar bij kwetsbare persoonlijkheden die geneigd zijn tot fantaseren is ontstaan onder invloed van suggestie.

Schema
Een schema is een kernovertuiging over jezelf, anderen en de wereld. Deze overtuigingen bepalen hoe je kijkt naar de werkelijkheid. Een schema ontstaat in de loop van de ontwikkeling, door een combinatie van aanleg, (leer)ervaringen in je kindertijd, en de mate waarin er aan je basisbehoeften is voldaan.

Schematherapie
Schematherapie is een vorm van psychotherapie voor mensen met persoonlijkheidsproblematiek of andere langdurige klachten, zoals een zich herhalende depressie. Het is ontwikkeld door Young. Schematherapie beoogt de hardnekkige schema's, of gedachte- en gedragspatronen te doorgronden en te veranderen, zodat iemand beter kan gaan functioneren.

Stabilisatie
Stabiliseren is het in evenwicht of onder controle brengen van klachten en symptomen van een psychiatrisch ziektebeeld voorafgaand aan een interventie gericht op de oorzaak van de klachten en symptomen.

Stigmatisering
Er is sprake van stigmatisering wanneer bepaalde personen, een groep personen met een bepaalde achtergrond of bepaalde kenmerken gebrandmerkt wordt.

Structurele dissociatie
De theorie van structurele dissociatie gaat uit van de fragmentatie van de persoonlijkheid in dissociatieve delen als reactie op ernstige traumatische ervaringen. Functies van de persoonlijkheid worden ontkoppeld of afgesplitst en er ontstaan meerdere persoonlijkheden of persoonlijkheidsdelen, die vanuit een eigen ik-perspectief handelen en los van elkaar een eigen bestaan hebben of geen weet van elkaar hebben.

Structurele diagnostiek
Diagnostisch onderzoek naar de persoonlijkheidsorganisatie van een cliënt, waarin de meest kenmerkende functies van de persoonlijkheidsorganisatie worden onderzocht, namelijk identiteitsintegratie, de afweermechanismen en de realiteitstoetsing.

Dankwoord

We willen ten eerste van deze gelegenheid gebruikmaken om al onze (oud-)cliënten te bedanken. Bedankt dat wij een stuk hebben mogen meewandelen langs jullie levenspad. Jullie vertrouwen en de moed waarmee jullie ervaringen hebben gedeeld, hebben ons geïnspireerd tot het schrijven van dit praktijkboek.

Tijdens het schrijven van dit boek hebben meerdere mensen ons waardevolle input gegeven. We denken aan de gesprekken met ervaren therapeuten in het veld over hun visie op diagnostiek en behandeling van dissociatie. Anderen hebben feedback gegeven op (delen van) het praktijkboek, wat het schrijf- en denkproces ten goede is gekomen. We danken al deze collega's in het werkveld, en in het bijzonder Jannetta, Saadet, Martijn en Hans.

We zijn verheugd dat we dit schrijfproces als oud-collega's van het begin tot het eind hebben volbracht. We hopen dat dit boek eraan bijdraagt om de huidige kennis over de behandeling van aan trauma gerelateerde dissociatie over te brengen.

Simone en Elise

De la Rie en Snip-van Wageningen, *Trauma en dissociatie*,
https://doi.org/10.1007/978-90-368-2711-9_13

Bijlagen

De la Rie en Snip-van Wageningen, *Trauma en dissociatie*,
https://doi.org/10.1007/978-90-368-2711-9

Bijlage 1a Werkblad heteroanamnese

Mijn therapeut heeft mij uitgelegd waarom het in de diagnostiek naar mijn klachten belangrijk is dat (naam ander) bevraagd wordt en heeft mij verteld wat de onderwerpen en vragen zijn die besproken zullen worden.

Informed consent in (☑)
Ik geef toestemming voor het uitvoeren van deze heteroanamnese bij:

Datum: Handtekening:
Naam:
Uitleg

Dissociatie komt voor bij verschillende psychische problemen en heeft verschillende uitingsvormen. Dissociatie kun je zien als een ontkoppeling van functies. De verschillende vormen zijn:
- dissociatieve reactie, flashback waarbij gedrag of gevoelens passen bij toen en iemand niet meer in het hier en nu is
- dissociatieve amnesie, onvermogen zich gebeurtenissen (traumatisch of alledaags) te herinneren
- depersonalisatie, contact met zichzelf kwijt zijn
- derealisatie, contact met omgeving kwijt zijn

Al deze vormen kunnen variëren in duur van een minuut tot een uur en kunnen variëren in intensiteit.
Vragen:
Heeft u weleens waargenomen dat een vorm van dissociatie plaatsvond bij (cliënt)?
Zo ja, wanneer, hoe vaak, kunt u een voorbeeld geven?
Wat ging eraan vooraf, wat gebeurde er tijdens, hoe liep het af?
Heeft u nog een andere vorm van dissociatie waargenomen bij (cliënt)?

uitingsvorm	waargenomen frequentie	omschrijving voorbeeld
dissociatieve reactie		
dissociatieve amnesie		
depersonalisatie		
derealisatie		

Optioneel:

triggers:

stressvolle situatie:

coping:

visie op behandeling:

ander betrekken bij behandeling?

aanvulling op traumata:

andere aanvullingen:

Bijlage 1b Casus heteroanamnese

Hieronder volgt een heteroanamnese met de vrouw van cliënt Pieter.

Mijn therapeut heeft mij uitgelegd waarom het in de diagnostiek naar mijn klachten belangrijk is dat (naam ander) bevraagd wordt en heeft mij verteld wat de onderwerpen en vragen zijn die besproken zullen worden.

Informed consent in (☑)
Ik geef toestemming voor het uitvoeren van deze heteroanamnese bij: Annemiek Bakker
Datum: 1-6-2021
Handtekening:
Naam: Pieter Bakker

uitingsvorm	waargenomen frequentie	omschrijving voorbeeld
dissociatieve reactie	*1 × per week*	*Als hij in de keuken staat en er een onverwachts geluid van bijvoorbeeld de reclame op tv komt, schiet hij omhoog en vloekt hij.*
	1 × afgelopen jaar	*Een keer waren we aan het fietsen en zagen we een bijna-verkeersongeluk. Pieter stond in één seconde naast zijn fiets en was volledig in paniek geraakt.*
dissociatieve amnesie	–	*Pieter weet eigenlijk alles nog, de gekste details.*
depersonalisatie	*3 × per week*	*Geregeld is Pieter zichzelf niet en maken we mee dat ik Pieter moet vertellen wat hij gezegd of gedaan heeft.*
	ongeveer 1 × per maand	*Ook is het geregeld voorgekomen dat ik Pieter aantrof terwijl hij wazig naar zichzelf stond te kijken.* *Paar keer in de badkamer.* *Paar keer in de schuur.*
derealisatie	*1 × per week* *op z'n ergst 4 × per week*	*Ondanks dat we er nu van alles aan doen om dit te voorkomen, gebeurt het nog geregeld dat Pieter de weg kwijtraakt. Hij heeft een aantal keer kunnen zeggen dat hij door iets onderweg herinnerd werd aan een melding en toen de weg moet zijn kwijtgeraakt. Andere keren weet hij niet hoe het zo gekomen is, maar komt hij niet of te laat op zijn bestemming aan. Onze zoon woont 1500 m verderop en vlakbij de kazerne. Vrienden hebben ook wel verteld dat ze Pieter tegenkwamen, maar dat hij niet reageerde op hun begroeting en verward om zich heen keek.*

Optioneel:

triggers:	*Kazerne, harde geluiden, geluid van mensen in pijn, iemand die van achter op Klaas lijkt. Stiltes, dan komen zijn gedachten op.*
stressvolle situatie:	*Tijdsdruk, belangrijke taken. Hij kan niet tegen stress en pijn van een ander.*
coping:	*Pieter probeert nog te koken, boodschappen te doen en wat te klussen in de schuur, dit gaat soms wel en soms niet.*

visie op behandeling:	*Hij moet accepteren dat Klaas niet meer kan werken, maar vooral dat hij nog een leven voor zich heeft. Hij ziet alleen maar gevaar en beren op de weg, kan weinig meer hebben. Ik en mijn zoons willen echt de oude Pieter terug.*
ander betrekken bij behandeling?	*Pieter heeft alle zorg nodig, mocht ik iets anders kunnen doen dan doe ik dat graag.*
aanvulling op traumata:	*Pieter heeft ontzettend veel meegemaakt bij de brandweer. Hij is zelf een paar keer aan de dood ontsnapt en daar heeft hij nu nachtmerries van en daar is hij mee bezig door oude krantenberichten op te zoeken.*
andere aanvullingen:	*Hij is geen prater, heeft onwijs veel humor, genoot altijd van het leven.*

Bijlage 2a Werkblad Zelfzorg

Naam:
Datum:

Zo merk ik aan mezelf dat ik stress heb:	Zo merken anderen stress op bij mij:
Dit helpt mij om tot rust te komen of te ontspannen:	
Hier ben ik goed in:	Dit zijn mijn valkuilen:
Hier kan ik terecht:	
Beste moment van de werkdag:	Slechtste moment van de werkdag:
Op deze momenten van mijn werkdag bouw ik zelfzorg in:	

Bijlage 2b Casus Zelfzorgplan

Naam: Liesbeth
Datum: november 2021

Zo merk ik aan mezelf dat ik stress heb:
Kortaf, in mezelf gekeerd

Zo merken anderen stress op bij mij:
Niet actief in vergadering
Zorgelijke houding, geen grapjes

Dit helpt mij om tot rust te komen of te ontspannen:
Pauzes inlassen
Administratiemiddag inplannen

Hier ben ik goed in:
Lijstjes maken
Collega's helpen

Dit zijn mijn valkuilen:
Cliënt op nr. 1 zetten, zelf vergeten
Ja zeggen

Hier kan ik terecht:
Patricia
Manager

Beste moment van de werkdag:
Ochtend

Slechtste moment van de werkdag:
Laatste uur van de dag

Op deze momenten van mijn werkdag bouw ik zelfzorg in:
12 uur break
16 uur (start laatste uur), 15 min koffie met Patricia

CPSIA information can be obtained
at www.ICGtesting.com
Printed in the USA
LVHW061959150322
713512LV00003B/113

9 789036 827102